中国铁建股份有限公司企业标准

中低速磁浮交通设计规范

Code for Design of Medium and Low Speed Maglev Transit

Q/CRCC 32803—2019

主编单位：中铁磁浮交通投资建设有限公司
批准单位：中国铁建股份有限公司
施行日期：2020 年 5 月 1 日

人民交通出版社股份有限公司
2019·北京

图书在版编目（CIP）数据

中低速磁浮交通设计规范/中铁磁浮交通投资建设有限公司主编．— 北京：人民交通出版社股份有限公司，2019.12

ISBN 978-7-114-16124-7

Ⅰ．①中⋯ Ⅱ．①中⋯ Ⅲ．①磁浮铁路—设计规范—中国 Ⅳ．①U237-65

中国版本图书馆 CIP 数据核字（2019）第 292677 号

标准类型：	中国铁建股份有限公司企业标准
标准名称：	中低速磁浮交通设计规范
标准编号：	Q/CRCC 32803—2019
主编单位：	中铁磁浮交通投资建设有限公司
责任编辑：	曲　乐　谢海龙
责任校对：	张　贺　宋佳时
责任印制：	张　凯
出版发行：	人民交通出版社股份有限公司
地　　址：	(100011) 北京市朝阳区安定门外外馆斜街 3 号
网　　址：	http://www.ccpress.com.cn
销售电话：	(010) 59757973
总 经 销：	人民交通出版社股份有限公司发行部
经　　销：	各地新华书店
印　　刷：	北京印匠彩色印刷有限公司
开　　本：	880×1230　1/16
印　　张：	22
字　　数：	461 千
版　　次：	2019 年 12 月　第 1 版
印　　次：	2019 年 12 月　第 1 次印刷
书　　号：	ISBN 978-7-114-16124-7
定　　价：	108.00 元

（有印刷、装订质量问题的图书由本公司负责调换）

序 一

2016年5月6日，由中国铁建独家承建的我国首条中低速磁浮商业运营线——长沙磁浮快线开通试运营。长沙磁浮快线是世界上最长的中低速磁浮线，是我国磁浮技术工程化、产业化的重大自主创新项目，荣获我国土木工程领域工程建设项目科技创新的最高荣誉——中国土木工程詹天佑奖。长沙磁浮快线是中国铁建独创性采用"投融资+设计施工总承包+采购+研发+制造+联调联试+运营维护+后续综合开发"模式的建设项目，其建成标志着我国在中低速磁浮工程化应用领域走在了世界前列，也标志着中国铁建成为中低速磁浮交通的领跑者和代言人。

我国已进入全面建成小康社会的决定性阶段，正处于城镇化深入发展的关键时期，亟待解决经济发展、城市交通、能源资源和生态环境等问题，而中低速磁浮交通具有振动噪声小、爬坡能力强、转弯半径小等优势，业已成为市内中低运量轨道交通、市郊线路和机场线、旅游专线等的有力竞争者。以中低速磁浮交通为代表的新型轨道交通是中国铁建战略规划"7+1"产业构成中新兴产业、新兴业务重点布局新兴领域之一，也是中国铁建产业转型升级、打造"品质铁建"、实现高质量发展的切入点之一。2018年4月，中国铁建开展了中低速磁浮标准体系建设工作，该体系由15项技术标准组成，包括1项基础标准、9项通用标准和5项专用标准，涵盖勘察、测量、设计、施工、验收、运营和维护全过程、全领域；系列标准立足总结经验、标准先行、补齐短板、填补空白，立足系统完备、科学规范、国内一流、国际领先，立足推进磁浮交通技术升级、交通产业发展升级和人民生活品质提升。中低速磁浮系列标准的出版，必将为中国铁建新型轨道交通发展提供科技支撑力并提升中国铁建核心竞争力。

希望系统内各单位以中低速磁浮系列标准出版为契机，进一步提升新兴领域开拓战略高度，强化新兴业务专有技术培育，加快新兴产业标准体系建设，以为政府和业主提供综合集成服务方案为托手，以"旅游规划、基础配套、产业开发、交通工程勘察设计、投融资、建设、运营"一体化为指导，全面推动磁浮、单轨、智轨等新型轨道交通发展，为打造"品质铁建"做出新的更大贡献！

董事长： 总裁：

中国铁建股份有限公司
2019年12月

序 二

建设更安全可靠、更节能环保、更快捷舒适的轨道交通运输系统，一直都是人类追求的理想和目标。为此，我国自20世纪80年代以来积极倡导、投入开展中低速常导磁浮列车技术的研究。通过对国外先进技术的引进、消化、吸收以及自主创新，利用高校、科研院所及设计院等企业的协调合作，我国逐步研发了各种常导磁浮试验模型车，建设了多条厂内磁浮列车试验线，实现了载人运行试验，标志着我国在中低速常导磁浮列车领域的研究已跨入世界先进国家的行列，并从基础性技术研究迈向磁浮产业化。

国内首条中低速磁浮商业运营线——长沙磁浮快线于2014年5月开建，开启了国内中低速磁浮交通系统从试验研究到工程化、产业化的首次尝试，实现了国内自主设计、自主制造、自主施工、自主管理的中低速磁浮商业运营线零的突破。建成通车时，我倍感欣慰，不仅是因为我的团队参与了建设，做出了贡献，更因为中低速磁浮交通走进了大众的生活，让市民感受到了磁浮的魅力，让国人的磁浮梦扬帆起航。

在我国磁浮技术快速发展的基础上，中国工程院持续支持了中低速磁浮、高速磁浮、超高速磁浮发展与战略研究三个重点咨询课题。三个课题详细总结了我国磁浮交通的发展现状、发展背景，给出了我国磁浮交通的发展优势、发展路径、发展战略等建议。同时，四年前，在我国已掌握了中低速磁浮交通的核心技术、特殊技术、试验验证技术和系统集成技术，并且具备了磁浮列车系统集成、轨道制造、牵引与供电系统装备制造、通信信号系统装备制造和工程建设的能力的大背景下，我联合多名中国科学院院士、中国工程院院士、大学教授署名了一份《关于加快中低速磁浮交通推广应用的建议》，希望中低速磁浮交通上升为国家战略新兴产业。

两年前，国内首条旅游专线——清远磁浮旅游专线获批开建，再次推动了中低速磁浮交通的产业化发展，拓展了其在旅游交通领域的应用。

现在，我欣慰地看到，第一批中国铁建中低速磁浮工程建设企业标准已完成编制，内容涵盖了工程勘察、设计、施工、验收建设全过程以及试运营、运营、检修维护全领域，结构合理、内容完整，体现了中低速磁浮交通标准体系的系统性和完整性，体现更严、更深、更细的企业技术标准要求。一系列标准的发布，凝聚了众多磁浮人的智慧结晶，对推动我国中低速磁浮交通事业的发展、实现"交通强国"具有重要的意义。

磁浮交通一直在路上、在奔跑，具有绿色环保、安全性高、舒适性好、爬坡能力强、转弯半径小、建设成本低、运营维护成本低等优点，拥有完全自主知识产权的中低速磁浮交通也是未来绿色轨道交通的重要形式。磁浮人应以国际化为目标，以产业化为支撑，以市场化为指导，以工程化为载体，实现我国磁浮技术的发展和应用。

作为磁浮交通科研工作者中的一员，我始终坚信磁浮交通有着广阔的发展前景，也必将成为我国轨道交通事业的"国家新名片"。

中国工程院院士：

2019 年 11 月

中国铁建股份有限公司文件

中国铁建科技〔2019〕165 号

关于发布《中低速磁浮交通术语标准》等 15 项中国铁建企业技术标准的通知

各区域总部，所属各单位：

现批准发布《中低速磁浮交通术语标准》（Q/CRCC 31801—2019）、《中低速磁浮交通岩土工程勘察规范》（Q/CRCC 32801—2019）、《中低速磁浮交通工程测量规范》（Q/CRCC 32802—2019）、《中低速磁浮交通设计规范》（Q/CRCC 32803—2019）、《中低速磁浮交通信号系统技术规范》（Q/CRCC 33802—2019）、《中低速磁浮交通供电系统技术规范》（Q/CRCC 33803—2019）、《中低速磁浮交通接触轨系统技术标准》（Q/CRCC 33805—2019）、《中低速磁浮交通车辆基地设计规范》（Q/CRCC 33806—2019）、《中低速磁浮交通土建工程施工技术规范》（Q/CRCC 32804—2019）、《中低速磁浮交通机电工程施工技术规范》（Q/CRCC 32805—2019）、《中低速磁浮交通工程施工质量验收标准》（Q/CRCC 32806—2019）、《中低速磁浮交通试运营基本条件》（Q/CRCC 32807—2019）、《中低速磁浮交通车辆检修规程》（Q/CRCC 33804—2019）、《中低速磁浮交通运营管理规范》（Q/CRCC 32809—2019）和《中低速磁浮交通维护规范》（Q/CRCC 32808—2019），自 2020 年 5 月 1 日起实施。

15 项标准由人民交通出版社股份有限公司出版发行。

中国铁建股份有限公司
2019 年 11 月 18 日

中国铁建股份有限公司办公厅　　　　　　　　2019 年 11 月 18 日印发

前　言

本规范是根据中国铁建股份有限公司《关于下达中国铁建中低速磁浮工程建设标准编制计划的通知》（中国铁建科设〔2018〕53号）的要求，由中铁磁浮交通投资建设有限公司会同有关单位编制完成。

本规范编制过程中，编制组进行了深入调查研究，认真总结实践经验，广泛征求有关单位和专家意见，并与相关标准进行了协调，经反复讨论、修改，由中国铁建股份有限公司科技创新部审查定稿。

本规范共29章和4个附录，主要内容包括：1 总则；2 术语；3 行车组织和运营管理；4 车辆；5 限界；6 线路；7 轨道；8 桥涵结构；9 低置结构；10 地下结构；11 车站结构；12 车站建筑；13 通风、空调与供暖；14 给水与排水；15 供电；16 通信；17 信号；18 自动售检票系统；19 火灾自动报警系统；20 综合监控系统；21 环境与设备监控系统；22 门禁系统；23 运营控制中心；24 站内客运设备；25 站台门；26 车辆基地；27 安全技术防范；28 防灾；29 环境保护。

本规范由中国铁建股份有限公司科技创新部负责管理，由中铁磁浮交通投资建设有限公司负责具体技术内容的解释。规范执行过程中如有意见或者建议，请寄送中铁磁浮交通投资建设有限公司（地址：湖北省武汉市武昌区张之洞路169号金星大厦17楼，邮编：430060，电子邮箱：crmtbz@163.com），以供今后修订时参考。

主 编 单 位：中铁磁浮交通投资建设有限公司
参 编 单 位：中铁第一勘察设计院集团有限公司
　　　　　　中铁第四勘察设计院集团有限公司
　　　　　　中铁第五勘察设计院集团有限公司
　　　　　　中铁上海设计院集团有限公司
主要起草人员：谢海林　鄢巨平　张家炳　林全荣　韦随庆　王大为　李伟强
　　　　　　龚俊虎　崔阳华　丁兆锋　张宝华　章　致　金陵生　宗凌潇
　　　　　　李明耀　韩振江　王晓栋　乔小博　李双强　张晓武　吴　奎
　　　　　　王开康　盛蓉蓉　刘高坤　周辉宇　陈望桂　王亚丽　刘　信
　　　　　　林腾达　张　瑾　张海涛　熊　健　宗力群　梁　红　郑雅聪
　　　　　　李　宝　崔力斌　韩孝勇　邓世勇

主要审查人员： 郭志勇　文望青　伍卫凡　彭华春　许和平　贾志武　李庆民
张立青　刘万明　孙　立　杨艳丽　郭建湖　焦齐柱　米宏广
邓朝晖　刘云强　董　城　姜海波　刘新平　刘小刚　张　刚
魏祥斌　张　琨　郭旭辉　卢光明　王德发　肖利君　辜小安
姚洪锡　滕一陞

目　次

1 总则 ··· 1
2 术语 ··· 4
3 行车组织和运营管理 ·· 7
　3.1 一般规定 ·· 7
　3.2 运营规模 ·· 7
　3.3 行车组织 ·· 9
　3.4 运营配线 ·· 10
　3.5 运营管理 ·· 10
4 车辆 ·· 12
　4.1 一般规定 ·· 12
　4.2 车辆主要技术规格 ·· 12
　4.3 车辆型式与列车编组 ·· 15
　4.4 车体 ··· 15
　4.5 磁浮走行部 ·· 16
　4.6 电气系统 ·· 17
　4.7 牵引系统 ·· 18
　4.8 悬浮导向系统 ··· 19
　4.9 制动系统 ·· 19
　4.10 测速定位系统 ··· 20
　4.11 安全与应急设施 ··· 20
5 限界 ·· 22
　5.1 一般规定 ·· 22
　5.2 制定限界的主要技术参数 ·· 23
　5.3 建筑限界的确定 ··· 24
　5.4 轨道区管线设备布置原则 ·· 27
6 线路 ·· 29
　6.1 一般规定 ·· 29
　6.2 线路平面 ·· 30
　6.3 线路纵断面 ·· 38

6.4	配线设置	41
7	**轨道**	**45**
7.1	一般规定	45
7.2	基本技术要求	47
7.3	轨排	48
7.4	承轨台及扣件	50
7.5	道岔	51
7.6	轨道附属设备	52
7.7	接口设计	53
8	**桥涵结构**	**55**
8.1	一般规定	55
8.2	设计荷载	57
8.3	结构变形、变位和动力响应的限值	61
8.4	结构设计	67
8.5	构造要求	68
8.6	接口设计	69
9	**低置结构**	**70**
9.1	一般规定	70
9.2	承轨梁	71
9.3	路基面及基床	75
9.4	路堤	80
9.5	路堑	82
9.6	过渡段	83
9.7	路基排水	86
9.8	边坡防护	86
9.9	支挡结构	87
9.10	接口工程	88
10	**地下结构**	**89**
10.1	一般规定	89
10.2	荷载	93
10.3	工程材料	97
10.4	施工方法的选择	99
10.5	结构设计	100
10.6	抗震设计	109
10.7	结构防排水	114

| | 10.8 接口设计 | 121 |

11 车站结构 122
- 11.1 一般规定 122
- 11.2 荷载 123
- 11.3 工程材料 124
- 11.4 结构设计 126
- 11.5 接口设计 128

12 车站建筑 129
- 12.1 一般规定 129
- 12.2 车站总体布置 131
- 12.3 车站平面 132
- 12.4 车站环境设计 136
- 12.5 建筑幕墙与金属屋面 137
- 12.6 车站出入口 138
- 12.7 风井与冷却塔 139
- 12.8 楼梯、自动扶梯、电梯、站台门 141
- 12.9 车站无障碍设施 142

13 通风、空调与供暖 143
- 13.1 一般规定 143
- 13.2 地下线段的供暖通风与空气调节 144
- 13.3 高架、地面线段的供暖通风与空气调节 147
- 13.4 接口设计 150
- 13.5 其他 151

14 给水与排水 153
- 14.1 一般规定 153
- 14.2 给水 153
- 14.3 排水 155
- 14.4 消防给水 157
- 14.5 接口设计 158

15 供电 159
- 15.1 一般规定 159
- 15.2 变电所 163
- 15.3 牵引网 167
- 15.4 电缆 169
- 15.5 动力与照明 170

15.6	电力监控系统	172
15.7	接地	175
15.8	供电维修	177

16 通信

16.1	一般规定	178
16.2	通信线路	179
16.3	传输	180
16.4	电话交换	180
16.5	无线通信	181
16.6	视频监控	182
16.7	广播	183
16.8	时钟	184
16.9	乘客信息	184
16.10	办公自动化	185
16.11	集中告警	186
16.12	电源设备	186
16.13	设备防雷及接地	187
16.14	运行环境	188
16.15	公安通信	188
16.16	民用通信引入	189

17 信号

17.1	一般规定	190
17.2	系统要求	191
17.3	列车自动监控系统	193
17.4	列车自动防护系统	194
17.5	列车自动运行系统	198
17.6	计算机联锁系统	199
17.7	数据通信系统	202
17.8	信号维护监测系统	203
17.9	车辆基地信号系统	204
17.10	全自动驾驶技术要求	206
17.11	其他	207

18 自动售检票系统

18.1	一般规定	211
18.2	系统构成	212

18.3	系统功能	213
18.4	票制、票务管理模式	215
18.5	设备设置和布置原则	215
18.6	供电与接地	216

19 火灾自动报警系统 ... 217

19.1	一般规定	217
19.2	系统构成	217
19.3	系统功能	219
19.4	消防联动控制	220
19.5	火灾探测器与报警装置的设置	223
19.6	消防控制室	224
19.7	供电、防雷与接地	225
19.8	布线	226

20 综合监控系统 ... 228

20.1	一般规定	228
20.2	系统设置原则	229
20.3	系统基本功能	229
20.4	设备基本要求	230
20.5	其他	230

21 环境与设备监控系统 ... 231

21.1	一般规定	231
21.2	系统设置原则	232
21.3	系统基本功能	233
21.4	硬件设备配置	235
21.5	软件基本要求	236
21.6	系统网络结构与功能	237
21.7	布线及接地	237

22 门禁系统 ... 239

22.1	一般规定	239
22.2	安全等级和监控对象	240
22.3	系统构成	241
22.4	系统功能	241
22.5	设备安装要求	243
22.6	系统接口	243

23 运营控制中心 ... 244

23.1	一般规定	244
23.2	功能分区与总体布置	245
23.3	建筑与装修	249
23.4	布线	251
23.5	供电、防雷与接地	252
23.6	照明与应急照明	252
23.7	通风、空调与供暖	253
23.8	消防与安全	254
24	**站内客运设备**	**256**
24.1	自动扶梯和自动人行道	256
24.2	电梯	258
24.3	轮椅升降机	259
24.4	维修和备品备件	260
25	**站台门**	**261**
25.1	一般规定	261
25.2	主要技术指标	262
25.3	布置与结构	263
25.4	运行与控制	264
25.5	供电与接地	265
25.6	维修和备品备件	266
26	**车辆基地**	**267**
26.1	一般规定	267
26.2	车辆段与停车场的功能、规模及总平面布置	267
26.3	车辆运用设施	270
26.4	车辆检修设施	271
26.5	综合维修中心	273
26.6	物资总库	273
26.7	培训中心	274
26.8	救援及其他	274
26.9	站场设计	275
27	**安全技术防范**	**277**
27.1	一般规定	277
27.2	视频监控系统	278
27.3	入侵报警系统	282
27.4	安全检查及探测系统	283

27.5　电子巡查系统……………………………………………………… 285
　　27.6　安防集成平台………………………………………………………… 286
28　防灾……………………………………………………………………………… 291
　　28.1　一般规定………………………………………………………………… 291
　　28.2　消防给水与灭火………………………………………………………… 293
　　28.3　防烟、排烟及事故通风………………………………………………… 294
　　28.4　防灾通信………………………………………………………………… 294
　　28.5　防灾用电与疏散照明…………………………………………………… 295
29　环境保护……………………………………………………………………… 297
　　29.1　一般规定………………………………………………………………… 297
　　29.2　规划环境保护…………………………………………………………… 298
　　29.3　工程环境保护…………………………………………………………… 298
　　29.4　环境保护措施…………………………………………………………… 300
附录A　道岔基本型号及相关参数表…………………………………………… 303
附录B　车辆限界和直线地段设备限界计算方法……………………………… 304
附录C　曲线地段设备限界计算方法…………………………………………… 312
附录D　中低速磁浮列车直线地段限界图及限界坐标………………………… 315
本规范用词说明…………………………………………………………………… 317
引用标准规范名录………………………………………………………………… 318
涉及专利和专有技术名录………………………………………………………… 321

Contents

1 **General Provisions** ··· 1
2 **Terms** ·· 4
3 **Operational Organization and Operating Management** ······················· 7
   3.1 General Requirements ··· 7
   3.2 Operational Scale ··· 7
   3.3 Operational Organization ··· 9
   3.4 Operational Sidings ·· 10
   3.5 Operating Management ·· 10
4 **Vehicle** ·· 12
   4.1 General Requirements ·· 12
   4.2 Vehicle Main Technical Specifications ·· 12
   4.3 Vehicle Type and the Train Formation ·· 15
   4.4 Carbody ··· 15
   4.5 Maglev Bogie ··· 16
   4.6 Electrical System ·· 17
   4.7 Traction System ·· 18
   4.8 Levitation Guide System ·· 19
   4.9 Braking System ·· 19
   4.10 Location and Velocity Measuring System ·· 20
   4.11 Security and Emergency Facilities ·· 20
5 **Gauge** ·· 22
   5.1 General Requirements ·· 22
   5.2 Establish the Main Technical Parameters of the Gauge ························· 23
   5.3 Determination of the Structure Gauge ··· 24
   5.4 Layout Principles of Facilities and Pipelines in Track Area ················· 27
6 **Line** ·· 29
   6.1 General Requirements ·· 29
   6.2 Plane of the Line ·· 30
   6.3 Profile of the Line ·· 38

6.4	Sidings Setings	41

7 Track — 45

7.1	General Requirements	45
7.2	Basic Technical Requirements	47
7.3	Track Panel	48
7.4	Support Rail Monolithic Track Bed and Fastening	50
7.5	Turnout	51
7.6	Ancillary Equipment of Track	52
7.7	Interface Design	53

8 Bridge and Culvert Structure — 55

8.1	General Requirements	55
8.2	Design Load	57
8.3	Limits of Structural Deformation, Displacement and Dynamic Response	61
8.4	Structural Design	67
8.5	Construction Requirements	68
8.6	Interface Design	69

9 At-ground Structure — 70

9.1	General Requirements	70
9.2	Bearing Beam for Track	71
9.3	Formation Surface and Subgrade Bed	75
9.4	Embankment	80
9.5	Cutting	82
9.6	Transition Section	83
9.7	Subgrade Drainage	86
9.8	Slope Protection	86
9.9	Retaining Structure	87
9.10	Interface Engineering	88

10 Underground Structure — 89

10.1	General Requirements	89
10.2	Load	93
10.3	Engineering Material	97
10.4	Selection of the Construction Method	99
10.5	Structural Design	100
10.6	Seismic Design	109
10.7	Structural Waterproof and Drainage	114

10.8　Interface Design ……………………………………………………… 121

11　Station Structure …………………………………………………… 122
11.1　General Requirements ………………………………………………… 122
11.2　Load ……………………………………………………………………… 123
11.3　Engineering Material …………………………………………………… 124
11.4　Structural Design ……………………………………………………… 126
11.5　Interface Design ………………………………………………………… 128

12　Station Building ……………………………………………………… 129
12.1　General Requirements ………………………………………………… 129
12.2　General Layout of the Station ………………………………………… 131
12.3　Station Plane …………………………………………………………… 132
12.4　Station Environmental Design ………………………………………… 136
12.5　Curtain Wall and Metal Roofing ……………………………………… 137
12.6　Station Entrances and Exits …………………………………………… 138
12.7　Ventilation Shaft and Cooling Tower ………………………………… 139
12.8　Stair, Escalator, Elevator and Platform Screen Door ……………… 141
12.9　Station Barrier-free Facilities ………………………………………… 142

13　Ventilation, Air Conditioning and Heating …………………… 143
13.1　General Requirements ………………………………………………… 143
13.2　Heating, Ventilation and Air Conditioning of Underground Section …………… 144
13.3　Heating, Ventilation and Air Conditioning of Elevated Line and Ground Section ……………………………………………………… 147
13.4　Interface Design ………………………………………………………… 150
13.5　Others …………………………………………………………………… 151

14　Water supply and Drainage ……………………………………… 153
14.1　General Requirements ………………………………………………… 153
14.2　Water Supply …………………………………………………………… 153
14.3　Drainage ………………………………………………………………… 155
14.4　Water Supply for Fire Protection ……………………………………… 157
14.5　Interface Design ………………………………………………………… 158

15　Power Supply ………………………………………………………… 159
15.1　General Requirements ………………………………………………… 159
15.2　Substation ……………………………………………………………… 163
15.3　Traction Power Network ……………………………………………… 167
15.4　Cable …………………………………………………………………… 169

15.5 Power and Lighting ······ 170
15.6 Power Supervisory Control And Data Acquisition System ······ 172
15.7 Grounding ······ 175
15.8 Power Supply Maintenance ······ 177

16 Communication ······ 178

16.1 General Requirements ······ 178
16.2 Communication Line ······ 179
16.3 Transmission System ······ 180
16.4 Telephone Exchange System ······ 180
16.5 Radio Communication System ······ 181
16.6 Video Monitoring System ······ 182
16.7 Broadcasting System ······ 183
16.8 Clock System ······ 184
16.9 Passenger Information System ······ 184
16.10 Office Automation System ······ 185
16.11 Centralized Alarm System ······ 186
16.12 Power Supply Equipment ······ 186
16.13 Lightning Protection and Grounding of Equipment ······ 187
16.14 Running Environment ······ 188
16.15 Public Security Communication System ······ 188
16.16 Public Mobile Communication Access System ······ 189

17 Signal ······ 190

17.1 General Requirements ······ 190
17.2 System Requirements ······ 191
17.3 Automatic Train Supervision System ······ 193
17.4 Automatic Train Protection system ······ 194
17.5 Automatic Train Operation System ······ 198
17.6 Computer-based Interlocking System ······ 199
17.7 Data Communication Systems ······ 202
17.8 Signal Maintenance Monitoring System ······ 203
17.9 Signal System of Base for the Vehicle ······ 204
17.10 Fully Automated Driving Technical Requirements ······ 206
17.11 Others ······ 207

18 Automation Fare Collection System ······ 211

18.1 General Requirements ······ 211

18.2	System Structure	212
18.3	System Function	213
18.4	Ticket Type and Management Mode	215
18.5	Setting and Layout Principles of Facilities	215
18.6	Power Supply and Grounding	216
19	**Automatic Fire Alarm System**	**217**
19.1	General Requirements	217
19.2	System Composition	217
19.3	System Function	219
19.4	Automatic Control System for Fire Protection	220
19.5	Fire Detector and Alarm Device Establishment	223
19.6	Fire Protection Control Room	224
19.7	Power Supply, Lightning Protection and Grounding	225
19.8	Cabling	226
20	**Integrated Supervisory and Control System**	**228**
20.1	General Requirements	228
20.2	Principle of System Setting	229
20.3	Basic Functions of System	229
20.4	Basic Requirements for Equipment	230
20.5	Others	230
21	**Building Automatic System**	**231**
21.1	General Requirements	231
21.2	Setting Principle of System	232
21.3	Basic Functions of the System	233
21.4	Basic Requirements for Hardware	235
21.5	Basic Requirements for Software	236
21.6	Network Structure and Function of System	237
21.7	Cabling and Grounding	237
22	**Access Control System**	**239**
22.1	General Requirements	239
22.2	Security Class and Monitoring Target	240
22.3	System Structure	241
22.4	System Function	241
22.5	Equipment Installation Requirements	243
22.6	System Interface	243

23　Operations Control Center　244
23.1　General Requirements　244
23.2　Functional Partitioning and General Layout　245
23.3　Architecture and Decoration　249
23.4　Cabling　251
23.5　Power Supply, Lighting Protection and Grounding　252
23.6　Lighting and Emergency Lighting　252
23.7　Ventilation, Air-conditioning and Heating　253
23.8　Fire Protection and Security　254

24　Equipment in Station for the Passengers　256
24.1　Escalator and Autowalk　256
24.2　Elevator　258
24.3　Wheelchair Lift　259
24.4　Maintenance and Spare Parts　260

25　Platform Screen Door　261
25.1　General Requirements　261
25.2　Main Technical Index　262
25.3　Layout and Structure　263
25.4　Operation and Control　264
25.5　Power Supply and Grounding　265
25.6　Maintenance and Spare Parts　266

26　Vehicle Base　267
26.1　General Requirement　267
26.2　Function, Scale and General Layout of Depot and Parking Lot　267
26.3　Facilities for Vehicle Running and Service　270
26.4　Facilities for Vehicle Repair and Maintenance　271
26.5　Integrated Maintenance Center　273
26.6　Material Storehouse　273
26.7　Training Center　274
26.8　Rescue and Others　274
26.9　Station Yard Design　275

27　Security Technical Protection　277
27.1　General Requirements　277
27.2　Video Monitoring System　278
27.3　Intrusion Alarm System　282

27.4	Security Inspection and Detection System	283
27.5	Guard Tour System	285
27.6	Security Integrated Platform	286

28 Disaster Prevention 291
- 28.1 General Requirements 291
- 28.2 Water Supply for Fire Protection and Extinguish Fire 293
- 28.3 Smoke Prevention, Smoke Exclude and Emergency Ventilation 294
- 28.4 Disaster Communications 294
- 28.5 Power Supply for Disaster Prevention and Evacuation Indicatory Sign 295

29 Environment Protection 297
- 29.1 General Requirements 297
- 29.2 Environment Protection on Planning 298
- 29.3 Environment Protection on Project 298
- 29.4 Environmental Protection Measures 300

Appendix A Basic Type of Turnout and Relevant Parameter Table 303

Appendix B Calculation Methods of Dynamic Vehicle Envelope and Equipment Gauge for Beeline Section 304

Appendix C Calculation Methods of Equipment Gauge for Curve Section 312

Appendix D Gauge and Coordinates for Beeline Section of Medium and Low Speed Maglev 315

Explanation of Wording in This Code 317

List of Quoted Standard 318

List of Patents and Proprietary Technologies 321

1 总则

1.0.1 为保证中低速磁浮交通工程设计安全可靠、功能合理、经济适用、节能环保、技术先进，制定本规范。

1.0.2 本规范适用于最高运行速度不超过120km/h、轨距1860mm的中低速磁浮交通新建工程的设计。

条文说明

目前国内外中低速磁浮商业运营线有：我国的长沙磁浮快线、北京中低速磁浮示范线（S1线），日本的爱知线，韩国的仁川机场线。此外，我国还建有三条中低速磁浮工程试验线，分别是唐山试验线、株洲试验线和上海临港试验线。日本、韩国中低速磁浮最高运行速度为100km/h，试验速度接近110km/h。我国目前正在对中低速磁浮交通系统进行提速研究，计划实现列车最高运行速度达到160km/h的目标。2017年新一代磁浮列车在上海临港试验线测试速度达到121km/h。试验数据证明长沙磁浮快线以及北京S1线采用的设计参数，是满足运行速度120km/h以下运营线技术要求的，因此本规范结合目前国内最新研究成果按最高运行速度120km/h的技术要求进行编制，未来中低速磁浮运行速度160km/h试验完成后，再结合工程试验线进行修编。

国内建成的中低速磁浮试验线共有3种轨距，分别是1860mm、1900mm、2000mm，两条商业运营线的轨距分别为1860mm、2000mm。中国铁建股份有限公司（以下简称"中国铁建"）承建的中低速磁浮交通项目轨距均为1860mm，行业标准《磁浮铁路技术标准（试行）》（TB 10630—2019）也选取了1860mm轨距。故依据现有研究成果，本规范在编制中明确适用于轨距为1860mm的中低速磁浮交通工程设计。

1.0.3 中低速磁浮列车竖向静活载为25kN/m的均布荷载，列车竖向静活载图式应按列车自重、最大载重及近期、远期最长列车编组确定，活载图示如图1.0.3所示。

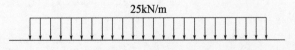

图1.0.3 中低速磁浮列车竖向静活载图式

条文说明

磁浮列车按均布荷载作用在轨道结构上。列车的竖向荷载应根据实际车辆荷载确定，目前各规范根据已运营的车辆荷载取高值确定。

根据行业标准《中低速磁浮交通车辆通用技术条件》（CJ/T 375—2011），中低速磁浮铁路车辆的最大总重量为35t，端车基本长度15.6m，中车基本长度14.6m，车辆静活载为23.5kN/m。

北京S1线每列车6辆编组，车辆长89.6m。经计算，轨道梁承受首尾车静活载空车为15kN/m，正常载客为20.9kN/m，超员载客为22.8kN/m；中间车静活载空车为15.4kN/m，正常载客为23.1kN/m，超员载客为24.5kN/m。因此设计取用单线重车线荷载25kN/m。加载时车辆全长范围内选取荷载进行最不利位置加载，加载长度在车辆全长范围内任意截取。

1.0.4 中低速磁浮交通设计年度分为初期、近期、远期，初期为建成通车后第3年，近期为第10年，远期为第25年。

条文说明

轨道交通的客运量随着城市发展逐步增长，设计年限划分为初期、近期、远期，其目的是经济合理地分阶段进行投资建设。

1.0.5 中低速磁浮交通设计应符合城市相关规划的要求，全线统一规划，设计应按照初期、近期、远期运输需求，对土建规模、设备购置等进行分期实施，并做好远期项目扩建的土地规划控制。

条文说明

对于后期扩建困难很大或再次施工时对周边环境会带来很大不利的工程应一次建成，如地下车站、地下区间隧道、地下存车线、地下折返线的设置、高架桥梁等。

由于初期客流量尚未到达预测增长值，对于所配置的设备和土建规模可考虑分期实施，以节省初期投资，但应留有可增设、扩建的条件，如地面车辆段、停车场、地面及高架车站、车辆、供电、行车自动化系统、自动售检票机等。

1.0.6 中低速磁浮交通初期、近期、远期列车编组数，应根据客流预测、车辆定员及设定的行车密度确定，并结合列车运行交路、客流特征合理确定列车开行方案，可采用不同编组车辆混跑的方案。

1.0.7 中低速磁浮交通工程是城市轨道交通线网、城际轨道交通线网中的组成部分，线网中各线应换乘便捷，并与其他交通统一规划、有机衔接，先建工程要做好换乘线路的线站位方案研究，并在换乘站做好相关的土建工程预留条件。

1.0.8 中低速磁浮交通工程主变电所、车辆基地、控制中心的设置，应结合线网规划，进行资源共享设计。

1.0.9 中低速磁浮交通线路应为全封闭形式，墩高低于3m的桥梁区段、低置结构区段要做好防护围栏及安全警示。

1.0.10 中低速磁浮交通工程采用的机电设备及车辆，应在满足功能需求的前提下，采用安全可靠、技术先进、经济合理的产品，并实现标准化、系列化，降低全寿命周期的成本。

1.0.11 中低速磁浮交通工程设计应符合国家现行的环境保护、水土保持有关规定，并应考虑节省能源和节约资源。

1.0.12 中低速磁浮交通设计除应符合本规范外，尚应符合国家现行有关标准和中国铁建现行有关企业技术标准的规定。

2 术语

2.0.1 中低速磁浮交通　medium and low speed maglev transit
采用直线异步电机驱动，定子设在车辆上的常导磁浮轨道交通。

2.0.2 中低速磁浮交通车辆　medium and low speed maglev vehicle
采用常导电磁浮技术实现悬浮导向，通过直线异步电机实现牵引和电制动的轨道交通车辆。

2.0.3 设计使用年限　design service life
用以作为结构耐久性设计依据并具有足够安全度或保证率的目标使用年限。

2.0.4 主体结构　main structure
车站和区间保障列车安全运营，接受、承担和传递建设工程所有上部荷载，维持上部结构整体性、稳定性和安全性的主要受力结构。

2.0.5 运行交路　operation routing
设定列车在折返点之间往返运行的线路区段。

2.0.6 旅行速度　operation speed
正常运营情况下，列车从起点站发车至终点站停车的平均运行速度。

2.0.7 单向客运能力　monotonous passenger transport capacity
单位时间内单方向通过线路断面的客位数上限，即列车额定载客量与行车频率上限值的乘积。

2.0.8 限界　gauge
保障中低速磁浮交通安全运行、限制车辆断面尺寸、限制沿线设备安装尺寸及确定建筑结构有效净空尺寸的图形及相应定位坐标参数。根据功能要求，分为车辆限界、设备限界和建筑限界。

2.0.9 车辆轮廓线 vehicle profile
设定车辆所有横断面的包络线。

2.0.10 车辆限界 vehicle gauge
车辆在平直线上正常运行状态下所形成的最大动态包络线，用以控制车辆制造，以及确定站台和站台门的定位尺寸。

2.0.11 设备限界 equipment gauge
车辆在故障运行状态下所形成的最大动态包络线，用以限制行车区的设备安装。

2.0.12 建筑限界 structure gauge
在设备限界基础上，满足设备和管线安装尺寸后的最小有效断面。

2.0.13 配线 sidings
除正线外，在运行过程中为列车提供收发车、折返、联络、安全保障、临时停车等功能服务，通过道岔与正线连通或相互联络的轨道线路。包括折返线、渡线、联络线、临时停车线、出入线、安全线等。

2.0.14 承轨梁 supporting-track beam
设置在隧道、路基或桥梁上，用于支承轨道结构，安装接触轨，实现中低速磁浮车辆抱轨运行的结构物。

2.0.15 低置结构 at-ground structure
路基与设置在路基之上的承轨梁组成的结构物。

2.0.16 防错台板 prevent stagger plate
设置在承轨梁节间伸缩缝的底部，用于限制承轨梁发生错台变形的一种板型结构。

2.0.17 回填层 backfill layer
设置在承轨梁的两侧，将承轨梁下部梁体埋置在路基基床之上的填土层。

2.0.18 F型钢 F type steel
断面为"F"形状的中低速磁浮轨道专用型钢。

2.0.19 感应板 reaction plate
车辆牵引用直线异步电机次级的组成部分，是非磁性导电材料，安装在F型钢上。

2.0.20　F 型导轨　F type rail

一种承受磁浮车辆悬浮力、导向力及牵引力的基础构件，由 F 型钢和感应板组成。

2.0.21　轨道基准面　base plane of track

F 型导轨的磁极面。

2.0.22　轨距　track gauge

轨道两侧 F 型导轨悬浮检测面中心线之间的距离。

2.0.23　轨排　track panel

由 F 型导轨、轨枕、连接件及紧固件等组成，是中低速磁浮线路的基本单元。

2.0.24　轨道结构　track structure

轨道设备或设施中用于车辆支撑和导向并将列车载荷传向承轨结构的组合体，由轨排、扣件、承轨台等组成。

2.0.25　横坡　horizontal slope

为消除或减少中低速磁浮列车在曲线区段运行时产生的自由侧向加速度，需对轨道基准面设置的横向坡度。以轨道基准面与线路横向水平线的夹角角度表示。

2.0.26　中低速磁浮道岔　turnout for medium and low speed maglev transit

中低速磁浮线路的转线设备，由主体结构、驱动、锁定、控制等部分组成。其主体结构梁由三段钢结构梁构成，每段钢结构梁依次围绕三个实际点旋转实现转线。按照结构组成和功能状态，可分为单开道岔、对开道岔、三开道岔、多开道岔、单渡线道岔和交叉渡线道岔。

2.0.27　接触轨　contactor rail

敷设在承轨梁两侧，通过受电靴向中低速磁浮列车供给电能的导电轨。

2.0.28　测速定位系统　location and velocity measuring system

列车所处位置、运行方向和速度的检测系统。

3 行车组织和运营管理

3.1 一般规定

3.1.1 中低速磁浮交通应根据轨道交通规划和预测客流量,确定行车组织原则和运营管理模式。

3.1.2 运营组织应以安全、快捷、方便、舒适为原则。系统的运营,应在能够保证所有使用该系统的人员和乘客以及系统设施安全的情况下实施。

条文说明

中低速磁浮交通系统作为一种公共交通系统,不但要确保系统设备及环境正常情况下的安全运营,而且需要确保系统设备故障或其他突发情况下的安全运营。不同运营模式应以保证所有使用该系统的乘客、工作人员以及系统设施安全为基本原则。

3.1.3 行车组织设计应统筹考虑初期、近期、远期客运需求。

3.1.4 运营管理机构的设置,应机构精简,人员精干。

3.2 运营规模

3.2.1 系统的设计输送能力应符合预测的远期单向高峰小时最大断面客流量的需求。各设计年度的输送能力应大于预测客流量。

条文说明

设计输送能力,取决于车辆、线路条件及信号系统等设备的技术性能,以及行车组织管理水平等多种因素。目前我国内地城市轨道交通一般信号设计追踪间隔为100s,行车设计列车间隔为120s,而我国香港地铁行车间隔为95s,莫斯科为90s,巴黎则达85s。

中低速磁浮列车的行车控制与地铁列车无太大区别,主要区别在于道岔的动作时间。根据日本运营的中低速磁浮线路及我国试验线道岔动作时间(不大于15s),上下客时间15~20s，采用道岔折返模式最小行车间隔为150s时，最大输送能力24对/h；采用回转线折返模式时，最小行车间隔为120s，行车最大通过能力不小于30对/h。随着机电及控制设备的技术进步和运营管理水平的提高，其通过能力还可以提高。

根据行业标准《中低速磁浮交通车辆通用技术条件》（CJ/T 375—2011），中低速磁浮交通车辆定员状态载客量为（座席+站立区6人/m²）：端车146人，中车159人。

分别按最小行车间隔2.5m、120s，编组为4~8辆的中低速磁浮交通运能见表3-1。

表3-1 中低速磁浮交通运能计算表

列车编组数（辆）	4	5	6	7	8
列车长度（m）	60.4	75	89.6	104.2	118.8
列车载客量（人）	610	769	928	1087	1246
150s间隔时的高峰小时运能（人/h）	14640	18456	22272	26088	29904
120s间隔时的高峰小时运能（人/h）	18300	23070	27840	32610	37380

3.2.2 车辆按设计年度初期高峰小时列车对数配置，并依据客运量增长，分阶段按需增配。

条文说明

以初期运营要求配置列车，是为了符合通车后运营和节省初期工程投资的需要，同时也考虑了在通车后的最初几年客流量增长较快的需要。在初期以后至远期的时段内，可以根据客流量的变化量情况考虑车辆的增配。

运用车辆数按式（3-1）计算，设有长、短交路时应分别计算：

$$M_{辆} = \frac{m\left(\dfrac{2l_{交} \times 60}{v_{旅}} + t_{折1} + t_{折2}\right)}{t_{间隔}} \tag{3-1}$$

式中：$M_{辆}$——运用车辆数（辆）；

$l_{交}$——列车交路长度（km）；

$v_{旅}$——旅行速度（km/h）；

$t_{折1}$、$t_{折2}$——列车在两端折返站的折返（含停站）时间（min）；

$t_{间隔}$——个交路的最小行车间隔时间（min）；

m——列车编组辆数。

3.2.3 中低速磁浮列车的旅行速度不宜低于35km/h。

条文说明

列车的旅行速度与最高运行速度、列车的牵引及制动性能、站间距离、停站时间等密切相关。从国内城市轨道交通实际运营情况分析，运行速度为80km/h时，其旅行速度基本在35km/h左右。本规范中低速磁浮列车最高运行速度按120km/h考虑，旅行速度不宜低于35km/h。对于站间距离大、最高运行速度相对高的线路，其旅行速度应该更高。

3.2.4 各设计年度的列车运行间隔，应根据各设计年度的列车编组及定员、系统服务水平、系统运输效率等因素综合确定。近期高峰时段列车运行间隔不宜大于6min，一般时段行车间隔不宜大于12min。

条文说明

列车运行间隔与客流量的大小、列车编组及定员、系统运输效率都有关系，也是体现服务水平的重要指标。作为城市公共交通系统的一部分，中低速磁浮列车也应有较高的服务频率，高峰时段行车间隔不宜太大，平时段也应有一定的服务水平。

3.3 行车组织

3.3.1 正线应采用双线、右侧行车制。运营线路的南北向线路应以由南向北为上行方向，由北向南为下行方向；东西向线路应以由西向东为上行方向，由东向西为下行方向；环形线路应以列车在外侧轨道线的运行方向为上行方向，内侧轨道线的运行方向为下行方向。

3.3.2 列车编组辆数应在符合预测客流量的条件下，考虑系统的技术经济合理性，经比选确定，宜采用高密度、短编组。

3.3.3 列车运行交路应根据各设计年度客流断面的分布情况确定。在较长的线路上，根据客流变化情况，经技术经济比较，宜组织区段运行。

3.3.4 列车牵引计算中，加速度宜按列车最大加速度的90%取值，且不应大于$0.9m/s^2$。

条文说明

列车牵引计算，是根据线路平纵断面等条件，模拟列车运行工况。实际运营中不适宜使用最大的加速度，应适当预留一定的富余量，正常情况下一般以最大加速度的90%为宜。同时，考虑到乘客舒适程度的要求，不论车辆性能如何，计算加速度的量值都不应大于$0.9m/s^2$，此数值为一般乘客所承受的舒适度的临界点。

3.3.5 站后折返运行的列车，应在折返站清客后再进入折返线。故障或事故列车退出运营前，应首先选择在车站清空乘客。

3.4 运营配线

3.4.1 线路的终点站或区段折返站应设置专用折返线或折返渡线。

3.4.2 为满足故障运行工况，正线应每隔 5～6 座车站或 15～18km 设置停车线，其间每相隔 2～3 座车站或 6～9km 应加设渡线。

条文说明

从理论上讲，中低速磁浮车辆与轮轨系统比较，其动力系统更加分散，每辆车有 5 组悬浮架，10 个直线电机，因而运行故障的概率应小于轮轨系统，且故障运行能力也较高。因此，停车线设置较轮轨系统适当减少。

停车线能及时引导故障列车离开正线，保障正线其他列车正常畅通运行，尽最大可能减少对正常运行的干扰。但设置停车线，将造成车站土建工程规模加大，增加投资，因此应适度控制其分布密度及数量。

3.4.3 接轨站宜根据运营需要加设一条配线。

3.4.4 车辆段出入线应连通正线。当出入线与正线发生交叉时，宜采用立体交叉方式。

3.4.5 车辆段和停车场设置双线或单线出入线，应根据远期线路的通过能力和运营要求确定。尽端式车辆段出入线宜采用双线，贯通式车辆段可在两端各设一条单线。停车场规模较小时，出入线可采用单线。

条文说明

根据我国城市轨道交通运营经验，车辆段和停车场的出入线应按双线设置或八字形布置。当停车场规模较小、出入线设置条件困难时，可采用单出入线。

3.5 运营管理

3.5.1 中低速磁浮交通线路应为全封闭形式，同时列车必须在安全防护系统的监控下运行。

条文说明

中低速磁浮交通系统运行速度快、运输能力大、发车密度高，且贯通设置供电轨，为保证行车及人员安全，线路应采用全封闭形式。

为保证列车安全，列车必须在安全防护系统的监控下运行。磁浮列车应采用自动驾驶，一般情况下，列车应配1名司机监视列车运行，并负责故障及紧急情况的处理。

3.5.2 全日行车计划应根据全日分时断面客流量计算，每小时开行的列车对数应符合该时段各区间断面客流量的需求。

3.5.3 线网应设运营控制中心，每个中心可控制一条或数条线路。控制中心应有对列车运行、供电、安全等系统进行集中监控的能力。

3.5.4 车站应设车站控制室，对列车运行和车站设备进行监视控制。

3.5.5 运营管理机构应符合系统运营管理的要求。运营机构和人员数量应本着依靠科技进步，提高管理效率的原则，精简机构和人员。

条文说明

根据《城市轨道交通工程项目建设标准》（建标104—2008）第八十二条第三款，城市轨道交通机构定员可按运营线路长度80~100人/km来测算；根据行业标准《城市轨道交通直线电机牵引系统设计规范》（CJJ 167—2012）第6.6.3条，第一条线远期的运营管理和维修人员宜按60~80人/km进行设置；根据国家标准《地铁设计规范》（GB 50157—2013）第3.5.4条，首条地铁运营线路的系统运营人员定员不宜超过80人/km，后建的每条线路运营定员指标不宜大于60人/km。从中低速磁浮交通技术特点来看，维护工作量应较传统城市轨道交通有所减少。目前长沙磁浮快线运营定员约为25人/km，北京S1线运营定员约为64人/km。北京S1线定员较多主要由于车站较多，且沿用地铁运营管理模式，考虑以后对磁浮的运营维护经验成熟，定员还会进一步缩减。故暂按25~60人/km设置。

3.5.6 运营管理机构应制设相应的管理规程和规章制度，确保在正常、非正常和紧急状态下的运营。

3.5.7 宜采用计程或计时票价制，并采用自动售检票方式。售检票系统应具备对客流数据和票务收入进行自动统计的能力。

4 车辆

4.1 一般规定

4.1.1 中低速磁浮交通车辆供电电压宜采用直流（DC）1500V，受电方式采用接触轨—受流器受电。

条文说明

本规范建议中低速磁浮列车采用DC1500V供电制式。短定子磁浮交通系统参照城市轨道交通主流供电制式，一般采用DC1500V供电，电压范围为DC1000~1800V。

随着供电技术的发展，城市轨道交通系统正在开展DC3000V供电系统的研究工作。因此待DC3000V供电制式应用经验证成熟后，建议将短定子磁浮列车的供电电压拓展至DC3000V。

4.1.2 车辆最高运行速度应不超过120km/h。

条文说明

我国目前经试验验证和商业运行的短定子磁浮列车最高运行速度为100km/h，既有标准规范中规定的最高运行速度不超过120km/h。故本规范暂定车辆最高运行速度为120km/h。

目前正在研发160km/h速度等级的短定子磁浮列车。研发完成并验证后，可对本规范相应条款进行补充修订。

4.2 车辆主要技术规格

4.2.1 车辆类型应根据当地的预测客流量、环境条件、线路条件、运输能力要求等因素综合比较选定。车辆主要技术规格应符合表4.2.1的要求。

表4.2.1 车辆主要技术规格

技 术 项 点		车 辆 参 数
车辆基本长度（mm）	端车	≤16000
	中车	≤15000

表 4.2.1（续）

技 术 项 点		车 辆 参 数
车辆最大高度（mm）		≤3760
车内净高（mm）		≥2100
车体地板面高度（mm）		≤960
车辆悬浮能力（t）		≥33
悬浮架模块数量（个）		5
悬浮架模块长度（mm）		2800
轨距（mm）		1860
额定悬浮间隙（mm）		8~10
车钩中心线高度（mm）		760
车辆每侧车门数（对）		2
最小平面曲线半径（m）	正线	100
	配线	75

条文说明

轨距：由于磁浮交通车辆与轨道结构关系的特点，轨距与车体宽度的确定具有一定的关联性，具体与线路条件（最小曲线）、悬浮能力、车辆结构参数（悬浮架模块数及模块长度，悬挂设备尺寸等）等相关，一般来说轨距比车宽小1000mm左右。目前，世界范围内已投入商业运营及在建的中低速磁浮交通线路，轨距有4种：分别为1700mm（对应车宽2600mm，日本爱知线）、1850mm（对应车宽2850mm，韩国仁川机场线）、1860mm（对应车宽2800mm，长沙磁浮快线，广东清远磁浮线）、2000mm（对应车宽3000mm，北京S1线）。根据支撑材料，1860mm的轨距能满足市场要求，并且都已经具有试验线。

车体基本长度：磁浮车辆的车体长度与悬浮架模块数量和模块长度相关，基于对曲线通过性能和载客能力的综合考虑，现有投入商业运营及在建的磁浮线，其车辆均以5模块为主（日本爱知线、长沙磁浮快线、北京S1线和广东清远磁浮线均采用5模块，仅韩国仁川机场线采用4模块），模块长度在2500~2800mm。M车（不带司机室）的车体长度不大于15000mm，相比M车，考虑司机室布置，Mc车（带司机室）略长，一般情况下不超过16000mm，因此建议将Mc车长度设为最大16000mm，M车长度设为最大15000mm。

车体基本宽度：目前世界范围内，处于商业运营状态的短定子磁浮列车有三种（2600mm、2800mm、3000mm）宽度车型。鉴于地铁车辆同时存在A、B、C三种不同宽度车辆，因此从满足未来市场需求角度考虑，建议在统一轨距及站台面高度的前提下，可将车宽定义在2600~3000mm范围内。

地板面高度：从车辆动力学角度考虑，车辆地板面高度越低越好。基于对车体、设备布置、悬浮架、轨道之间的相互关系及现有技术水平的考虑，国内已运营磁浮车辆地板面高度分别为880mm和910mm，两者的差别在于所采用的基准面不同。采用统一基准面，比如F型导轨磁极面，已经验证北京S1线列车和长沙磁浮快线列车的地板面高度基本相同。本规范采用F轨滑撬支承面作为垂向尺寸基准面，考虑到空气弹簧失风和悬浮降落等因素的影响，经换算后地板面高度为9600mm，故本规范建议中低速磁浮车辆地板面高度不大于960mm。

车辆距基准面高度：根据现行国家标准《地铁车辆通用技术条件》（GB/T 7928）的规定，采用三轨供电方式的地铁车辆的客室净高不小于2100mm。磁浮车辆地板面以上功能要求、结构及设备布置等与城市轨道交通基本相同，客室净高2100mm，考虑车顶空调、信号天线安置等因素，车辆地板面以上车辆高度不大于2800mm，车辆地板面高度不大于960mm，因此，推荐车辆高度不宜大于3760mm。

车内净高：考虑旅客乘坐舒适性的空间要求，国内现有投入运营的中低速磁浮车辆车内净高沿用城市轨道交通车辆标准规定，建议客室中央顶板距车辆地板面的净高不应小于2100mm。

悬浮能力：车辆悬浮力来自车载电磁铁与F轨之间的电磁吸力。经过国内外各单位研究和反复试验验证，基于悬浮的安全性和可靠性考虑，目前国内用于商业化运营车辆的最大悬浮能力为25kN/m。经验证，建议暂定最大悬浮能力不小于25kN/m。

额定悬浮间隙：中低速磁浮车辆采用电磁吸力悬浮原理，通过车载电磁铁与轨道上铁磁性构件之间的相互吸引力，将列车向上提升实现悬浮。这种悬浮方式从本质上讲是不稳定的，对悬浮控制有较高的要求。额定悬浮间隙作为悬浮控制的目标间隙，间隙太小，电磁铁与轨道容易吸死而导致悬浮失稳，且对轨道线路精度要求过高，不利于工程化实现；间隙太大，对电磁铁的要求提高，且悬浮能耗增加，甚至会降低悬浮能力。因此，结合国内外各单位多年的研究、试验验证及现有运营车辆的额定悬浮间隙，推荐额定悬浮间隙取8～10mm比较合理，符合磁浮交通工程化应用的实际情况。

车辆每侧车门数：根据现行国家标准《地铁车辆通用技术条件》（GB/T 7928）的规定，城市轨道交通B型车体长度19000mm，每侧车门数量3～4对。按照磁浮车辆车体长度15000mm折算，磁浮车辆每侧车门数量为2～3对。与地铁车辆相比，磁浮交通属于中等运量公共交通，客流相对较小（单位面积最大载客人数按照6人考虑），已商业运营的车辆均采用每侧2对的形式。推荐磁浮车辆每侧车门最小对数采用2对。

4.2.2 列车加减速性能宜符合表4.2.2的规定。

表4.2.2 车辆加减速性能要求

最高运行速度（km/h）	加速度（m/s²）		减速度（m/s²）	
	启动平均加速度	平均加速度	常用	紧急
20	0～35km/h时≥1.0m/s²	0～120km/h时≥0.4m/s²	1.1	1.3

条文说明

0~35km/h启动平均加速度不小于1m/s^2，是基于现有最高运行速度为100km/h运营车辆，按照0~100km/h不小于0.5m/s^{2}的要求而确定。当车辆最高运行速度提高到120km/h时，若要达到0~120km/h平均加速度不小于0.4m/s^2，恒转矩启动阶段最高速度需要提高至45km/h左右。目前仅进行过理论计算，尚未试验验证，该条款将最高运行速度暂定为120km/h。

4.2.3 车辆的构造速度应为车辆最高运行速度的1.1倍。

4.2.4 列车在牵引或制动过程中纵向冲击率不应大于0.75m/s^3。

4.3 车辆型式与列车编组

4.3.1 车辆型式均为动车，可细分为Mc车、M车。

4.3.2 列车编组宜由2节端车与若干节中车编组成列。

4.3.3 列车基础制动的类型及在列车中的配置，应根据最高运行速度选定，并应计算紧急制动和常用制动时基础制动装置摩擦面的温度。

4.3.4 连接装置应符合下列要求：
1 编组车辆之间应设半永久性牵引杆或密接式半自动车钩，司机室前端应设密接式自动车钩或密接式版自动车钩，应使司机能够识别车钩的联结和锁紧状态。
2 司机室前端的联结装置中应有缓冲装置，其特性应能有效地吸收撞击能量，缓和冲击。该装置承受的能完全复原的最大冲击速度为5km/h。

4.3.5 联结的两节车辆之间应设置贯通道，贯通道应密封、防火、防水、隔热、隔声，贯通道渡板应耐磨、平顺、防滑、防夹，用于贯通道的密封材料应有足够的抗拉强度，并应安全可靠、不易老化。

4.4 车体

4.4.1 同型号车辆应具有统一的基本结构形式。

4.4.2 车体结构的材料宜为铝合金加复合材料，应采用整体承载结构。在使用期限内承受正常载荷时不应产生永久变形和疲劳损伤，并应有足够的刚度和满足修理的要求。

4.4.3 车体或安装在车体外的电气设备外罩箱的密封性等级应为 IP54。

4.4.4 整备状态下的车辆，停（落车状态）在平直道上并将制动缓解，其车体和悬浮架相对于基准面的高度值，应符合产品技术条件规定。

4.4.5 车体试验的纵向压缩静活载宜采用 350kN。

4.4.6 车体试验的垂向荷载可按式（4.4.6）计算。强度计算应用最大立席（超员）人数按 9 人/m² 计，站立面积应为除去座椅及前缘 100mm 外的客室面积，人均体重应按 60kg 计算：

$$L_{vt} = 1.1 \times (W_c + W_{pmax}) - (W_{cb} + W_{et}) \quad (4.4.6)$$

式中：L_{vt}——车体垂向试验荷载（t）；
　　　W_c——运转整备状态时的车体重量（t）；
　　　W_{pmax}——最大载客重量，包括乘务员、座席定员及强度计算用立席乘客的重量（t）；
　　　W_{cb}——车体结构重量（t）；
　　　W_{et}——试验器材重量（t）。

4.4.7 车体的内外墙板之间以及底架与地板之间，应敷设吸湿性小、膨胀率低、性能稳定的隔热、隔声材料。

4.4.8 车辆应设置架车支座、车体吊装座，并应标注允许架车、起吊的位置，以便拆装起吊和救援。

4.5 磁浮走行部

4.5.1 悬浮架技术条件应符合现行行业标准《中低速磁浮交通车辆通用技术条件》（CJ/T 375）中的规定。

4.5.2 悬浮架应满足车辆的支撑、导向、牵引、制动、救援等基本功能要求，悬浮架左、右模块的连接应满足良好的运动解耦要求。

4.5.3 悬浮架结构应能承受直线异步电机、悬浮电磁铁和车体施加于悬浮架的各种工况状态下的静态、动态和冲击荷载。

4.5.4 悬浮架结构应便于其上安装部件的安装、拆卸、检查和维护。

4.5.5 悬浮模块的承载结构件寿命应不低于30年。

4.5.6 悬浮架构架宜采用铝合金材料。

4.5.7 悬浮架与车厢之间宜设置迫导向装置。

4.5.8 悬挂系统宜采用空气弹簧支撑车体，并应设置高度自动调整阀和防过充装置。

4.5.9 悬浮架的结构强度应满足最大载荷作用下，其应力不应超过相应材料的许用应力值，同时应考虑结构疲劳强度的要求。

4.5.10 悬浮架的结构刚度应保证在最大载荷作用下，其主梁纵向长范围内的总垂直挠度应满足悬浮间隙的控制要求。

4.5.11 悬浮架与轨道之间应设置防吸附滑块，防止悬浮磁铁与F型钢吸附而使车辆无法正常运行。

4.5.12 悬浮架与轨道之间应设置横向止挡滑块组件。横向止挡滑块材料应具有耐磨、抗冲击的性能，不应选用磁性材料。

4.5.13 停放制动滑撬最大允许磨耗量不应大于3mm。单个悬浮点失效时，滑撬耐磨性应满足列车以40km/h速度依靠停放制动滑撬运行20km的要求。

4.5.14 支撑轮半径最大允许磨耗量不应大于2mm。紧急情况下，支撑轮耐磨性应满足列车以不超过10km/h速度依靠支撑轮滚动运行20km的要求。

条文说明

停放制动滑撬的耐磨性指标是基于长沙磁浮快线确定的，且考虑到一般线路的站间距小于目前长沙磁浮快线的情况有所放宽。支撑轮耐磨性能要求是基于车辆厂家的技术要求给出的预测，未进行过实车试验。

4.6 电气系统

4.6.1 列车动力配置除应满足正常运行要求外，还应满足故障运行和救援的要求。列车的车载供电应具有冗余，当列车中有一套电源故障时，应仍能保证列车安全可靠地停靠在设定的停车点。

4.6.2 各种电气设备应有可靠的保护。各种保护的整定值、作用时间、动作顺序应正确无误。故障保护应具有自恢复功能。主电路的过电流保护还应与牵引变电站的过电流保护相协调，在各种短路状态下应能够可靠地分断，并应有故障显示和故障切除装置，以维持列车故障运行。

4.6.3 车体应设有车体带电保护检测控制装置。车上应设有接地刷，确保车辆停放在车站、车辆段停车库及检修库等具有接地轨的地方时，车体能可靠接地。

4.6.4 受流器应具备良好受流能力，受流器的解除压力宜设置为120~180N。

4.6.5 车辆的悬浮电源应为直流电源，悬浮电源系统应配备相应的蓄电池。

4.6.6 控制电源应为直流电源，为列车控制系统供电。控制电源应有控制蓄电池组作为备用电源，并应具有一定冗余。

4.6.7 蓄电池宜具有较高的比能量与比功率、良好的浮充电性能，其容量应能够满足车辆在故障情况下的应急供电需要。

4.7 牵引系统

4.7.1 车辆牵引应采用变频调速的车载交流传动系统。

4.7.2 牵引系统的牵引电机应采用直线异步电机，直线异步电机宜为单边、短初级形式。

4.7.3 直线异步电机的次级感应板应为铝板或其他导电材料及结构形式，铺设在F型钢上。

条文说明

为了减轻中低速磁浮列车车辆自重，减少车载设备，降低牵引功耗，中低速磁浮列车再生制动所需的能量吸收装置应采用地面能量吸收装置。

4.7.4 在满足牵引需求的条件下，当一台逆变器给多台牵引直线异步电机并联供电时，电机间应考虑电流均衡。

4.7.5 牵引直线异步电机初级与次级之间的法向力应控制在一定范围内，不应超过最大载荷时悬浮系统的承受能力。

4.7.6 牵引电机应符合现行行业标准《城市轨道交通直线感应牵引电机技术条件》（CJ/T 311）的规定；牵引电气设备应符合现行国家标准《铁路应用机车车辆电气设备 第1部分：一般使用条件和通用规则》（GB/T 21413）的规定；电子设备应符合现行行业标准《铁道机车车辆电子装置》（TB/T 3021）的规定；牵引逆变器应符合现行行业标准《机车车辆用电力变流器特性和试验方法》（TB/T 2437）的规定。

4.8 悬浮导向系统

4.8.1 悬浮电磁铁的数量及工作电压、电流应在综合考虑车辆需求的基础上计算确定，并满足冗余要求。

4.8.2 悬浮控制器应具备磁浮列车稳定悬浮和导向功能，应能适应车辆各种运行工况。悬浮控制器和悬浮电磁铁的工作状态应能传送到控制与诊断系统，并具有容错控制功能。

4.8.3 悬浮传感器应具有间隙测量、垂向加速度测量功能，测量精度应符合悬浮控制要求。传感器应在 −30~70℃ 温度下正常工作。量程内最大线性误差不应超过 1%，年稳定性不大于 1%。传感器应冗余设置，保证单个传感器故障时不影响悬浮系统性能。

4.8.4 中低速磁浮交通车辆悬浮控制系统应符合现行行业标准《中低速磁浮交通车辆悬浮控制系统技术条件》（CJ/T 458）的规定。

4.9 制动系统

4.9.1 列车应采用计算机控制的制动系统，并具备电制动和空气/液压制动两种制动方式。空气/液压制动应具备相对独立的制动能力，在牵引供电中断或电制动出现故障的情况下空气/液压制动，应能保证列车安全停车。

4.9.2 制动系统应具有常用制动、紧急制动、停放制动功能，并应具有根据车辆载荷调整制动力大小的功能。列车在平直道上实施紧急制动时，应能在规定的距离内停车。

4.9.3 电制动与空气/液压制动应能协调配合，常用制动应充分利用电制动功能并具有冲动限制。电制动时优先采用再生制动，电制动与空气/液压制动应能实现平滑转换，在电制动力不足时，空气/液压制动应按总制动力的要求补充不足的制动力。

4.9.4 列车应具有停放制动装置，保证在线路最大坡度、最大载荷的情况下，施加停放制动的列车不应发生溜逸。它的制动力应仅通过机械方式产生并传递。

4.9.5 在列车意外分离时，应能立刻自动实施紧急制动，保证分离的列车自动制动，并应使司机便于识别。

4.10 测速定位系统

4.10.1 测速定位系统应采用无接触检测方式，能实时获得列车在线路上的确切位置、列车运行速度和列车运行方向信息。

条文说明

中低速磁浮车辆正常运行过程中与轨道没有任何接触，因此测速定位系统需采用无接触检测方式。

4.10.2 测速定位系统测量的数据范围、精度和传输速率应能满足列车运行控制和牵引控制的要求。

4.10.3 测速定位系统应包括绝对定位和相对定位两部分。

4.10.4 测速定位系统应具有容错和冗余功能。

4.11 安全与应急设施

4.11.1 中低速磁浮交通应采用侧门疏散的安全疏散模式，组成列车的车辆之间应贯通。

条文说明

本条主要是考虑可方便旅客就近车门上车，并在上车后可自由选择车厢；另考虑方便旅客在事故状态下可纵向疏散。

4.11.2 车辆应设置防漏电保护装置，车体上应装设与车站和车辆段内接地轨相匹配的接地电刷。车辆内电气设备应有可靠的保护接地，接地线应有足够的截面。

条文说明

为确保车上乘客的安全，应设置漏电保护装置，避免旅客触电；同时，为确保车辆的兼容性，需统一接地电刷。

4.11.3 列车应配备停放制动装置。停放制动装置的制动能力应满足列车在超员（AW3）条件下能在最大坡道上的可靠停放。

4.11.4 列车应设有火灾报警系统，并配有灭火器、逃生锤等灭火逃生设施。

4.11.5 车辆主保护系统与变电站保护系统应实现保护相协调，在所有故障情况下应保证车辆主保护安全分断。

条文说明

中低速磁浮列车主电路快速断路器，在检测到牵引变电所故障、正负受流轨短路、正极受流轨接地等应能快速分断，确保列车主回路断电。

4.11.6 列车应设有广播系统、无线通信系统、信息显示系统和乘客与司机应急对话装置。

4.11.7 列车应具有下列故障运行能力：
1 当列车出现有单个悬浮点失效时，列车应具有降速运营，清客后回库维修的能力。
2 当列车出现多个悬浮点失效，牵引未失效时，可释放支撑轮，满足列车以不超过10km/h速度运行至下一站清客后回库维修。
3 当列车丧失1/3牵引动力，悬浮系统良好时，适当降低列车运行速度，应能维持本趟运行；当列车丧失2/3及以上动力时，应能由一列空载（AW0）列车或工程救援车牵引至下一车站。
4 当列车牵引和悬浮均失效情况下，清客后，释放支撑轮，可由一列空载列车或工程救援车辆牵引回库维修。
5 一列空载列车或工程救援车应具有在正线线路的最大坡道上牵引另一列超员载荷的无动力、支撑轮支撑的列车运行到下一车站的能力。

条文说明

为保证中低速磁浮列车运行的安全性、可靠性和可用性，方便列车在悬浮系统失效时，可通过释放支撑轮替代悬浮系统的支撑功能，确保列车可按5~10km/h的自动或被动限速运行至救援点。

5 限界

5.1 一般规定

5.1.1 中低速磁浮交通限界应分为车辆限界、设备限界和建筑限界。

5.1.2 车辆限界和设备限界应根据车辆轮廓线和车辆有关技术参数，按本规范附录B和附录C所规定的计算方法进行设计。曲线地段设备限界应在直线地段设备限界的基础上考虑曲线几何因素、超高及欠超高所引起偏移量的加宽、加高或降低，曲线超高区段设备限界的基准坐标系应随超高角而旋转。

5.1.3 建筑限界应在设备限界基础上，考虑设备和管线安装尺寸后的最小有效断面。在宽度方向上设备和设备限界之间应留出50mm的安全间隙。当建筑限界侧面和顶面没有设备或管线时，建筑限界和设备限界之间的间隙不宜小于200mm；困难条件下不得小于100mm。

条文说明

建筑限界和设备限界的间隙要求根据现行国家标准《地铁设计规范》（GB 50157）的相关规定提出。

在设备和设备限界之间，需留出50mm安全间隙，其原因有二：一为设备安装误差；二为限界检测车检测误差。

5.1.4 相邻区间线路，当两线间无墙、柱或设备时，两设备限界之间的安全间隙不应小于100mm；当两线之间有墙或柱时，应按建筑限界加上墙或柱的宽度及其施工误差确定。

条文说明

相邻两线（之间无墙、柱及其他设备时）的线间距由两设备限界之间加100mm安全间隙确定，因此直线线间距和曲线线间距一般是不同的。但实际工程设计时，为简化施工，可以设计成若干个线间距值，不必与曲线半径完全对应。如直线线间距可与某一上限半径的曲线线间距相同。

5.2 制定限界的主要技术参数

5.2.1 制定限界的车辆基本参数应符合本规范4.2.1条的规定。

条文说明

参数根据国内目前运营线上的中低速磁浮车辆参数确定。

5.2.2 制定限界的其他参数应符合下列规定：
1. 最小平曲线半径（车场）：75m。
2. 最小竖曲线半径：1500m。
3. 轨道横坡角：最大6°（以轨道中心线旋转）。
4. 线路缓和曲线扭转率：最大0.06°/m。
5. 高架线或地面线侧风载荷600N/m²。
6. 疏散平台高度不应大于710mm。
7. 疏散平台最小宽度应符合表5.2.2要求。

表5.2.2 疏散平台最小宽度要求（单位：mm）

设置位置	隧道内		隧道外	
	一般情况	困难情况	一般情况	困难情况
单线（设于一侧）	700	550	700	700
双线（线路中央）	1000	800	1000	800

条文说明

制定限界的其他参数是按中低速磁浮交通车辆可以适应的线路参数确定。

疏散平台高度是根据国家标准《地铁设计规范》（GB 50157—2013）第5.2.2条第6款第2）项，轨道交通A型车疏散平台高度为小于或等于900mm，低于A型车地板面高度1130mm－900mm＝230mm，B型车疏散平台小于或等于850mm，低于B型车地板面高度1100mm－850mm＝250mm。中低速磁浮地板面高度为960mm，其疏散平台高度按小于或等于960mm－250mm＝710mm确定。

疏散平台最小宽度是根据国家标准《地铁设计规范》（GB 50157—2013）第5.2.2条第6款第1）项相关要求确定。

5.2.3 基准坐标系为垂直于直线轨道线路中心线的二维平面直角坐标，基准坐标系的原点为轨距中心点，横坐标轴（X轴）与设计F型导轨磁极面相切，纵坐标轴（Y轴）垂直于F轨滑撬支承面。

5.3 建筑限界的确定

5.3.1 建筑限界宜分为矩形隧道建筑限界、圆形隧道限界、高架及地面线建筑限界、车站、车辆基地车场线建筑限界。

5.3.2 矩形隧道建筑限界应符合下列规定：
1 直线地段矩形隧道建筑限界计算方法应按下列公式计算：
（1）建筑限界宽度：
$$B_S = B_R + B_L \tag{5.3.2-1}$$
线路中心线至隧道右侧墙净空距离：
$$B_R = X_{smax} + b_1 + c \tag{5.3.2-2}$$
线路中心线至隧道左侧墙净空距离：
$$B_L = X_{smax} + b_2 + c \tag{5.3.2-3}$$

式中：X_{smax}——直线地段设备限界最大宽度值（mm）；

b_1、b_2——右侧、左侧设备、应急疏散平台或支架最大安装宽度值（mm）；

c——安全间隙，包含设备安装误差值和测量误差值（mm），取100mm。

（2）建筑限界高度：在设备限界的基础上，在上部应加高200mm，最小加高不得小于100mm；底部向下扩大，一般条件下不应小于200mm，困难条件下不应小于100mm。

2 曲线地段矩形隧道建筑限界计算方法应符合下列规定：
（1）曲线建筑限界外侧宽度：
$$B_a = X_3\cos\alpha - Y_3\sin\alpha + b_2(\text{或}b_1) + c \tag{5.3.2-4}$$
（2）曲线建筑限界内侧宽度：
$$B_i = X_2\cos\alpha + Y_2\sin\alpha + b_1(\text{或}b_2) + c \tag{5.3.2-5}$$
（3）曲线建筑限界高度：
$$H_u = X_1\sin\alpha + Y_1\cos\alpha + h' \tag{5.3.2-6}$$

式中：α——曲线地段横坡角（°）

X_3——超高倾斜前曲线地段设备限界外侧最大宽度计算点的横坐标值（mm）；

Y_3——超高倾斜前曲线地段设备限界外侧最大宽度计算点的纵坐标值（mm）；

X_2——超高倾斜前曲线地段设备限界内侧最大宽度计算点的横坐标值（mm）；

Y_2——超高倾斜前曲线地段设备限界内侧最大宽度计算点的纵坐标值（mm）；

X_1——超高倾斜前曲线地段设备限界最大高度计算点的横坐标值（mm）；

Y_1——超高倾斜前曲线地段设备限界最大高度计算点的纵坐标值（mm）；

h'——建筑限界与设备限界之间预留空间的高度（mm）。

3 缓和曲线地段矩形隧道建筑限界按所在曲线位置的曲率半径和横坡角等因素计算确定。

4 全线矩形隧道的建筑限界高度宜采用曲线地段最大高度。

5.3.3 单线圆形隧道应按全线采用盾构施工地段的最小平面曲线半径和最大轨道横坡角确定建筑限界。

5.3.4 单线马蹄形隧道的建筑限界，宜按全线采用矿山法施工地段的平面曲线最小半径确定。

5.3.5 圆形或马蹄形隧道在曲线超高段的建筑限界，应采用隧道中心线向线路基准线内侧偏移的方法解决轨道超高造成的内外侧不均匀位移量。

1 采用绕中心旋转设置超高时，水平与竖向的位移量：

$$x' = h_0 \cdot \sin\alpha \tag{5.3.5-1}$$

$$y' = -h_0(1-\cos\alpha) \tag{5.3.5-2}$$

2 采用提高轨道一侧设置超高时，水平与竖向的位移量：

x' 可采用式 (5.3.5-1) 计算；

$$y' = \frac{(G \cdot \alpha)}{2} - h_0(1-\cos\alpha) \tag{5.3.4-3}$$

上述式中：x'——隧道中心线对于轨道基准线内侧的水平位移量（mm）；

y'——隧道中心线竖向位移量（mm）；

h_0——隧道中心线至轨道 F 型导轨滑撬支承面的垂向距离（mm）；

G——轨距（mm）；

α——曲线横坡角（rad）。

5.3.6 高架线或地面线建筑限界应符合下列规定：

1 高架线、地面线的区间和车站建筑限界，应按本规范附录 B 确定的设备限界及设备安装尺寸计算确定。

2 线路一侧无维护通道或人行通道时，建筑限界与设备限界之间的最小间隙不得小于200mm。有维护通道或人行通道时，人行通道和设备限界之间的安全间隙不应小于50mm。

3 线路一侧设置声屏障时，声屏障与设备限界之间的安全间隙不应小于200mm。

4 建筑限界的高度应按矩形隧道建筑限界的高度计算确定。

5.3.7 道岔区段的建筑限界应在直线地段建筑限界的基础上，根据不同类型的道岔和车辆技术参数分别按欠超高和曲线轨道参数计算后进行加宽。

5.3.8 隧道内安装风机、道岔驱动设备时，应满足各种限界要求，必要时建筑限界应局部加宽、加高处理。

5.3.9 车站直线地段建筑限界应满足下列要求：

1 站台面应不高于非悬浮状态下车辆空气弹簧无气时的客室地板面。当采用塞拉门时，应检查车门与站台边缘的安全间隙，必要时修正站台高度或站台边缘距线路中心线距离以满足限界要求。

2 站台计算长度内的站台边缘距线路中心线的距离应按车辆限界向外扩大 10mm 安全间隙确定，站台边缘距车辆轮廓的横向间隙不得大于 100mm。

3 站台计算长度外的站台边缘距线路中心线的距离宜按设备限界另加不小于 50mm 的安全间隙。

4 车站范围内其他部位建筑限界按区间建筑限界的规定执行。

5 车站内设置站台门时，站台门安装尺寸应使站台门最外突出点至车辆限界之间留有不小于 25mm 的安全间隙。

条文说明

站台面与车辆客室地板面存在的垂直高差等于空气弹簧无气时车体的下降量。

站台边缘距车辆轮廓的横向间隙 70mm 是以车辆限界为依据确定，并参考国家标准《地铁设计规范》（GB 50157—2013）第 5.3.8 条第 2 款，站台计算长度范围内的站台边缘至轨道中心线的距离应按不侵入车站车辆限界确定。站台边缘与车辆轮廓线之间的间隙应符合下列规定：

（1）当车辆采用塞拉门采用 100_{-0}^{+5} mm。

（2）当车辆采用内藏门或外挂门时采用 70_{-0}^{+5} mm。

5.3.10 曲线车站站台边缘与车辆轮廓线之间的间隙不应大于 150mm。

条文说明

从乘客上下车安全性考虑，曲线站台边缘距车辆轮廓的最大横向间隙控制在 180mm 内。

5.3.11 车辆基地车场线、辅助线的平曲线半径小于正线平曲线最小半径时，其建筑限界应按本规范附录 B 计算规定。

5.3.12 车辆基地库内检修高平台及安全栅栏与车辆轮廓线之间应留有 80mm 安全间隙，低平台按站台限界缩小 20mm。

5.3.13 车辆基地建筑限界应满足下列要求：

1 车辆基地库外限界应按区间限界规定执行。

2 车辆基地车库大门与设备限界的横向间隙不应小于 100mm。

3 车辆基地车库大门最小高度应按车辆高度加不小于 200mm 安全间隙。

4 库内检修线上部不得侵入车辆限界，横向及下部应以满足车辆检修拆装设备所需工作空间为前提确定。

5.4 轨道区管线设备布置原则

5.4.1 除架空接触网和接触轨，轨道区内安装的设备和管线（含支架）与设备限界应保持不小于50mm的安全间隙。

条文说明

本条确保列车在带故障运行时不会与轨道区的管线、设备擦碰，并确保限界检测车顺利检测。

5.4.2 强、弱电设备宜分别布置在线路两侧，若布置在同侧时，其间隔距离应符合强、弱电干扰距离的规定。区间内的各种管线布置宜保持顺直。

条文说明

强电主要指10kV或35kV环网电缆，弱电主要指通信、信号电缆。按照车站往区间的电缆走向，强电电缆宜布置在轨道区行车方向的左侧，弱电电缆宜布置在轨道区行车方向的右侧。动力照明电缆一般也布置在轨道区行车方向左侧，但如果轨道区左侧设置疏散平台，则区间内维修插座箱及其电缆宜布置在弱电电缆侧。区间的各种管线应排列有序，保持顺直。

5.4.3 高架区间管线设备布置应符合下列要求：
1 当采用车辆侧门疏散模式时，双线高架区间宜在两线间布置疏散平台。
2 信号机宜安装在两线之间。

5.4.4 车站范围内管线设备布置应符合下列要求：
1 岛式车站的广告灯箱、信号机和弱电电缆宜布置在站台对侧，强电电缆宜布置在站台板下的结构墙上。
2 侧式车站的广告灯箱宜布置在两线之间，信号机宜布置在站台侧，弱电电缆宜布置在站台内电缆通道中，强电电缆宜布置在站台板下的结构墙体外侧。

5.4.5 区间隧道内管线设备布置应符合下列要求：
1 行车方向右侧宜布置弱电设备和管线，行车方向左侧宜布置强电设备和管线。当区间隧道设有疏散平台时，平台宜设在行车方向左侧，消防设备、排水管宜布置在行车方向右侧；不设置疏散平台时，消防设备、排水管以及维修插座箱，宜布置在行车方向左侧。

  2　疏散平台上方应保持不小于2000mm的疏散空间。

  3　射流风机宜布置在隧道侧墙上部。

  4　各种隔断门门框外应预埋套管，每侧套管埋设宽度不宜大于500mm。

6 线路

6.1 一般规定

6.1.1 中低速磁浮交通线路应采用双线，按右侧行车制，上下行独立运营。

6.1.2 中低速磁浮交通线路分为正线（含支线）、配线和车场线。配线包括车辆基地出入线、联络线、折返线、停车线、渡线、安全线。

条文说明

　　正线为载客运营的线路，行车速度高、密度大，且要保证行车安全和舒适，因此线路标准较高；配线是为保证正线运营而配置的线路，一般不行驶载客车辆，速度要求较低，所以线路标准也较低；车场线是场区作业的线路，行车速度低，所以线路标准只要满足场区作业即可。本规范按不同类别线路制定相应的技术标准，以达到既能保证运营要求又能降低工程造价的目的。

6.1.3 线路的基本走向应符合城市总体规划要求，并根据其所处区域与城市轨道交通线网规划、城际铁路线网规划、市域（郊）铁路线网规划、旅游交通规划等做好协调对接，按国家审批规定执行。线路选线过程中，要考虑环境要求、地形条件、地质情况、所经区域的特征以及运营要求等因素，经经济比选后确定。

6.1.4 线路敷设宜选用桥梁或低置线路工程，在特殊地段经技术经济比较后，可采用局部隧道工程。线路在低置线路和桥梁过渡段、隧道与低置线路过渡段应采取安全防护措施。

6.1.5 中低速磁浮交通线路应为全封闭形式，墩高低于3m的桥梁区段、低置结构区段要做好防护围栏及安全警示；线路之间及与其他轨道交通线路之间的交叉应采用立体交叉；距建筑物的距离较近地段，应根据行车安全、消防和景观灯相关要求，经综合比选，采取相关防范措施。

6.1.6 车站分布应以规划为前提，结合客流集散点、各类交通枢纽点及轨道交通换乘点分布合理确定。

条文说明

车站应设置在交通枢纽、中低速磁浮线路之间及与其他轨道线路交会处、商业、居住、体育、文化中心等大的客流集散点。车站之间的距离应根据城市轨道交通路网布局、现状及规划的城市道路布局和客流实际需要确定。一般在城市中心区和居民稠密地区宜为1km左右，在城市外围区应根据具体情况适当加大车站间的距离。

6.1.7 全线车站、区间及车场应设置线路、信号、控制测量及安全警示等标志、标线。

条文说明

为确保中低速磁浮交通列车安全运行，便于司机操作、运营管理、维护，应在全线、车站及车场等处设置必要的线路、信号等标志。包括公里标、半公里标、坡度标、曲线标、闭塞分区分界标、限速标、限速解除标、站内标、出发标、停车位置标、列车停车标、折返线停车位置标、警冲标、车挡标、平面及高程控制标等。

6.2 线路平面

6.2.1 线路平面曲线半径应结合车辆类型、行车速度、周边地形、地质等条件，以及对工程、运营的影响确定。

6.2.2 在选线过程中应结合速度目标值、舒适度等因素，选择适宜的曲线半径。在困难条件下，可选用限速半径，各曲线半径限制速度应符合表6.2.2的规定。

表6.2.2 各曲线半径限制速度表

曲线半径（m）	限制速度（km/h）	曲线半径（m）	限制速度（km/h）
75	30	450	90
100	40	500	95
150	50	550	100
200	60	600	105
250	65	700	110
300	75	750	115
350	80	800	120
400	85		

条文说明

线路最小曲线半径与线路类别、车辆性能、行车速度、地形地物等条件有关，是中低速磁浮交通工程的主要技术标准之一。其选定是否合理，对工程的可实施性、工程与运营的经济性有很大影响，将对中低速磁浮交通的工程造价、运行速度、养护维修产生很大的影响。

（1）最小曲线半径的理论分析计算

①车辆的平曲线构造半径为50m。

②满足舒适度要求的平曲线最小半径理论计算公式：

$$R_{\text{Hmin}} = \left| \frac{(v/3.6)^2 \cdot \cos\alpha \cdot \cos^2\beta}{a_y + \left[g \cdot \cos\beta + \frac{(v/3.6)^2}{-R_V}\right] \cdot \sin\alpha} \right| \tag{6-1}$$

式中：R_{Hmin}——满足舒适度要求的最小平曲线半径（m）；

v——运行速度（km/h）；

a_y——未被平衡离心加速度（m/s²）；

α——横坡角（°）；

β——纵坡角（°）；

R_V——竖曲线半径（m）。

根据国家标准《地铁设计规范》（GB 50157—2013），未被平衡离心加速度最大取值为0.4m/s²。高速磁浮交通工程未被平衡离心加速度 a_y 最大取值为1.5m/s²。

不同未被平衡离心加速度取值对应的不同曲线半径下的列车运行速度见表6-1。

表6-1 不同曲线半径下的列车运行速度表

列车运行速度 v （km/h）	曲线半径 R （m）	
	$a_y = 0$	$a_y = 0.4\text{m/s}^2$
550	85.4≈85	100.7≈100
500	81.5≈80	96.0≈95
450	77.3≈80	91.0≈90
400	72.9≈75	85.8≈85
350	68.1≈70	80.35≈80
300	63.1≈65	74.4≈75
250	57.6≈60	67.9≈65
200	51.5≈50	60.7≈60
150	44.6≈45	52.6≈50
100	36.4≈35	42.9≈40

注：a_y 为未被平衡离心加速度（m/s²）。

③按最小曲线半径计算的列车运行速度。

(2) 影响最小曲线半径的其他因素

①列车运行安全。

当列车运行在小半径曲线上时，由于视距短，瞭望条件差，对行车安全不利。

②F 型导轨与车辆悬浮关系。

在小半径曲线位置，车辆悬浮架为直线构件，F 型导轨为曲线，两者之间产生的悬浮力、牵引力、导向力由于接触面积发生变化，而均会发生变化，进而直接影响车辆的正常运行。

③养护维修。

小半径曲线地段因横向力大，轨距、水平不易保持，曲线的几何形状不易固定，养护维修工作量增大。

综上所述，线路平面曲线半径应根据线路性质、路段设计运行速度、工程难易程度，并结合周边环境因地制宜地合理选用。

6.2.3 在双线并行地段中的平面曲线宜按同心圆设计。

6.2.4 线路不宜采用复曲线。

条文说明

复曲线会增加勘测设计、施工及养护维修的困难。在复曲线上行驶的列车，其受力情况及产生的横向加速度将在短时间内发生较大变化，会降低列车的稳定性和乘客的舒适性，故一般不宜采用。如果困难情况下采用复曲线时，不同半径的两个圆曲线之间应设置中间缓和曲线，使平面曲率半径及轨道超高圆顺变化。复曲线设置中间缓和曲线时，应具有相同的曲线半径变更率 C：

$$C = R_1 \cdot l_1 = R_2 \cdot l_2 \tag{6-2}$$

中间缓和曲线长度应按下式计算：

$$l_z = l_1 - \frac{R_1 \cdot l_1}{R_2} = l_1 - l_2 \tag{6-3}$$

6.2.5 曲线横坡设置应不大于 $6°$，允许的欠加速度不大于 $0.4\mathrm{m/s^2}$。横坡应在缓和曲线范围内渐变，横坡扭转率不宜大于 $0.06°/\mathrm{m}$。

6.2.6 线路平面圆曲线与缓和曲线之间应根据曲线半径、横坡设置及设计速度等因素设置缓和曲线，缓和曲线长度宜按表 6.2.6 的规定选用；缓和曲线线形宜采用三次抛物线形，圆曲线前后宜采用等长缓和曲线，缓和曲线取值宜结合线路同心圆设计计算得出，不取整。

线 路

表 6.2.6 缓和曲线长度表（单位：m）

曲线半径 R (m)	设计速度 v (km/h)															
	120	100	95	90	85	80	75	70	65	60	55	50	45	40	35	30
3000	40	30	25	25	20	20	20	20	20	20	20	20	20	20	20	20
2500	45	35	30	25	25	20	20	20	20	20	20	20	20	20	20	20
2000	55	40	35	35	30	25	25	20	20	20	20	20	20	20	20	20
1500	75	55	50	45	40	35	30	25	25	20	20	20	20	20	20	20
1200	95	65	60	55	50	45	40	35	30	25	20	20	20	20	20	20
1000	100	80	70	65	55	50	45	40	35	30	250	20	20	20	20	20
800	100	95	85	80	70	65	55	50	40	35	30	25	20	20	20	20
700	—	100	100	90	80	70	65	55	50	40	35	30	25	20	20	20
650	—	100	100	95	85	75	70	60	50	45	35	30	25	20	20	20
600	—	100	100	100	95	85	75	65	55	50	40	35	30	25	20	20
550	—	100	100	100	100	90	80	70	60	50	45	35	30	25	20	20
500	—	—	100	100	100	100	85	75	65	55	50	40	35	25	20	20
450	—	—	—	100	100	100	95	85	75	65	55	45	35	30	25	20
400	—	—	—	—	100	100	100	95	80	70	60	50	40	35	25	20
350	—	—	—	—	—	100	100	100	95	80	65	55	45	35	30	20
300	—	—	—	—	—	—	100	100	100	95	80	65	55	45	35	25
250	—	—	—	—	—	—	—	100	100	95	80	65	50	40	30
200	—	—	—	—	—	—	—	—	100	100	95	80	65	50	35
150	—	—	—	—	—	—	—	—	—	—	100	100	85	65	50
100	—	—	—	—	—	—	—	—	—	—	—	—	100	95	70

条文说明

设置缓和曲线主要为满足曲率过渡和横坡过渡的需要，以保证乘客舒适和安全。最小缓和曲线长度的确定主要是考虑以下几个因素。

（1）横坡扭转率要求

中低速磁浮列车横坡扭转率不宜大于 0.10°/m，按此要求，则缓和曲线最小长度为：

$$l_1 \geqslant 10\alpha \tag{6-4}$$

式中：l_1——缓和曲线长度（m）；

α——实设横坡角（°）。

（2）横坡时变率要求

$$l_2 \geqslant \frac{\alpha \cdot v}{3.6\Delta\dot{\alpha}} \tag{6-5}$$

式中：l_2——缓和曲线长度（m）；

α——实设横坡角（°）；

v——运行速度（km/h）；

$\Delta\dot{\alpha}$——允许的横坡时变率（°/s）。

允许的横坡时变率值，是乘客舒适度的一个标准，主要应依据试验实测来决定，目前中低速磁浮尚缺乏这方面的数据。根据国家标准《地铁设计规范》（GB 50157—2013），超高时变率取值为40mm/s，根据地铁多年的运营情况，这一取值是合适的。参考地铁超高时变率的取值，并换算为横坡时变率，本规范采用的$\Delta\dot{\alpha}$值为1.6°/s，则：

$$l_2 \geq \frac{\alpha \cdot v}{5.76} \tag{6-6}$$

（3）未平衡离心加速度时变率要求：

$$l_3 \geq \frac{a_y \cdot v}{3.6\dot{a}_y} \tag{6-7}$$

式中：l_3——缓和曲线长度（m）；

v——运行速度（km/h）；

a_y——未被平衡离心加速度（m/s^2）；

$\dot{a}_y$——未被平衡离心加速度时变率（m/s^3）。

未被平衡离心加速度应按一定的变化率逐步实现，不能突然产生或消失，否则乘客会感到不舒适。

英国的实测资料认为，当未被平衡离心加速度时变率为0.4m/s^{3}时，乘客舒适度指标接近于感觉到的边缘。日本地铁离心加速度时变率取0.249~0.373m/s^3。我国地铁取0.3m/s^3，因此，中低速磁浮交通工程未被平衡离心加速度时变率也取0.3m/s^3，则：

$$l_3 \geq \frac{a_y \cdot v}{1.08} \tag{6-8}$$

缓和曲线的最小长度为20m，是考虑不短于一节车厢的长度确定的。

综合分析，缓和曲线的长度应根据舒适度要求和工程实际曲线半径、横坡设置及设计速度等因素综合确定。其中横坡扭转率因对悬浮架平顺通过曲线有较大影响，应满足计算要求。经计算后可采用小于表6.2.6中的长度。

6.2.7 正线及配线上圆曲线最小长度、两相邻曲线之间的夹直线长度不宜小于20m，最小不应小于一节车辆的长度；车场线圆曲线最小长度不应小于3m；车场线上的夹直线长度在困难条件下，顺向曲线不得小于一节悬浮架的长度，反向曲线不得小于一节车厢的全长。

条文说明

正线及辅助线的圆曲线和两相邻曲线之间的夹直线长度主要是考虑行车平稳性和乘

客舒适度要求,最小长度按不小于一节车辆的长度考虑。计算车辆长度最长为 16.5m,所以正线及辅助线的圆曲线和两相邻曲线之间的夹直线最小长度取整后,暂按 20m 考虑。车场线考虑夹直线长度不小于一个磁浮转向架的长度。

6.2.8 车站站台计算长度段的线路宜设置在直线上,困难条件下根据工程需要可设置在曲线上,但最小曲线半径应符合表 6.2.8 的规定;

表 6.2.8 车站最小曲线半径表(单位:m)

类 型	无站台门	有站台门
曲线半径	600	800

条文说明

参照现行国家标准《地铁设计规范》(GB 50157),曲线车站最小曲线半径计算方法,最小曲线半径主要取决于站台边沿与车辆(车门处)的间隙大小以及车体与站台门之间的间隙大小。目前国内中低速磁浮主要有轨距 2000mm、车体宽 3m 的类似 A 型车和轨距 1860mm、车体宽 2.8m 的类似 B 型车。根据上述两大车型进行以下计算确定曲线车站的最小曲线半径。

(1) 车辆轮廓线与站台间隙控制计算,曲线地段最大间隙按 150mm 控制,直线地段按 70mm 控制,计算确定车站最小曲线半径,类似 A 型车和 B 型车均为 600m。

(2) 车辆与站台门间隙控制计算,直线地段按 130mm,曲线地段按 180mm 分别计算,确定车站最小曲线半径,类似 A 型车和 B 型车均为 800m。

注:A 型车计算长度 14m,B 型车计算长度 15m;曲线超高按 0.5°计算;站台边缘线曲线半径与线路平面曲线同心圆设计。

6.2.9 折返线、停车线宜设在直线上。困难情况下,除道岔区外,可设在曲线上,但在车挡前宜保持不少于一节车长的直线段。

条文说明

折返线、停车线宜设置在直线上,有利于司机瞭望。但困难情况下,受工程条件限制可设在曲线上,曲线半径类同相邻正线半径。

折返线、停车线末端应设置车挡。为了使车挡与车辆的撞击点一致,并在一条直线上,为此至少需使最前端车辆保持一节车厢在直线上。

6.2.10 道岔选型应符合以下要求:

1 磁浮道岔应根据场站行车及调车作业需要合理选用单开道岔、对称道岔、三开道岔、单渡线道岔以及交叉渡线道岔等形式。

2 道岔直向通过速度不应小于正线最高速度的要求,侧向允许通过速度不应小于

25km/h，实际选用应根据行车作业的需要确定道岔的侧向通过速度。

3 道岔相邻岔位的转辙时间不应大于15s。

条文说明

中低速磁浮选用侧向通过速度为25km/h的道岔为目前长沙磁浮快线、北京S1线和国内各大试验线的主型道岔，类似于轮轨系统的9号道岔，但随着低速磁浮线路应用不断广泛，侧向过岔速度进一步提升的道岔也逐步出现，中国铁建在长沙试制了侧向过岔速度达到50km/h的低速磁浮道岔，类似轮轨系统的12号道岔，主要用于联络线接轨或站后折返对速度要求更高的线路地段。

道岔相邻岔位的转辙时间不应大于15s，主要针对目前所采用的三开、单开、单渡线和交叉渡线道岔，对于具有两倍单开道岔道岔角的对开道岔则可不大于25s。

6.2.11 道岔布置应符合以下规定：

1 单渡线和交叉渡线道岔的线间距应根据实际需要按式（6.2.11）计算。

$$D = (2 \times B + L) \cdot \sin\alpha \quad (6.2.11)$$

式中：D——线间距（m）；

α——道岔最大转角（°）；

B——道岔岔心至可动梁端部的长度（m）；

L——渡线道岔间衔接垛梁长度（m），不应小于1.6m。

2 当侧向限速25km/h道岔不能满足行车组织要求时，可经技术经济比较选择侧向过岔速度较高的磁浮道岔。

3 道岔宜靠近车站设置，车站端部道岔前端垛梁至有效站台端部距离不应小于8m；其道岔后端，出站信号机至有效站台端部距离不应小于5m。

4 道岔应设在直线地段。道岔两端与平面曲线端部的直线距离不应小于表6.2.11-1的规定。

表6.2.11-1 道岔两端与平面曲线端部的最小距离

项目		至平面曲线端	
		正线、联络线及出入线	配线和车场线
道岔前端/后端	一般	1节车长/1节车长	1节车长/1节悬浮架长度
	困难	1节车长/（1节车长－道岔垛梁长度）	（1节车长－道岔垛梁长度）/1节悬浮架长度

5 道岔岔后连接曲线半径不宜小于道岔导曲线半径，困难情况下，车场线岔后连接曲线半径不应小于75m且可不设置缓和曲线和超高。

6 两组道岔之间应设置直线段轨排连接，其轨排长度不应小于表6.2.11-2的规定，实际取值应结合轨排轨枕的布置综合确定。

表 6.2.11-2 道岔间插入钢轨长度（单位：m）

道岔布置相对位置		线 别	插入直线段长度	
			一般	困难
对向布置		正 线	L	$L-2B$
		配线及车场线	$L-2B$	—
顺向布置		正 线	$2L-A$	C
		车场线	C	—

注：A-道岔主动梁长度（m）；B-垛梁长度（m），取值1.5m；L-1节车长（m），取值16m；C-1节悬浮架长度（m），取值3m。

7 车站及车场咽喉设计应结合桥梁孔跨、车站结构、轨排布置等因素进行道岔布置定位，避免采用非标准道岔。

条文说明

（1）由于道岔侧向速度较小，道岔最小转弯半径依据磁浮车辆的构造转弯半径确定。设置单渡线时，受道岔本身结构限制，需考虑两组道岔之间最小能布置一组固定垛梁；设置交叉渡线时，需考虑交叉渡线的四组道岔之间最小能布置一组可动垛梁，而可动垛梁的长度应根据相邻径路间的限界要求及可动垛梁的结构设计确定。

（2）侧向限速25km/h的道岔对联络线或折返线能力产生限制时，可采用侧向过岔速度更高的道岔，但由于侧向过岔速度更高的道岔，其道岔长度也相应延长，容易引起咽喉区过长而降低车辆通行效率，导致工程投资增大而成效甚微的可能，因此在使用侧向通过速度较高的道岔时，应注意进行技术经济比较，在具有技术和经济双重合理性时方可采用侧向限速较高的磁浮道岔。

（3）站台端部至道岔前端长度，主要是为出站列车控制距离，参考现行国家标准《地铁设计规范》（GB 50157），可由以下分配距离构成：

①站台端—出站信号机距离：为司机对信号的瞭望距离，一般为3.5～5m。可取值4m。

②出站信号机—计轴器磁头距离：为车辆虚拟车轴至车辆端部距离，根据长沙磁浮

车辆数据取值2.9m。

③计轴器磁头—道岔前端垛梁端部的距离：为1.1m（考虑道岔端部以外计轴器磁头在轨排间的安装空间）。

以上三项距离合计4m+3m+1.1m=8.1m。

（4）道岔后端，出站信号机至有效站台端部距离按信号瞭望距离控制。具体如下：

①道岔设在直线地段有利于保持道岔良好状态，有利于道岔铺设和维修方便，有利于列车安全运行。

②磁浮道岔为钢箱梁结构，与道岔前后衔接的轨道梁结构刚度存在差异，因此道岔两端距离平竖曲线端部保持一定的直线距离，有利于磁浮列车在不同线路工况下的平稳运行，提高旅客舒适度。

（5）受列车过岔速度限制，岔后连接曲线不宜小于道岔导曲线半径，以保持岔后曲线与道岔之间具有一致的速度限制；车场内由于车辆运行速度较低，且对车辆运行的平稳性和舒适性要求较低，考虑到场内线路布置的灵活性，可将岔后连接曲线的半径降低至75m。

（6）确定道岔间插入轨长度主要着眼于道岔间的合理布置、行车舒适性以及不同刚度梁之间车辆运行的平稳过渡等因素。根据磁浮道岔的构造情况和车辆悬浮架的几何尺寸，道岔间插入轨长度一般保证一节车长，困难情况下，结合前后道岔垛梁和主动梁长度作为道岔间直线段长度的一部分以缩短插入轨长度。工程设计中应注意结合轨排轨枕布置模数确定道岔间插入轨长度，有利于轨排模块化设计，降低轨排生产制造及安装难度。

（7）道岔应设置在沉降较小的道岔平台上，受桥梁孔跨和车站结构的限制，道岔平台的位置难以自由布置。为避免道岔的布置位置与道岔平台不完全匹配，而引起道岔采用非标准尺寸，要求道岔准确定位应结合桥梁孔跨、车站结构、轨排布置等因素进行。

6.3 线路纵断面

6.3.1 区间正线、联络线和车场出入线最大坡度不大于60‰，困难地段不应大于70‰，均不计各种坡度折减。

条文说明

由于非接触运行的条件，中低速磁浮车辆具备较强的爬坡能力，选线适应性较强。制约线路最大坡度的主要问题是超员载客列车在大坡度上的启动问题。日本爱知线中低速磁浮线商业运行线的最大坡度为60‰，国内上海临港中低速磁浮试验线、唐山中低速磁浮试验线均设有70‰的坡度，且均能正常试验运行。目前，中低速磁浮交通60‰坡度可以满足超员及一列车故障运行发挥额定牵引力速度40km/h的要求；70‰坡度可以满足列车超员正常运行速度50km/h，及一列车故障运行。

由于中低速磁浮交通车辆悬浮导向电磁铁只允许在其平衡位置做极微小的动态调整,所以直线电机定子与反应板的横向偏离也很小,对磁阻力影响较小,故中低速磁浮列车的曲线附加阻力可以忽略。

6.3.2 隧道内和路堑地段的正线最小坡度不宜小于3‰,困难条件下,可采用不小于2‰坡度;桥梁和路堤地段,当具有有效排水措施时,可采用平坡。

条文说明

隧道内和路堑地段的正线坡度宜为3‰,主要是满足排水要求,困难地段在确保排水的条件下,可采用2‰。

6.3.3 车站及其配线坡度设计应符合下列规定:
1 车站宜布置在纵断面的凸形部位上,可根据具体条件,按节能坡理念,设计合理的进出站坡度和坡段长度。
2 车站站台计算长度内宜设置在平坡上,地下站做好排水措施处理。
3 折返线和停车线宜布置在平坡道上,困难情况下,可设在面向车挡或区间不大于10‰的下坡道上。
4 车场内的库(棚)线宜设在平坡道上,库外停放车的线路坡度不应大于1.5‰,咽喉区道岔坡度不宜大于3‰。
5 道岔区宜采用平坡,困难条件坡度不宜大于3‰。

条文说明

车辆在车站时仍需保持悬浮启动,地下车站坡度应尽量平缓,同时又要满足地下车站的排水要求,所以站台计算长度段线路坡度宜采用2‰,困难条件下,可设在不大于3‰的坡道上。

将车站站台段线路布置在一个坡道上,对设计、施工均较简单,而且有利于排水的处理。车站在有条件时要尽量布置在纵断面的凸形部位上,即进站上坡、出站下坡,有利于节省列车启动和制动时的能耗。

由于中低速磁浮道岔本身为机械装置,且道岔的养护维修工作量大,为了便于道岔的养护维修,应设在平坡上或不大于3‰较缓的坡道上。

磁浮车辆通过变坡点时要产生附加力和附加加速度,从行车平稳考虑,宜设计较长的坡段;但为了控制工程量,降低施工难度,应综合两方面的影响确定最短坡段长度。

一般情况下线路纵向最小坡段长度不小于远期列车长度可以使列车全长范围内只有一个变坡点,避免变坡点附加力的叠加影响和附加力频繁变化,保证行车的平稳。坡段长度应满足竖曲线不互相重叠,且相隔一定距离,有利于列车运行和线路养护维修。从车辆结构和行车平稳性考虑，两竖曲线间应满足 2～3 节列车的长度，因此确定该距离不宜小于 40m。

6.3.4 竖曲线的设置应符合下列要求：

1 相邻坡段的连接宜设计为较小的坡度代数差。当相邻坡度代数差大于或等于 2‰时，均应设置圆曲线形竖曲线。

2 区间正线竖曲线半径不宜小于 5500m，困难条件下，不应小于 4000m；车站两端正线竖曲线半径不宜小于 3000m，困难条件下，不应小于 2000m；联络线、出入线、车场线竖曲线半径不应小于 1500m。

3 车站站台计算长度和道岔范围内不得设置竖曲线，竖曲线起终点离开道岔端部的距离不应小于表 6.3.4 的规定。

表 6.3.4　道岔两端与竖曲线端部的最小距离

项　目		至竖曲线端的距离	
		正线、联络线及出入线	配线和车场线
道岔前端/后端	一般	1 节车长/1 节悬浮架长度	（1 节车长—道岔垛梁长度）/1 节悬浮架长度
	困难	（1 节车长—道岔垛梁长度）/1 节悬浮架长度	1 节悬浮架长度/1 节悬浮架长度

4 相邻竖曲线间的夹直线长度不宜小于 40m，困难条件下不应小于 20m。

5 竖曲线与平面缓和曲线不宜重叠设置。

条文说明

为缓和变坡点坡度的急剧变化，使列车通过变坡点时产生的附加加速度不超过允许值，应在变坡点处设置竖曲线。

（1）车辆是通过气隙传感器实时监控悬浮高度，并由悬浮控制器控制电磁铁调整悬浮力大小。为减缓和控制车辆在变坡点由于坡度变化而产生竖向加速度造成的电流突变和车辆振动，中低速磁浮列车的悬浮控制器可在变坡点坡度代数差小于 2‰时，保证悬浮控制的平稳，因此本规范规定在变坡点坡度代数差大于或等于 2‰时，应设置圆曲线形竖曲线进行连接。竖曲线长度应保证同一个悬浮转向架不跨在三段不同的纵断面线形上，本规范取 5m。

（2）虽然中低速磁浮交通车辆允许的最小竖曲线半径为 1000m，而在中低速磁浮交通工程中竖曲线半径的确定尚与舒适度、运营效率相关。

列车通过变坡点时产生的附加加速度即竖向加速度为 a_v，其与竖曲线半径 R_v（m）及行车速度 v（km/h）的关系为：

$$R_v = \frac{v^2}{3.6^2 \cdot a_v} \tag{6-9}$$

根据国外相关资料显示，a_v 值采用的范围为 $0.07\sim0.31\mathrm{m/s^2}$。但多数国家采用 $R_v=v^2$，即 a_v 值为 $0.08\mathrm{m/s^2}$；困难条件下采用 $R_v=v^2/2$，即 a_v 值为 $0.15\mathrm{m/s^2}$。

参照国家标准《地铁设计规范》（GB 50157—2013）并结合中低速磁浮交通情况，在正线上 a_v 取 $0.1\sim0.154\mathrm{m/s^2}$，困难条件下取 $0.17\sim0.26\mathrm{m/s^2}$。考虑到区间正线与站端的运行速度不同，按上式验算取整数。

区间线路：竖曲线最小半径一般情况采用值为 5000m，困难地段采用值为 2000m；

车站端部：竖曲线最小半径一般情况采用值为 3000m，困难地段采用值为 1500m；

联络线、出入库线：竖曲线最小半径采用值为 1500m，车场线采用值为 1000m。

考虑到轨道制作工艺难度，竖曲线设置与平面缓和曲线不宜重合。

（3）竖曲线不得侵入车站站台范围，是为了保证站台平整和乘客安全，并有利于车站的设计和施工。

道岔范围内受其结构控制应保持平顺和严密状态，因此竖曲线不应侵入道岔范围，并保持一定距离，以保证列车运行平稳及便于线路养护维修。

6.3.5 线路坡段长度不应小于远期列车编组长度，并应保证两相邻竖曲线夹直线长度不小于 40m。

6.3.6 正线直线并行地段应按双线等高设计。

6.4 配线设置

6.4.1 联络线设置应符合下列规定：

1 正线之间的联络线应根据线网规划、车辆基地分布位置和承担任务范围设置。

2 凡设置在相邻线路间的联络线，承担车辆临时调度，运送大修、架修车辆，以及工程维修车辆等运行的线路，应设置单线。

3 相邻两段线路初期临时贯通且正式载客运行的联络线，应设置双线。

4 联络线与正线的接轨点宜靠近车站。

5 在两线同站台平行换乘站，宜设置渡线。

6 对于城际、市郊线等站间距较大的线路，考虑设置配线停车。

条文说明

（1）联络线位置选择是依据线网规划确定的车辆基地分布和所承担的任务范围，再结合线路建设时序及工程实施条件综合确定的。每条线路设计时，对全线设置联络线位置应服从线网规划。若工程实施困难需要调整，则应着眼于线网规划统筹考虑。

（2）承担车辆临时调度任务的联络线，如运送厂架修车辆，以及根据工程维修计划输送大型工程维修车辆等，是为了统筹调配日常运营维护设施，降低运营成本而设置的辅助线路。由于其行车量不大，为节省投资，应按单线设计。

（3）相邻两段线路初期临时贯通且正式载客运行的联络线在一段时期内是作为正线使用的，设置为双线有利于线路的正常运营，远期亦可保留。

（4）联络线与正线的接轨点靠近车站有利于接轨道岔的统一管理和维护，但在某些特殊情况下，联络线与正线的接轨点靠近车站会延长联络线长度，引起较大工程，不甚合理，因此特殊困难情况下，联络线亦可与正线区间接轨。

（5）在两线同站台平行换乘站，线间设置联络线工程相对简单，管理方便。

6.4.2 车辆基地出入线设置应符合下列规定：

1 出入线宜在车站端部接轨，特殊困难情况下，可在区间接轨；出入线应具备临时应急停车再启动条件。

2 出入线宜按双线双向运行设计，并应避免与正线平面交叉。规模较小的停车场或出入较少的车辆基地，其工程实施确因受条件限制时，在不影响功能前提下，可采用单线双向设计。贯通式车辆基地宜在两端分别接入正线，主要方向端宜为双线，另一端可为单线。

3 当出入线兼顾列车折返功能时，应对出入线与正线间的配线进行多方案比选，并应满足正线、折返线、出入线的运行功能要求。

条文说明

（1）出入线在车站接轨有利于提高车辆进出的安全性，但由于城市中车辆段选址限制较多，为避免引起较大工程，在特殊困难情况下可在区间接轨。为提高出入线进出正线的安全性，出入线需要考虑进入正线前一度停车再启动的条件，预留列车停车再启动地段长度不应小于一列车长＋安全距离。

（2）出入线宜按双线运行设计，并避免与正线平面交叉，这是设置出入线在功能上保持灵活性和安全性的基本原则。因此出入线尽量设置在两条正线之间为宜，让出入线在运行时，既保持较大的灵活性又对正线干扰最小。

出入线为单线双向设计主要针对小型停车场或出入车辆较少的车辆基地。在工程条件受到限制，但能满足该停车场功能要求时，可设置单线出入线。

（3）出入线兼顾列车折返功能时，车站配线可采用多种形式。关键是折返能力和出入线车辆进出能力要统筹协调具有合理性，在满足运营安全要求的前提下，尽量避免不同行车作业之间的交叉干扰，并留有灵活性。根据合理配线形式，进行多方案配线设计，选择工程量不大，配线简单，满足功能和运行安全的配线方案。

6.4.3 折返线与停车线设置应符合下列规定：

1 折返线应根据行车组织交路设计确定，起、终点站和中间折返站应设置列车折返线，且折返线应避免与出入线单线合设。

2 折返线布置应结合车站站台形式确定，可采用站前折返或站后折返形式，并应满足列车折返能力要求。

3 正线应每隔 5~6 座车站或 15~18km 设置停车线，其间每相隔 2~3 座车站或 6~9km 应加设渡线。

4 停车线应具备故障车待避和临时折返功能。停车线设在中间折返站时，应与折返线分开设置，在正常运营时段，不宜兼用。停车线尾端应设置单渡线与正线贯通。

5 远离车辆段或停车场的尽端式车站配线，除应满足折返功能外，还应满足故障列车停车、夜间存车和工程维修车辆折返等功能要求。

6 折返线、故障列车停车线有效长度（不含车挡长度）不应小于表 6.4.3 的规定。

表 6.4.3 折返线、故障列车停车线有效长度（单位：m）

配 线 名 称	列车长度+安全距离（不含车挡长度）
尽端式折返线、停车线	远期列车长度+50
贯通式折返线、停车线	远期列车长度+60

条文说明

（1）折返线位置选择应满足行车交路设计的功能要求。当起、终点站和中间折返站有车辆基地或停车场出入线接轨时，出入线若为双线可以兼顾折返线的功能，若为单线不应将出入线与折返线合设，避免行车干扰影响行车安全。

（2）折返线布置原则是配线布置的基本原则，在布置折返线时应注意磁浮单开道岔转辙时间为 15s，三开道岔最大线位转辙时间是 25s，相对轮轨道岔略长，需注意核算折返能力的适应性。

（3）条文中故障车停放线和渡线的布置是为了列车在正常运行中出现故障时能及时引导故障列车离开正线进入待避线，保障正线其他列车畅通运行，尽最大可能减少对正常运行的干扰。此条文还需进一步结合磁浮线路运营经验进行验证。

（4）停车线设置与功能：

①应具备故障列车待避和临时折返功能。

②正常运营时段，停车线和折返线不宜同时兼用，因此在折返站宜设两条配线，一条为折返线，另一条为停车线。

③作为停车线，尽量选择在折返功能一致的方位上，为适应故障车能及时被推进停车线，故在配线尽端需设置单渡线与正线连接，有利于作业。

（5）参照现行国家标准《地铁设计规范》（GB 50157），折返线、故障列车停放线有效长度应根据功能要求和安全防护距离综合确定：

①尽端式折返线、停车线铺设长度=列车长度+安全距离。安全距离包含停车误差和信号瞭望距离在内。

②贯通式折返线、停车线铺设长度=（列车长度+停车误差和信号瞭望距离）+安全距离。其中"列车长度+停车误差和信号瞭望距离"是两端道岔垛梁端部轨缝中

心之间的距离。

③列车长度按远期列车长度确定，停车误差和信号瞭望距离暂借鉴地铁运营经验取 10m。

6.4.4 渡线设置应符合下列规定：
1 单渡线应设在车站端部，一般中间站的单渡线道岔，宜按逆岔方向布置。
2 单渡线与其他配线的道岔组合布置时，根据功能需要可按顺向布置。

条文说明

（1）逆岔方向即为道岔由单方向端往多方向端的方向。由于磁浮道岔为梁式道岔，渡线道岔若采用逆向布置有利于减小车辆违规时的脱轨风险，可提高线路安全性。

（2）当车辆利用单渡线折返时，单渡线顺向布置，车辆运行采取的是顺向进站，逆向出站，有利于行车安全。

6.4.5 安全距离与安全线的设置应符合下列规定：
1 支线与干线接轨的车站应设置平行进路；在出站方向接轨点道岔处的警冲标至站台端部距离不应小于 50m，小于 50m 时应设安全线。
2 在车站接轨点前，车辆基地出入线不具备一度停车条件，且停车信号机至警冲标之间小于 50m 时，应设置安全线。采用八字形布置在区间与正线接轨时，应设置安全线。
3 列车折返线与停车线末端均应设置安全线。
4 安全线自道岔前端垛梁端部（含道岔）至车挡前长度应为 50m（不含车挡）；安全线末端宜设置缓冲式车挡。

条文说明

安全距离是指在车站范围，两线交会点之前的安全缓冲距离。一种是支线，另一种是车辆出入线，由于都有一度停车要求，在车站调度和信号系统保护下，可按停车的安全保护距离考虑，不额外增加工程量。如不能满足站前停车的要求，则需设置安全线以确保行车安全。

当车辆出入线在正线区间接轨，在运营时间内有车辆进入正线的功能，需要设置一条岔线，即安全线，并设置车挡。若为由正线车辆进入出入线的单一功能，则出入线可不设置安全线。

安全线长度 50m 系根据列车紧急制动平均减速度 $1.3m/s^2$，并按道岔侧向限速 40km/h（主型道岔侧向构造速度）计算确定。

7 轨道

7.1 一般规定

7.1.1 轨道结构应具有足够的强度、稳定性、耐久性和适量弹性。

条文说明

轨道结构是中低速磁浮交通工程的主要设备，它除引导列车运行方向外，还直接承受列车的竖向、横向及纵向力，因此轨道结构需具有足够的强度、稳定性，保证列车安全、平稳、快速运行。同时，中低速磁浮交通作为公共客运交通工具，轨道结构需有适量的弹性，使乘客乘坐舒适。

轨道结构由轨排、扣件、承轨台等部分组成，其中轨排由感应板、F型钢、轨枕、连接件及紧固件等组成。承轨结构依据线路敷设地段的不同，可选择承轨梁、立柱（或称支墩）、柱式轨道桥等。区间轨道结构的标准断面示意如图7-1所示。

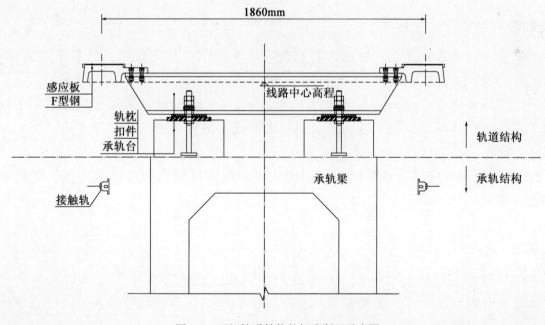

图 7-1 区间轨道结构的标准断面示意图

7.1.2 轨道结构类型应根据线下工程条件、环境条件、运输组织及养护维修条件等因素，经技术经济比选确定。

7.1.3 轨道结构设计应根据车辆运行条件确定轨道结构的承载能力，并应符合质量均衡、弹性连续、结构等强、合理匹配的原则。

7.1.4 轨道主体结构的设计使用年限不应小于100年。

条文说明

轨道结构直接承受列车荷载，是列车运行安全的重要保障，因此轨道结构的耐久性需满足相关规范要求。针对难以修复及更换的钢筋混凝土结构，如承轨台、钢筋混凝土轨枕等，需满足其作为主体结构的设计使用年限要求。

7.1.5 轨道结构部件应在满足使用功能的前提下，实现少维修、标准化、系列化，且宜统一全线轨道部件。

条文说明

高架结构地段、低置结构地段、隧道及U形结构地段的轨道结构宜采用同一形式，采用通用定型的零部件，既能减少设计和施工麻烦、减少订货和维修备用料种类，又能使轨道结构外观整齐。

7.1.6 轨道结构应采用成熟、先进的技术和施工工艺。

条文说明

列车直接运行在轨道上，轨道结构应该采用先进、成熟并经过试验和鉴定的部件，使轨道结构技术先进、适用。

同时，还要充分考虑采用先进的施工方法和技术，以保证施工质量，并有利于缩短施工工期。主要体现在轨排制造及组装、轨道铺设、道岔制造及安装等方面。

7.1.7 轨道设计应以运营维修中检测现代化、维修机械化为目标，配备必要的检测和维修设备。

条文说明

中低速磁浮交通运营时间长，列车运行间隔短，造成各系统天窗维修时间短。因此，轨道设计还需充分考虑采用现代化检测技术和机械化养护维修设备，以适应中低速磁浮交通高密度运营的要求。

鉴于目前国内中低速磁浮交通商业运营线的工程实践有限，拥有运营里程及时间不长，轨道养护维修体系还不健全，配套的现代化、机械化检测和养护维修需要进一步研发。

7.2 基本技术要求

7.2.1 曲线横坡角应按式（7.2.1）计算。

$$\alpha = \arctan \frac{v_c^2}{12.96 \cdot g \cdot R} \tag{7.2.1}$$

式中：α——横坡角（rad）；
v_c——列车通过速度（km/h）；
g——重力加速度（m/s²），取9.81m/s²；
R——曲线半径（m）。

7.2.2 曲线横坡角的设置应符合下列规定：

1 曲线横坡角宜采用内轨降低横坡角的1/2，外轨抬高横坡角的1/2设置。
2 最大曲线超高值对应的线路横坡角不应大于6°，未被平衡超高允许值对应的线路横坡角不宜大于2.3°。
3 曲线超高值对应的横坡应在缓和曲线内递减，无缓和曲线或其长度不足时，应在直线段内递减；横坡扭转率不宜大于0.06°/m。

条文说明

考虑列车通过曲线时平衡离心力和轨道结构均匀受力等要求，曲线地段需设置横坡角，且横坡角的限值、欠横坡角数值均能满足乘客舒适度要求。

曲线横坡角采用内轨降低一半、外轨抬高一半的方法，列车通过曲线运行平稳，曲线测试方便；可有效减少二期恒载，并有利于接触轨的设计安装。

中低速磁浮交通车辆抱轨运行，车辆悬浮架、轨道结构、承轨梁、接触轨等各部件空间尺寸相互限制，曲线横坡角在工程中的具体设置方式需与车辆限界、承轨梁、接触轨的设计、施工相结合。

最大曲线超高值对应的线路最大横坡角是根据国内外相关试验资料及中低速磁浮列车最高行车速度、车辆性能、轨道结构的稳定性和乘客舒适度、列车曲线停车起降要求确定的。

在满足乘客舒适度的要求下，当设置的横坡角不足时，列车通过曲线运行允许有0.4m/s²未平衡离心加速度，即允许有线路横坡角2.3°对应的未被平衡超高值。

7.2.3 轨枕铺设间距宜为1.2m，轨排连接处轨枕间距宜为0.8m。特殊情况下，轨枕铺设间距可为0.6~1.4m。

条文说明

轨枕铺设间距的设置除了考虑轨排自身工作强度及刚度外，还需满足信号测速系统技术要求、车辆段维修工艺等的要求。

轨排端部的竖向刚度较小，减小轨排连接处及前后轨枕铺设间距，有利于列车平稳通过轨缝。因此，轨排连接处需加密轨枕间距，一般按0.8m考虑。其他特殊位置同理。

在库内立柱地段，为方便车辆的检修，轨枕间距需加大。目前，长沙磁浮快线在库内立柱地段轨枕间距按1.4m设计，应用情况良好。

7.2.4 中低速磁浮轨道线路静态平顺度应符合表7.2.4的规定。

表7.2.4 中低速磁浮轨道线路静态平顺度

序号	项 目	允 许 偏 差	备 注
1	轨距	±1mm	—
2	水平	±3mm	四磁极面水平共面度
3	高低	1.5mm/4m 3mm/10m	单磁极面沿轨道方向平面度测量弦长4m或10m
4	轨向	1.5mm/4m 3mm/10m	单磁极面沿轨道方向直线度测量弦长4m或10m
5	轨缝错位	±1mm	前后相邻轨排之间的竖向/横向轨缝错位

条文说明

本条是依据现行行业标准《中低速磁浮交通设计规范》（CJJ/T 262）的要求，结合株洲中低速磁浮试验线及长沙磁浮快线的工程实践，确定的最高运行速度不超过120km/h的中低速磁浮交通轨道结构竣工验收几何精度。当最高运行速度提高到160km/h时，轨道不平顺的要求需进一步理论研究和试验验证。

7.3 轨排

7.3.1 轨排由F型导轨、轨枕、连接件及紧固件等组成，应符合下列规定：
1 标准轨排长度宜为12.5m，最短轨排长度不应小于3.6m。
2 轨排应采取标准化、模块化设计；结合轨排对号入座原则，减少轨排的种类。
3 轨排的防腐涂装应符合现行行业标准《中低速磁浮交通轨排通用技术条件》（CJ/T 413）的规定。
4 轨排静载试验后，F型导轨两磁极面下挠值不应大于0.5mm；轨排不应产生永久变形。

条文说明

轨排由感应板、F型钢、轨枕、连接件及紧固件组成。磁浮轨排除了具备承受和传递列车重力、导向力、驱动力与制动力的功能外，还需具备配合车上安装的电磁铁、直线异步电机和悬浮传感器构成电磁及控制回路，实现悬浮、导向、驱动和制动等功能。

轨排长度设计需结合线路条件、桥梁或承轨梁的跨度、温度变化引起的轨排和混凝土梁伸缩量、轨排机械加工工艺、悬浮控制系统对轨缝要求等条件确定。

轨排标准化、模块化设计，有利于轨排大批量生产，提高制造效率，减少安装复杂性和降低成本。

7.3.2 F型导轨由F型钢和感应板组成，应符合下列规定：

1 F型钢宜采用碳素结构钢。
2 F型钢钢种的饱和磁通密度不应小于1.4T。
3 感应板宜采用铝合金材质制造；特殊情况下可采用铜合金材质制造。
4 曲线地段应采用厂制曲线形的F型钢。
5 曲线地段宜采用分段的直线感应板拟合曲线，其分段长度应根据线路平面曲线半径进行拟合选用。直线感应板的分段长度宜控制在0.8~3.0m之间。
6 两感应板之间铺设间隙应按1~2mm控制。
7 感应板与F型钢之间应采取可靠的连接措施。
8 F型导轨的总高度应满足车辆悬浮控制系统的要求。

条文说明

F型导轨由F型钢和感应板组成，可采用胶粘或螺钉紧固等方式进行连接，确保具有足够的连接强度。

曲线地段的F型钢需要在工厂内按线路曲线要素要求加工成曲线形的F型钢；而感应板则结合曲线要素，以直代曲，分段拟合，安装在F型钢上。

组装后的F型导轨总高度需满足车辆悬浮系统、驱动系统的要求，既要保证可靠的悬浮间隙要求，又要满足直线异步电机气隙要求。

7.3.3 轨枕宜采用H形轨枕或矩形轨枕。

条文说明

轨枕用来连接F型导轨，使F型导轨保持相对位置固定并传递荷载到下部基础，其技术性能可按现行行业标准《中低速磁浮交通轨排通用技术条件》（CJ/T 413）的有关规定执行。

7.3.4 轨排接头应符合下列规定：

1 轨排与轨排之间宜设置轨缝，以适应工作条件下的温度变形；轨排应在梁缝处断开。
2 轨缝位置应设置轨排接头，并满足轨排的伸缩及搭接安装精度要求。
3 根据伸缩量的不同，应设置不同类型的轨排接头。
4 设计预留轨缝宜按 15～20mm 取值。铺轨时，轨排的预留轨缝值应根据轨排实际长度和轨排温度，在设计预留轨缝值的基础上进行修正计算。

条文说明

为了适应工作条件下的温度变形，轨排与轨排之间需设置轨缝。在达到历史最高温度时，轨排间预留轨缝不能为零，以确保轨排间不顶紧受力；在达到历史最低温度时，轨排间预留轨缝不能超过构造轨缝，以确保列车平稳通过轨缝。

轨排接头是相邻轨排之间的伸缩、限位连接装置。安装锁定后的轨排接头，不仅能满足轨排的伸缩要求，还能满足前后相邻轨排的错缝、高低、轨向等几何尺寸的安装精度要求。

轨排接头的类型应根据桥梁跨度、梁型、轨排长度、桥梁温度与 F 型导轨温度计算确定，需满足锁定后的轨排在纵向阻力的控制下，轨排有足够的空间来释放温度应力。根据不同的伸缩量，伸缩接头可分为Ⅰ型接头、Ⅱ型接头、Ⅲ型接头或特殊轨道伸缩装置，以适应轨排的伸缩需求。

设计时，需确定设计锁定轨温下的预留轨缝值。铺轨施工时，轨排的预留轨缝值需根据轨排安装锁定方式、轨排实际长度、轨温等，在设计预留轨缝值的基础上进行修正计算。

7.3.5 轨排连接件用高强度螺栓连接副标准件应符合现行行业标准《钢结构高强度螺栓连接技术规程》（JGJ 82）的规定。

7.4 承轨台及扣件

7.4.1 承轨台设计应符合下列规定：
1 混凝土强度等级不应低于 C40。
2 承轨台宜采用钢筋混凝土结构，并满足承载能力要求。
3 承轨台与路基支墩或桥面连接应采取加强措施。
4 承轨台结构高度应满足扣件安装条件及线路最大横坡角设置要求。

条文说明

承轨台是轨排与下部基础之间连接所采用的二次浇筑钢筋混凝土结构。承轨台结构简单，施工方便，施工精度容易保证，且施工进度快，结构体量小，可减少承轨结构的二期恒载。承轨台结构的耐久性需满足设计使用年限规定。

为使承轨台与下部基础牢固连接，需采取下部基础施工时顶面预留连接钢筋、承轨台下部基础凿毛等措施。

7.4.2 轨排与承轨台之间采用轨道扣件连接。轨道扣件应符合下列规定：
1 扣件结构应力求简单。
2 扣件应具有足够的强度、扣压力和适量的弹性。
3 扣件应具有适量的轨道几何形位调整功能。
4 扣件应具有良好的绝缘、防腐性能。

条文说明

扣件是轨道结构的重要部件，将轨排与承轨台牢固连接，能保持轨排在下部基础上的正确位置。扣件力求结构简单、造价低，不仅具有足够的强度和扣压力，还具有良好的弹性、适量三维调整量，良好的绝缘性能和防腐性能。高架桥梁面窄，施工及养护维修作业面小，扣件的结构需充分考虑施工及养护的便利性。

7.5 道岔

7.5.1 中低速磁浮道岔是中低速磁浮线路的换线设备，由主体结构、驱动、锁定、控制、供电、信号等部分组成。按照结构组成和转辙后的线路状态可分为单开道岔、对开道岔、三开道岔、单渡线道岔以及交叉渡线道岔。道岔的基本型号及相关参数应符合本规范附录A的要求。

7.5.2 道岔设备应符合下列规定：
1 道岔系统控制电路应符合故障—安全原则；对于涉及行车安全的道岔零部件或易损件应有冗余设计。
2 道岔的自振频率应避开车辆的自振频率；道岔自振频率取值范围宜在15Hz以下或30Hz以上。
3 道岔电源可采用TN-S交流电源，频率为50Hz±0.5Hz，电压为380（1±10%）V。
4 金属构件表面应进行防锈蚀处理。在寒冷地区使用的道岔应在关键部位配置防冻加热设施。
5 道岔应具有集中控制、现场控制，并具有系统检测、故障诊断、故障保护和报警功能。
6 道岔设备的结构形式应能便于操作、易于维护。
7 道岔设备的供电应采用一级负荷，双电源供电。
8 道岔设备接地电阻值不应大于1Ω，防雷接地电阻值不应大于10Ω。
9 道岔应设置虚拟轨枕满足信号测速定位要求；虚拟轨枕的分布密度应为600～

1200mm，且轨枕之间在轨枕面以下0.2m范围内不应有金属构件。

10 道岔直向和侧向限制速度应与行车组织需要相匹配，同时满足旅客舒适度的要求。

条文说明

道岔的现场控制包含联动、单动和手动控制方式。

道岔产品使用应取得第三方安全评估报告，经验证满足车辆过岔速度、转辙时间以及系统安全等各项指标后方能采用。

7.5.3 道岔安装应符合以下规定：

1 道岔设备的安装应符合限界要求。

2 道岔应设置在坚实稳定的基础上，道岔设备在高架线路段应安装在道岔桥上，低置线路和隧道内应安装在道岔专用的平台上。

3 道岔桥或道岔平台应满足均匀沉降要求，且道岔与道岔外两端线路顺接应符合轨排的平顺性要求。

4 道岔区应设置检修通道、安全隔离设施和供维修使用的电源设施。道岔区应有照明设施，其照度应不小于50 lx。

5 道岔的装配偏差应满足道岔产品相关设备技术条件要求。

6 道岔桥及道岔平台上的供电电缆、通信及信号电缆、道岔控制电缆等应按电压等级分别布置在电缆槽或电缆沟内。

7 道岔区宜设置视频监控设施。

8 道岔区宜设置专用电话。

7.6 轨道附属设备

7.6.1 在轨道终端应设置车挡，并应满足下列要求：

1 正线及配线、试车线的终端宜采用液压缓冲滑动式车挡。

2 车场线终端宜采用液压固定式车挡。

条文说明

正线及配线、试车线的终端需设置液压缓冲滑动式车挡，一般占用轨道长度12～15m。一般情况下，允许列车撞击速度不小于15km/h；特殊情况下，可根据车辆、信号等要求计算确定。在被列车撞击后，车挡液压装置能有效消耗列车的动能，迫使列车停住，可保障人身和车辆的安全，有效减少人身及车辆设备事故损失。城市轨道交通中同类型的液压缓冲滑动式车挡，经过撞击试验证明，效果良好。

固定式车挡结构简单，造价低，可满足车场线的安全要求。

7.6.2 轨道标志的设置应符合下列规定：
1 应设置百米标、坡度标、曲线要素标、平面曲线起终点标、竖曲线起终点标、道岔编号标、站名标、桥号标、水位标等线路标志。
2 应设置限速标、停车位置标、一度停车标等信号标志。
3 各种标志应采用反光材料制作。
4 各种标志安装不应侵入设备限界。

条文说明

视线路实际情况，可增减标志类型。为了司机瞭望清晰，与行车有关的标志如百米标、限速标、停车位置标等，需采用反光材料制作，并安装在司机易见的位置上。

反光材料采用符合现行国家标准《道路交通反光膜》（GB/T 18833）的Ⅱ级反光膜。标志底板宜采用外加封闭涂料的铝板，且铝板四周应做收边或封边等钝化处理，以便不伤到人。结合疏散平台的功能和安装条件，合理确定标志牌的安装高度，可按距轨面2m设计，且需满足运营要求。

所有标志不应侵入设备限界，安装位置便于瞭望，不得相互遮挡。

7.6.3 轨排应设置铭牌。

条文说明

铭牌为轨排的信息记录牌，需在轨腰上牢固安装。

7.6.4 轨道上应设轨排编号，编号位置应便于观察。

条文说明

为了便于后期养护维修方便，轨道相应位置需设置轨排编号，如采用喷漆方式将轨排编号喷涂在轨枕上。

7.7 接口设计

7.7.1 轨道设计应考虑线路、站场、路基、桥梁、隧道、供电、通信、信号、车辆基地等相关工程的接口技术要求，统筹规划，系统设计。

7.7.2 轨道结构与路基、桥梁、隧道、车辆基地等土建工程的接口设计应符合下列规定：
1 轨道设计应对路基、桥梁和隧道等工程结构物提出轨道结构预埋件、轨道排水等相关要求。

2 路基、桥梁和隧道等土建工程设计中应满足道岔、轨排接头、车挡等轨道部件设置的要求。
3 轨排设计应满足车辆基地工程中车辆检修、维护工艺设计的要求。
4 轨道结构与轨道梁连接构造中可设置轨道的减振构件。
5 线路、桥梁和轨道结构应系统设计，减少桥梁温度跨度，减少大伸缩量要求的轨排接头设置。

条文说明

中低速磁浮轨排设计需满足车辆基地工程中车辆检修、维护工艺设计的要求，例如悬浮架的拆装或更换要求，车辆底架悬挂的大设备检修要求，车辆制动闸片、支撑轮设备的检修或更换要求，标准零轨设置要求等。

既有Ⅰ型、Ⅱ型、Ⅲ型轨排接头的伸缩量分别为20mm、40mm、80mm。桥梁温度跨度越大，梁端的伸缩量越大，对轨排接头的伸缩量要求越高。

轨排接头是中低速磁浮交通轨道结构的薄弱环节，其轨道平顺性对磁浮列车的运行平稳性影响较大。因此，线路、桥梁和轨道结构需系统设计，尽可能减少大跨度桥梁设置，或者大跨度桥梁尽可能减少梁端伸缩量。

7.7.3 轨道结构与信号、综合接地等系统的接口设计应符合下列规定：
1 轨道和道岔在高架线及地面线地段应设置防雷接地，接地电阻值不应大于10Ω。
2 轨枕铺设间距应满足信号测速系统设计的要求。
3 信号设备的安装应满足轨道结构承载力、耐久性和正常使用的要求。

条文说明

根据国家标准《建筑物防雷设计规范》（GB 50057—2010）第4.2.4条，防雷接地电阻不应大于10Ω。

8 桥涵结构

8.1 一般规定

8.1.1 本章适用于跨度不大于100m的混凝土结构和墩高不大于50m的桥梁。

条文说明

目前国内已建成的最大跨度中低速磁浮桥梁为长沙磁浮快线浏阳河特大桥，主跨采用（85＋110＋85）m预应力混凝土连续梁，对于跨度大于100m的中低速磁浮桥梁尚缺乏较多的设计、施工建设经验，本条根据行业标准《铁路桥涵设计规范》（TB 10002—2017）第5.1.1条进行规定。对于更大跨度或其他形式的桥梁，应先进行必要的科学分析、试验和试制工作，必要时还应进行运营观测，以取得设计所需的数据和经验来补充条文不足，编写补充设计规定，确保桥梁设计的安全性和舒适性。

8.1.2 桥梁结构设计应具有规定的强度、刚度、稳定性、耐久性和良好的动力特性，满足磁浮列车安全运行和旅客乘坐舒适度的要求，并应便于施工、检查和养护维修。位于中心城区或风景名胜区核心景区的桥梁宜与周围景观相协调，宜采用标准化、工厂化、装配化、快速化的设计理念和施工方法。

条文说明

为了加强我国桥梁建设的标准化，推动我国桥梁制造业的发展，提高桥梁施工的机械化水平，对于常用较小跨径桥梁，推荐采用标准化跨径、装配式结构、机械化和工厂化施工。

城市轨道交通应充分重视高架线对城市环境的影响，这包括城市景观的要求、城市环境的保护（如噪声、振动防治等）。

8.1.3 桥梁主体结构的设计使用年限应为100年。

条文说明

桥梁结构设计，要求在制造、运送、安装和运营过程中，应具有规定的强度、稳定性、刚度和耐久性，以保证施工、运营安全，使用耐久。根据耐久性的要求，桥梁主体结构（不含可更换部件）应按 100 年正常使用要求设计。

8.1.4 桥涵的设计洪水频率标准，应符合现行行业标准《铁路桥涵设计规范》（TB 10002）中Ⅰ级铁路干线的规定。桥梁跨越通航河流时，桥下净空应满足现行国家标准《内河通航标准》（GB 50139）的规定。

8.1.5 梁式桥跨结构在计算荷载的最不利组合作用下，横向倾覆稳定系数不应小于 1.3。

条文说明

本条根据行业标准《铁路桥涵设计规范》（TB 10002—2017）第 5.2.1 条规定。当中低速磁浮交通桥梁位于曲线尤其是小半径曲线线路上时，桥梁结构的横向倾覆稳定性验算尤为重要。

8.1.6 桥梁上部结构宜采用混凝土结构，应根据桥梁的周围环境、施工条件、使用功能、河流水文条件、工程地质情况等因素综合考虑选择桥梁跨度和桥型。

条文说明

各国已建成的磁浮线路中，预应力混凝土桥梁占有绝对优势，这是因为，与其他建桥材料相比，预应力混凝土结构具有一系列适合磁浮线路要求的特性，如刚度大、噪声低、由温度变化引起的结构位移对线路结构的影响小、运营期间养护工作量少等，而且造价也较为经济。

从日本爱知线中的中低速磁浮钢结构桥梁运营情况来看，钢结构和钢—混凝土组合结构桥梁也完全适应中低速磁浮交通跨越城市道路、河流等，根据需要，必要时也可采用钢结构或钢—混凝土结合结构。

8.1.7 曲线上线路中心有偏移的梁式桥以及其他有偏心荷载的梁式桥，应计算梁式桥跨结构偏载的影响。

8.1.8 桥梁跨越铁路、道路时，桥下净空应满足铁路、道路的限界要求，并预留一定的富余量。

条文说明

中低速磁浮工程建设不能影响城市规划的实施及铁路、道路、航道的正常的运营，因此桥墩布置应符合城市规划的要求。跨越铁路、道路时，桥下净空应满足铁路、道路限界要求并预留结构沉降量、铁路抬道量或道路路面翻修高度。

8.1.9 中低速磁浮桥梁常规标准梁部结构宜采用跨度 25~40m 的简支梁或先简支后连续梁，跨度为 40m 以上的桥梁宜采用预应力混凝土连续梁、连续刚构、拱桥或斜拉桥。

条文说明

　　高架线路上宜采用多孔等跨标准桥梁结构。等跨简支体系的桥跨外形一致、截面相同、构造布置统一，适宜于工厂化预制，逐孔架设，能显著提高施工速度，并简化运营中的管理工作，也便于结构的日常检查和养护维修。多孔一联等跨布置的先简支后连续梁，既能发挥工厂化预制架设的优势，又能够提高梁部结构整体性和刚度，并且对保持桥上线路的平顺性较简支体系更有利，适应中低速磁浮车辆悬浮架对桥梁、轨道结构的高平顺性要求，可提高桥上行车的舒适性和安全性，具有很好的技术经济性。

8.1.10 桥上设置道岔时，应在道岔全长范围内采用连续结构，桥梁结构应满足道岔开合受力要求，且道岔连续梁的桥面布置应满足道岔及其控制系统的检查与养护维修要求。

8.1.11 桥梁结构应设置贯通全线的疏散（或检修）通道。疏散平台采用钢结构时，其涂装体系及涂装材料应满足现行行业标准《铁路钢桥保护涂装及涂料供货技术条件》（TB/T 1527）的规定。

8.1.12 桥梁上跨、下穿铁路或公路时，应符合现行行业标准《铁路桥涵设计规范》（TB 10002）的规定。桥梁下穿高速铁路时，还应符合现行行业标准《公路与市政工程下穿高速铁路技术规程》（TB 10182）的规定。

8.1.13 涵洞的标准孔径分别为 1.0m、1.25m、1.5m、2.0m、2.5m、3.0m、3.5m、4.0m、4.5m、5.0m、5.5m 和 6.0m。

8.1.14 排洪涵洞的最小孔径不应小于 1.25m。位于城市或车站范围内有污水流入的涵洞，可根据需要加大孔径。

8.1.15 涵洞宜采用框架涵、圆涵，也可采用盖板涵等结构形式。

8.1.16 置于非岩石地基上的涵洞，每隔 2~5m 应设置一道沉降缝。

8.2 设计荷载

8.2.1 桥梁应根据结构设计的特性和检算内容按表 8.2.1 所列荷载，以其最不利组合情况进行设计。

表 8.2.1 桥梁荷载

荷载分类		荷 载
主力	恒载	结构自重； 附属设备和附属建筑自重； 预加力； 混凝土收缩及徐变的影响； 基础变位的影响； 土压力； 静水压力及水浮力
	活载	列车竖向静活载； 列车竖向动力作用； 列车离心力； 列车侧向导向力； 小半径约束力； 列车活载产生的土压力； 人群荷载
附加力		制动力或牵引力； 支座摩擦阻力； 风力； 温度变化的作用； 流水压力； 冰压力； 冻胀力； 波浪力
特殊荷载		紧急制动力； 船只或汽车的撞击力； 地震力； 施工临时荷载

注：1. 如杆件的主要用途为承受某种附加力，则在计算此杆件时，该附加力应按主力计。
    2. 流水压力不与冰压力组合，两者也不与制动力或牵引力组合。
    3. 列车侧向导向力不与离心力、风力组合。
    4. 地震力与其他荷载的组合应按现行国家标准《铁路工程抗震设计规范》（GB 50111）的规定执行。
    5. 计算中要求计入的其他荷载，可根据其性质，分别列入主力、附加力和特殊荷载等三类荷载中。

8.2.2 桥梁设计应仅考虑主力与一个方向（顺桥或横桥方向）的附加力组合。

8.2.3 计算结构自重时，一般材料重度应按现行行业标准《铁路桥涵设计规范》（TB 10002）的规定取用；对于附属设备和附属建筑的自重或材料重度，可按所属专业的设计值或所属专业现行国家标准中的规定取用。

8.2.4 列车竖向静活载应符合下列规定：

1 列车竖向静活载采用中低速磁浮列车竖向静活载。
2 对于单线、双线和多线的桥梁结构,应按列车作用于每一条线路考虑。
3 设计加载时,中低速磁浮列车竖向静活载图式可以任意截取,但不应大于列车最大编组长度。

条文说明

悬浮状态下,中低速磁浮车辆静活载为25kN/m。

8.2.5 列车竖向荷载动力作用应按列车竖向静活载乘以动力系数$(1+\mu)$。μ按式(8.2.5-1)、式(8.2.5-2)计算:

$$\mu = 1.15(\Delta\alpha_z + g)/g \tag{8.2.5-1}$$

$$\Delta\alpha_z = v^2\sin\alpha\cos^2\beta/R_h + (g\cos\beta - v^2/R_v)\cos\alpha - g \tag{8.2.5-2}$$

式中:v——设计速度(m/s),在限速地段设计速度应采用实际的限制通过速度;
R_h——平面曲线半径(m);
R_v——竖曲线半径(m);
α——横桥向轨面线与水平面的夹角(°);
β——顺桥向轨面线与水平面的夹角(°);
g——重力加速度(m/s^2);
$\Delta\alpha_z$——在上凸曲线时最小值为-0.6m/s^2;在下凹曲线时最大值为$+1.15$m/s^2。

条文说明

车辆竖向荷载的动力作用采用竖向静活载乘以动力系数(也称为冲击系数)。桥梁的动力系数和桥梁的刚度、轨面平顺度、车辆的荷载大小、列车编组、作用形式以及车速因素有关,本规范中的动力系数参考高速磁浮计算方法确定。

8.2.6 位于曲线上的桥梁应计入列车竖向静活载产生的离心力,其大小等于列车竖向静活载乘以离心力率C。离心力作用于车辆重心处并指向曲线外侧。C按下式计算:

$$C = \frac{v^2}{127R} \tag{8.2.6}$$

式中:v——设计速度(km/h);
R——曲线半径(m)。

8.2.7 列车侧向导向力作用于F型导轨轨面处,其计算应符合下列规定:
1 列车的最大侧向导向力应按竖向静活载的20%计算。
2 列车的动态侧向导向力应按下式计算:

$$F = \pm \left(1 + \frac{v}{500}\right) \tag{8.2.7}$$

式中：F——动态侧向导向力（kN/m）；
v——列车速度（km/h）。

条文说明

列车横向荷载主要为侧向导向力。侧向导向力分为动态侧向导向力和曲线行车附加导向力。动态侧向导向力为车辆直线行车状态下因轨道线路偏差引起的侧向导向力。曲线行车附加导向力与离心力大小相等方向相反，在离心力的计算中已经考虑了，不再单独考虑。

8.2.8 位于缓和曲线范围内的桥梁，需考虑由于转向架之间的列车刚体与桥梁结构之间相互约束产生的小半径约束力，其数值不大于10kN，作用于轨面并指向曲线外侧。

条文说明

小半径约束力是由于转向架之间的列车为刚体，引起列车行驶时曲线地段列车与侧向导向轨之间的间隙变化，使得侧向导向磁力产生变化的相互约束力。本规定参考上海高速磁浮工程计算方法确定。

8.2.9 列车制动力或牵引力应按列车竖向静活载的15%计算，当与离心力同时计算时，应按列车竖向静活载的10%计算。紧急制动力应按列车竖向静活载的20%计算。双线桥应采用一线的制动力或牵引力；三线或三线以上的桥应采用两线的制动力或牵引力。高架车站及与车站相邻两侧100m范围内的双线桥应按双线制动力或牵引力计算，每线制动力或牵引力值为列车竖向静活载的10%。制动力或牵引力作用于车辆重心处，但计算墩台时应移至支座中心处。

8.2.10 简支梁传到墩台上的纵向水平力计算应符合下列规定：
1 简支梁传到墩台上的纵向水平力取值：当采用固定支座时，应为全孔的100%；当采用滑动支座时，应为为全孔的50%。
2 在一个桥墩上同时安设有固定支座及滑动支座时，应按上述数值相加，但对于不等跨梁，此相加值不应大于其中较大跨的固定支座的纵向水平力；对于等跨梁，不应大于其中一跨的固定支座的纵向水平力。

8.2.11 作用于桥梁上的风力、流水压力、水浮力、冰压力、冻胀力、船只或汽车的撞击力、施工荷载，应按现行行业标准《铁路桥涵设计规范》（TB 10002）的有关规定计算。

8.2.12 当桥墩有可能受到汽车撞击时，宜设置坚固的防护工程。当无法设置防护工程时，应考虑汽车对桥墩的撞击力，其大小和作用位置按现行行业标准《铁路桥涵设计规范》（TB 10002）的有关规定计算。

8.2.13 温度变化的作用及混凝土收缩、徐变的影响，应按现行行业标准《铁路桥涵设计规范》（TB 10002）和《铁路桥涵混凝土结构设计规范》（TB 10092）的有关规定计算。

8.2.14 地震力的作用，应按现行国家标准《铁路工程抗震设计规范》（GB 5011）的有关规定计算。

8.3 结构变形、变位和动力响应的限值

8.3.1 本节规定适用于跨度不大于100m的混凝土梁及墩高不大于50m的桥梁。

8.3.2 梁体竖向变形、变位限值应符合下列规定：

1 梁部结构在列车竖向静活载作用下，梁体的竖向挠度不应大于表8.3.2限值要求。

表8.3.2 梁体的竖向挠度限值

梁 型	竖向挠度限值
简支梁	$L/3800$
连续梁	$L/3500$

2 拱桥、连续刚构及连续梁桥的竖向挠度，除考虑列车竖向静活载作用外，尚应计入温度的影响。梁体竖向挠度按下列情况之不利者取值，并应满足表8.3.2所列限值要求：

（1）列车竖向静活载作用下产生的挠度值与0.5倍温度引起的挠度值之和。
（2）0.63倍列车竖向静活载作用下产生的挠度值与全部温度引起的挠度值之和。

3 轨道铺设完成后，预应力混凝土梁的竖向残余徐变变形应符合下列规定：
（1）当桥梁跨度不大于50m时，竖向残余徐变变形不应大于10mm。
（2）当桥梁跨度大于50m时，竖向残余徐变变形不应大于$L/5000$，且不大于20mm。

条文说明

桥梁（轨道梁）的挠度要求直接影响列车运行的平稳性及乘坐舒适性，并且影响中低速磁浮交通工程建设的造价。中低速磁浮交通轨道梁挠度要求是在分析总结国内外磁浮交通及传统轮轨轨道交通桥梁刚度要求基础上，根据中低速磁浮交通技术特点，经

试验验证后确定。

（1）有关规范或试验线对轨道梁挠度的要求

①德国高速磁浮设计规范。

德国高速磁浮设计规范对轨道梁竖向挠度要求见表8-1。

表8-1　德国高速磁浮设计规范对轨道梁挠度要求

项　　目			最大挠度	备　　注
竖向挠度	列车引起	单跨梁	$L/4000$	—
		等跨度双跨连续梁	$L/4800$	—
	温度引起	单跨梁	$-L/6500$	梁顶面温度高于梁底面温度
			$L/5400$	梁顶面温度低于梁底面温度
		等跨度双跨连续梁	$-L/8000$	梁顶面温度高于梁底面温度
			$L/6500$	梁顶面温度低于梁底面温度
横向挠度	列车引起	单跨梁	$L/15000$	—
		等跨度双跨连续梁	$L/18000$	—
	温度引起	单跨梁	$L/5800$	
		等跨度双跨连续梁	$L/6960$	

②日本与韩国的中低速磁浮设计规范。

日本在横滨国际博览会上展示的HSST-05型磁浮车，线路动载荷下梁的挠跨比为1/3800；爱知线对用于HSST-TKL型磁浮车运行的轨道梁的挠度要求不大于1/1500。

韩国机械和材料研究院（KIMM）在该院建设的用于试验UTM-01磁浮列车的1.1km试验线的轨道梁竖向挠度要求不大于1/4000。

韩国仁川机场磁浮线的轨道梁变形容许值要求不大于$L/2000$（行车速度小于90km/h时）、$L/3000$（行车速度为90～110km/h时）。

③我国的地铁设计规范。

根据国家标准《地铁设计规范》（GB 50157—2013），梁式桥跨结构的竖向挠度要求见表8-2。

表8-2　《地铁设计规范》（GB 50157—2013）对梁体竖向挠度要求

跨　度（m）	挠度容许值
$L \leqslant 30$	$L/2000$
$30 < L \leqslant 60$	$L/1500$
$60 < L \leqslant 80$	$L/1200$
>80	$L/1000$

（2）国内有关中低速磁浮试验线的刚度要求

①上海临港中低速磁浮交通试验基地对轨道梁的挠度要求见表8-3。

表 8-3　上海临港中低速磁浮交通试验基地对轨道梁的挠度要求

项　目	竖向挠度	横向挠度	梁端最大挠转角
简支梁	L/3800	L/1300	1/1000
连续梁	L/4000	L/1800	

②北京控股磁悬浮技术发展有限公司、国防科技大学、中国铁路设计集团有限公司等单位在对控制中低速磁浮交通轨道系统误差，保证轨道稳定性、平顺性，满足磁浮车辆运行等方面进行综合研究的基础上，要求中低速磁浮列车唐山试验线的梁体竖向挠度限值见表 8-4。

表 8-4　中低速磁浮列车唐山试验线的梁体竖向挠度限值

项　目	静活载引起的变形	温度引起的变形
单跨	L/3800	L/6200
多跨	L/4600	L/7600

在列车侧向导向力、小半径约束力、离心力、风力和温度的作用下，梁体的水平挠度应小于或等于梁体计算跨度的 1/2000。轨道梁在活载静力作用下，梁端竖向转角不应大于 1/1000。

(3) 现场测试情况

上海临港中低速磁浮交通试验基地对 25m 梁在列车荷载作用下，重车的挠度为 3.1mm，空车的挠度为 2.6mm，25m 梁的横向挠度为 0.08mm 左右。

中低速磁浮列车唐山试验线动载试验测试结果表明：各车速最大横向振幅值为 2.50mm，最大竖向振幅值为 3.20mm，列车最大横向加速度值为 0.85m/s^2，列车最大竖向加速度值为 0.91m/s^2。测试数据表明，按照上述刚度控制指标，能够满足轨道梁的安全可靠性、轨道平顺性和乘客的乘坐舒适性。

根据行业标准《中低速磁浮交通设计规范》（CJJ/T 262—2017）规定，轨道支承结构钢筋混凝土与预应力混凝土梁式桥跨结构在列车静活载作用下，其变形限值不应超过表 8-5 的容许值。

表 8-5　轨道梁变形容许值

项　目	竖向挠度	温度引起变形
简支梁	L/3800	L/6200
连续梁	L/4600	L/7600

但是，中低速磁浮交通在设计、运营、推广过程中，桥梁（轨道梁）的竖向刚度限值过于保守是一个不争的事实，表 8-5 的刚度限值比地铁、城际铁路、高速铁路等的桥梁容许变形限值均严格很多，但是目前尚缺乏足够的试验研究数据，中低速磁浮桥梁的梁部结构竖向变形限值标准有待进一步研究后进行优化，本规范规定列车竖向静活载作用下梁体的竖向挠度容许值为 L/3800。

在长沙磁浮快线、北京 S1 线等线路设计中，连续梁因规范规定的位移限值比简支梁还要小，结构粗大厚重，经济性和美观性均很差。最新的科研成果及高速铁路设计与建设实践均表明上述中低速磁浮连续梁变形限值标准过于保守。现行行业规范《高速铁路设计规范》（TB 10621）中规定了连续梁竖向挠度限值按简支梁的1.1倍取值，这表明连续梁比简支梁具有更好的动力性能，其变形限值可以比连续梁更大而不是更小，高速铁路连续梁的这一特性同样适用于中低速磁浮交通的连续梁。韩国在其仁川机场中低速磁浮线的区间桥梁大量采用了3×35m等高度预应力混凝土连续梁，韩国的科研成果表明：与简支梁相比，连续梁的力学性能更优；在国内，西南交通大学李小珍教授的研究成果也表明，连续梁中支点的变形更加连续平顺，同等情况下，磁浮车辆通过连续梁的悬浮间隙波动幅度较简支梁要小。

因此，本规范中连续梁竖向挠度限值按简支梁的1.1倍取值，简支梁的竖向变形限值为$L/3800$时，连续梁的竖向变形限值近似取$L/3500$。

温度作用下桥梁结构会产生变形，并与活载挠度进行叠加，结构设计中应考虑温度和活载组合作用下的桥梁结构变形对磁浮列车走行机构可通过性和行车舒适性的影响。因此本规范不单独对温度作用产生的竖向变形进行限值规定，而是对温度与活载组合作用下的桥梁竖向变形进行限值规定。对常用标准跨度简支梁的温度变形进行的理论分析和实测验证结果表明：日照条件下，简支箱梁产生上拱变形，与活载效应相反。因此本规范条文涵盖了拱桥、刚构桥、连续梁桥，不再对简支箱梁的温度作用竖向变形进行限值规定。

桥梁结构的温度变形计算时，应考虑整体升降温、不同部位温差及温度梯度作用。

8.3.3 在列车离心力、风力、列车侧向导向力和温度的作用下，梁体水平挠度不应大于计算跨度的1/2000。

8.3.4 在列车竖向静活载作用下，桥梁梁端竖向转角限值应符合表8.3.4的规定。

表8.3.4 梁端转角限值（单位：rad）

位 置	限 值	备 注
桥台与桥梁之间	$\theta \leq 1.5‰$	梁端悬出长度≤0.55m
	$\theta \leq 1.0‰$	0.55m＜梁端悬出长度≤0.75m
相邻两孔梁之间	$\theta_1 + \theta_2 \leq 3.0‰$	梁端悬出长度≤0.55m
	$\theta_1 + \theta_2 \leq 2.0‰$	0.55m＜梁端悬出长度≤0.75m

注：相邻两孔梁的转角之和（$\theta_1 + \theta_2$）除应满足本条规定的限值外，每孔梁的转角尚应满足本条中"桥台与桥梁之间转角限值"规定。

8.3.5 梁体的一阶竖向自振频率限值应符合下列规定：

1 梁体一阶竖向自振频率不应低于式（8.3.5）的限值要求：

$$n_o = \frac{64}{L} \tag{8.3.5}$$

式中：n_o——梁体一阶竖向自振频率限值（Hz）；

L——梁体跨度（m）。

2 梁体一阶竖向自振频率宜避开 10~30Hz 的频率范围。

条文说明

为了避免桥梁出现激烈的振动，保证列车运行的安全性和乘坐的舒适性，需对桥梁的最小自振频率加以限制。桥梁的竖向固有频率（自振频率）是促使桥梁动力系数出现峰值的根本原因。桥梁动力系数出现峰值，就意味着共振的发生，意味着激烈的振动，就会影响轨道结构的正常工作，也会引起混凝土开裂、结构疲劳、承载力降低，甚至危及桥梁的安全。对于一定跨度的桥梁，可以采用不同的结构形式和不同的材料，并具有不同的固有频率，但都要满足强度和刚度的要求。

（1）有关规范或研究成果对竖向自振频率最低限值或建议

①根据行业标准《高速铁路设计规范》（TB 10621—2014）规定，竖向自振频率最低限值为：

$$4m \leqslant L \leqslant 20m 时, n_o = 80/L \tag{8-1}$$

$$20m < L < 96m 时, n_0 = 23.58L^{-0.592} \tag{8-2}$$

②德国高速磁浮设计规范规定的竖向自振频率最低限值为：

$$f \geqslant 1.1 \cdot \frac{v}{L} \tag{8-3}$$

式中：v——列车通过轨道梁的最高速度（m/s）；

L——轨道梁跨度（m）。

按中低速磁浮最高速度 120km/h 的 1.2 倍计算，相当于 $n_o = 43/L$。

（2）现场测试情况

上海浦东临港中低速磁浮交通试验基地的 16m、20m、25m 简支梁竖向自振一阶频率现场测试的实际结果为 14.46Hz、9.58Hz、7.43Hz，符合本规范要求。

理论分析及实测数据均表明：同等情况下，中低速磁浮车辆比轮轨系统活载对桥梁作用的动力系数要小 10% 左右。

德国高速磁浮设计规范规定磁浮桥梁的竖向自振频率的最低限值为：$f > 1.1v/L$（注意上式中，行车速度 v 的单位是 m/s，不是 km/h）。国内外学者 2003—2018 年研究成果均表明上述规定是正确的，目前国内研究人员已就上述限值标准达成共识。

日本学者松浦章夫（1976 年）在研究铁路桥梁竖向共振机理时指出，列车移动荷载对桥梁的竖向激振频率主要取决于车速 v（m/s）和车长 L_v（m），而轴距、定距、两车相邻转向架的中心距由于重复作用不连续，相对处于次要地位。即：激振频率=速度/车长。我国在大量车桥耦合分析及试验验证中也得到了相同的结论。松浦章夫研究认为当速度参数 $a = v/2fL > 0.33$ 时，桥梁可能发生车桥耦合共振现象。将该公式调整一下可以得到，不发生车桥耦合共振现象的条件为：$f > 1.5v/L$。

国防科技大学、西南交通大学等高校学者的研究表明：中低速磁浮交通线下结构振动分为两种不同的类型，第一类振动为移动车辆荷载作用下的车桥耦合振动（含轨道不平顺引起的振动）；第二类振动为磁浮车辆静止悬浮状态或极低速（低于5km/h）运行时的车辆自激振动。其中，第二类振动为磁浮交通所特有。为了避免第一类振动发生，规定了$f>1.5v/L$；从中低速磁浮交通线下结构发生第二类振动（过大的自激振动）的多起案例统计分析来看，结构的一阶竖向自振频率介于10~30Hz之间，一阶自振频率介于该区间的桥梁结构均易发生过大的自激振动。因此，中低速磁浮交通线下结构一阶竖向自振频率应避开上述频率区间。

8.3.6 中低速磁浮桥梁进行车桥耦合动力响应分析应符合下列规定：

1 中低速磁浮车辆的悬浮间隙在额定值上、下波动幅度不应大于4mm。
2 车体竖向和横向振动加速度、旅客乘坐舒适度指标应满足以下要求：
（1）车体竖向振动加速度：$a_z \leq 0.13g$（半峰值）。
（2）车体横向振动加速度：$a_y \leq 0.10g$（半峰值）。
3 斯佩林舒适度指标可按表8.3.6的规定选用。

表8.3.6 斯佩林舒适度指标

序 号	斯佩林舒适度指标	评价等级
1	$W \leq 2.50$	优
2	$2.50 < W \leq 2.75$	良
3	$2.75 < W \leq 3.00$	合格

4 梁体桥面板（顶板）在20Hz及以下强振频率作用下的竖向振动加速度不应大于0.50g（半峰值）。

8.3.7 在最不利荷载组合作用下，墩台顶的弹性水平位移应符合下列规定：

1 简支梁墩台顶顺桥向的弹性水平位移不应大于10mm。对于大跨度连续梁或梁缝处轨道采用大位移伸缩接头的桥梁，可根据梁缝处轨道结构伸缩量对应研究确定墩台顶的弹性水平位移限值。
2 由墩台顶横桥方向位移引起的桥面处梁端水平折角不应大于1.5‰。

条文说明

规范中桥墩刚度的规定主要针对无缝线路，控制目的是保证桥上轨道结构的强度和稳定性，满足梁轨相对位移限值的要求。中低速磁浮轨道交通的轨道采用F型导轨，标准轨长度12m，其梁缝处导轨接头采用有缝伸缩结构，不同于无缝线路。对于中低速磁浮交通，桥墩刚度控制的根本出发点是满足轨道、车辆和运行控制的相关变形要求。

与轮轨系统采用无缝轨道不同，中低速磁浮交通采用有缝轨道，中低速磁浮交通的简支梁墩顶纵向位移限值10mm主要源于轨排的I型接头伸缩量最大为40mm，即按照设计温度安装时的最大伸缩量为±20mm，考虑桥梁上部结构在活载、温度效应的作用下有±10mm的伸缩量，上述两者求差，则留给下部结构（墩台）的纵向位移量就只有

±10mm，这就是中低速磁浮交通的墩顶纵向位移限值10mm的由来。根据上述原理，墩顶位移限值实际上与轨排接缝的最大伸缩量直接相关，只要增大轨排接缝的最大伸缩量，就可以增大墩顶位移限值。因此本规范规定，简支梁顺桥向位移应小于10mm，对于大跨度连续梁结构或采用特殊轨道接头、大位移伸缩装置时，可通过专门研究确定墩台顶的弹性水平位移限值。

8.3.8 墩台基础的沉降应按恒载计算，其工后沉降量应符合表8.3.8的规定。

表8.3.8 静定结构墩台基础工后沉降限值（单位：mm）

沉降类型	限值
墩台均匀沉降	40
相邻墩台沉降差	10

注：超静定结构相邻墩台沉降量之差除应满足上述规定外，尚应根据沉降差对结构产生的附加应力的影响确定。

条文说明

对墩台基础的工后沉降及工后沉降差给予一定限制是为了保证墩台发生沉降后不致影响列车的正常运行，即使需要进行线路高程调整，其调整工作量不会太大，不会引起桥面改建和桥梁结构加固。

8.4 结构设计

8.4.1 桥涵结构设计，应符合现行行业标准《铁路桥涵设计规范》（TB 10002）、《铁路桥梁钢结构设计规范》（TB 10091）、《铁路桥涵混凝土结构设计规范》（TB 10092）以及《铁路混凝土结构耐久性设计规范》（TB 10005）的有关规定。

8.4.2 桥涵基础设计，应符合现行行业标准《铁路桥涵地基和基础设计规范》（TB 10093）的有关规定。

8.4.3 中低速磁浮桥跨结构应设置预拱度，预拱度曲线与恒载及1/2列车静活载所产生的挠度曲线基本相同，但方向相反。桥跨结构的桥面高程及对应的轨面高程均应以设置预拱度之后的高程为准进行静态验收。

条文说明

中低速磁浮交通桥梁设置预拱度对于只有8mm微小悬浮间隙的中低速磁浮车辆悬浮架通过梁端转角较大的桥梁结构时具有重要作用，因此中低速磁浮桥梁应设置预拱度，而且桥跨结构的桥面高程及对应的轨面高程均应以设置预拱度之后的高程为准进行验收。

8.5 构造要求

8.5.1 桥梁采用并置式单线箱梁时，顶面横向宽度宜为1.3m。桥梁采用"梁上梁"方案时，承轨梁高度宜为0.7m，且宜每隔3~5m设置一道横向分缝。

8.5.2 桥梁支座宜采用球型钢支座，对于沉降难以控制区段的桥梁，经技术经济比较，可采用可调高支座。

条文说明

桥梁的支座应可靠地连接、有效地减振，能有效地传递磁浮列车的高频活载，减小冲击作用，是可靠的限位装置，使用中保证桥梁的位移在系统许可的范围内。根据目前桥梁设计情况，推荐采用可调高球型钢支座，并根据需要选择抗拉型支座。在相邻墩台不均匀沉降超过规定时，为保证线路精度要求，采用调高支座满足线路平顺性要求。根据中低速磁浮桥梁受力特点，在各种横向荷载及曲线梁的恒载、活载作用下，桥梁可能承受较大扭转荷载，而支座可能出现较大拉力，此时需要采用拉力支座。

8.5.3 桥梁支座及支承垫石尺寸应满足现行行业标准《铁路桥涵设计规范》（TB 10002）的规定，位于平面小曲线半径线路上的支承垫石应适当加大，以满足设置横向偏心的需要。

8.5.4 桥长超过3km时，应结合地面道路条件，每隔3km左右，在线路两侧设置1处可上下桥的救援疏散梯道。

8.5.5 桥上疏散平台宜采用钢结构，其防腐工艺以及耐久性应符合现场环境要求。疏散平台及相关电缆支架宜采用标准化、模块化、工厂化制造后，再运输至现场安装。

8.5.6 桥梁结构构造应便于检查和养护，应根据运营需要设置检查设施。

8.5.7 桥梁应设置性能良好的防、排水设施，其设计应符合下列规定：
1 梁部或墩台的表面形状应有利于排水，对于可能受雨淋或积水的水平面应做成斜面。桥梁顶面宜设置不小于2%的横向排水坡；桥梁墩台的顶面应设置不小于3%的排水坡。
2 桥梁端部应采取有效防水构造措施，防止雨水回流污染支座和梁端表面。
3 混凝土桥面的防水层技术条件应满足现行行业标准《铁路混凝土防水层技术条件》（TB/T 2965）中的要求。

8.6 接口设计

需在桥梁安装的轨道、供电、疏散平台、通信、信号、给排水、声屏障等，应在梁体施工时设置安装所需的预埋钢筋或预埋件，不宜采取后锚固方式安装。

9 低置结构

9.1 一般规定

9.1.1 路基支挡及承载结构和承轨梁的设计使用年限为100年，路基排水和防护结构的设计使用年限为60年，防护砌块、栏杆等可更换小型构件的设计使用年限为30年。

条文说明

路基支挡及承载结构和承轨梁直接影响磁浮列车的安全运营，其设计使用年限为100年。路基排水、防护等附属工程的设计使用年限依据现行行业标准《铁路混凝土结构耐久性设计规范》（TB 10005）确定。

9.1.2 路基工程应按土工结构物进行设计，确保其满足强度、稳定性和耐久性要求。

条文说明

路基主体工程一旦破坏，维修难度高，对于运营影响大，故路基主体工程应具有足够的强度、稳定性和耐久性，确保列车安全、可靠、舒适运行。

9.1.3 路基工程应加强地质调绘和勘探、试验工作，查明基底、路堑边坡、支挡结构等基础的岩土结构及其物理力学性质，查明不良地质情况及其分布等，在取得可靠的地质资料基础上开展设计。

9.1.4 路基工程应重视沿线的景观绿化设计与周围环境景观相协调，并符合环境保护、水土保持、文物保护等的相关要求。

9.1.5 路肩高程应符合现行行业标准《铁路路基设计规范》（TB 10001）的有关规定，安全高度宜计入回填层厚度。

条文说明

路肩高程应包括安全高度，现行行业标准《铁路路基设计规范》（TB 10001）规定路肩高程的安全高度宜取为0.5m，中低速磁浮路基面为回填层顶面，铁路路基面为基床表层顶面，为了确保中低速磁浮路基基床表层顶面与铁路路基基床表层顶面具有相同的安全高度，本条规定安全高度宜计入回填层厚度，即安全高度取值宜为回填层厚度加上0.5m。

9.1.6 低置结构设计应考虑路基与桥梁、横向结构物、隧道等工程，以及路基不同结构之间的衔接过渡。

条文说明

中低速磁浮列车对线下工程差异性变形要求较为严格，低置结构应重视衔接过渡设计。特别是路基与桥台、横向结构物、隧道、不同地基加固措施之间，以及路堤与路堑等刚度出现突变的连接处应设置过渡段，确保线路沿纵向实现刚度及变形均匀变化，以满足列车安全运营的平顺性要求。

9.1.7 路基工程应有完整、系统、通畅的排水设施，并与桥梁、隧道、站场及地方排水系统合理衔接。

9.1.8 路基工后沉降值应控制在允许范围内，并应进行系统的沉降变形观测和分析评估，沉降观测时间不应小于6个月，工后沉降分析评估满足要求后方可进行承轨梁与轨排施工。

条文说明

工后沉降的控制是路基工程的关键，放置在路基上的承轨梁为刚性结构物，为保证路基的工后沉降和变形符合设计要求，施工承轨梁与轨排之前，应对路基变形做系统的观测和评估。根据高速铁路建设经验，路基填筑完毕后沉降观测期不应少于6个月，当观测数据不足以评估或工后沉降评估不能满足设计要求时，应继续观测或采取必要的加速或控制沉降的措施，如超载预压。结合我国高速铁路路堤填筑的工程实践，特殊条件下，路堤填筑完成后的放置期无法满足本规定时，通过采取有效的工程措施等手段，经过专家论证后可以适当缩短放置期。

9.2 承轨梁

9.2.1 承轨梁宜采用钢筋混凝土结构，并应符合下列规定：
1 承轨梁应构造简洁、美观，有利于减振、降噪，便于施工、运营维护，满足车辆安全、舒适的运营要求。
2 承轨梁宜采用凸字形截面，梁体底部宜采用回填层埋置在路基基床之上，梁体顶部应预埋相应的连接构件，用于安装轨道结构和接触轨。

3　承轨梁的结构形式可根据边界条件、功能要求及施工条件等选用实心梁、箱梁、框柱梁等。

4　承轨梁结构的单节长度应根据其截面、地基条件、轨道要求并结合经济指标等因素确定，其长度宜为轨枕间距的整倍数。

5　承轨梁结构的高度应根据限界、机电设备安装要求等因素综合确定。

条文说明

承轨梁截面采用凸字形，目的是提高承轨梁的自稳性，减小梁底的压应力，以及更好地发挥路基对承轨梁的承载作用和约束作用。株洲中低速磁浮试验线、长沙磁浮快线低置结构中的承轨梁截面均采用了凸字形。承轨梁是轨道结构和供电轨的载体，施作时应预埋相应的连接构件，以免影响轨道结构和供电轨的后续安装施工。

承轨梁结构形式呈现为多样性的发展态势，详见图9-1，长沙磁浮快线采用了实心梁和框柱梁；株洲中低速磁浮试验线采用了箱梁和门式框架梁；北京S1线采用了由纵向连续底板和门形构件组成的承轨梁。

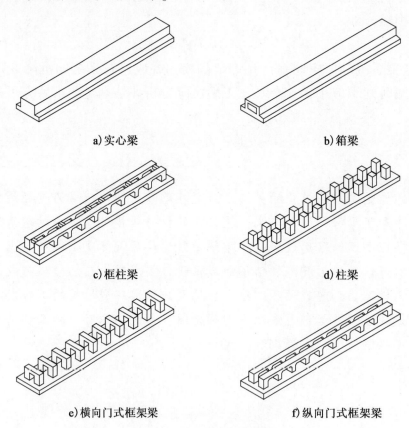

图9-1　不同形式承轨梁示意图

承轨梁梁体的高度主要受限界和机电设备安装要求两方面因素控制。长沙磁浮快线供电采用侧式受流，供电轨安装在承轨梁的上部梁体上，供电轨安装部件底部边缘与路基面的安全距离要求不小于15cm。

9.2.2 承轨梁可按弹性地基梁进行设计，其下设置桩基、承台等支撑结构时可按多支撑连续梁或简支梁进行设计，同时尚应根据梁体的结构形式采用相应的模型对梁体各构件进行分析和设计。

条文说明

承轨梁一般情况下直接埋置在路基上，可按弹性地基梁进行设计。承轨梁下设置桩基、承台等支撑结构时，可不计梁底土体对承轨梁的支撑作用，上部荷载主要通过桩基传递到土体中，承轨梁可按多支撑连续梁或简支梁进行设计。承轨梁一般由多个构件组成，各构件之间相互约束、相互作用，共同承受外部荷载，特别是对于框柱梁、门式框架梁等上部梁体有多个柱、梁或板构件组成，受力较为复杂，需要单独采用相应的模型进行分析和设计。

9.2.3 承轨梁的设计荷载应符合本规范第8.2.1条的规定，应就其可能出现的最不利组合进行结构计算和设计，同时应考虑基础变位的影响，并加强温度效应检算，必要时还应进行动力检算。

条文说明

承轨梁设计应考虑基础变位的影响，特别是在地质条件较为复杂，差异变形较难控制的地段，宜计入梁底可能出现的脱空的影响；温度效应对承轨梁的受力影响较大，在某些边界条件下，温度荷载是控制性荷载，应予以重视；承轨梁一般可不进行动力检算，但当承轨梁的跨度或节长较小或其结构形式由柱、梁等小型构件组成时，有必要进行动力检算，目的是为了确保承轨梁的整体或组成构件的抗振稳定性满足设计要求，避免共振的发生。

9.2.4 承轨梁的变形控制标准应符合本规范第8.3.2条～第8.3.4条的相关规定。

条文说明

承轨梁与桥梁都是轨道结构的直接承载体，磁浮列车与其下梁体的相互作用，以及对轨道结构平顺性要求是一致的，两者的变形控制标准，如挠度、梁端转角等，是一致的。

9.2.5 承轨梁的竖向一阶固有频率应符合本规范第8.3.5条的规定。

条文说明

为避免承轨梁发生共振，应控制其一阶固有频率在一定的范围内，以避开磁浮列车在运行状态或静浮状态下的激振频率敏感区。承轨梁为简支梁时，其受力模式与桥梁的简支梁相同，可执行桥梁简支梁的一阶固有频率控制标准；承轨梁为弹性地基梁或连续梁时，其约束比简支梁多，抗振性能有所提升，执行桥梁简支梁的一阶固有频率控制标准偏于安全。

9.2.6 承轨梁应检算在列车横向导向力、小半径约束力、离心力、风力、温度作用等最不利荷载组合作用下的横向整体抗滑稳定性，及在列车冲击力、制动力、风力、温度作用等最不利荷载组合作用下的纵向整体抗滑稳定性，抗滑动稳定安全系数不小于2.0。

9.2.7 承轨梁节间伸缩缝处宜设置防错台板、传力杆等限制承轨梁发生错台变形的措施。

条文说明

　　承轨梁为弹性地基梁，在轨道及列车荷载作用下，梁端易出现应力集中、应力分布不均等现象，由于梁底土工结构物的受力存在差异性，基底地基也难免存在差异性，往往会导致土工结构物发生差异变形，造成承轨梁在节间伸缩缝处出现较大的错台变形，影响行车稳定及安全，因此有必要采取减小错台变形的措施。

　　长沙磁浮快线在承轨梁节间伸缩缝的底部设置了防错台板，用来限制承轨梁发生错台变形，运营至今，效果良好。承轨梁节间设置传力杆也可起到限制承轨梁发生错台变形的作用，设置传力杆还具有以下作用：一是可减小列车动荷载作用下梁端折角，减轻或避免梁端开裂以及梁端附近的横向折裂；二是起到力的传递作用，避免梁端出现较大的应力集中现象，增强承轨梁的抗振效果；三是对地基隆起错台变形起到一定的限制作用。

9.2.8 承轨梁下设置桩基、承台等支撑结构时，桩基、承台的弹性水平位移应符合本规范第8.3.7条的规定。桩基沉降应按恒载计算，其工后沉降应符合本规范第8.3.8条的规定。

条文说明

　　承轨梁下设置桩基、承台等支撑结构时，承轨梁与桩基、承台组成的结构形式类似于埋置在土体里的桥梁，其桩基、承台的变形控制标准以及沉降控制标准可参照执行桥梁标准。

9.2.9 承轨梁结构设计宜采用容许应力法，其材料、容许应力、结构安全系数、结构计算方法及构造要求应符合现行行业标准《铁路桥涵钢筋混凝土和预应力混凝土结构设计规范》（TB 10002.3）和《铁路混凝土结构耐久性设计规范》（TB 10005）的规定。

9.2.10 承轨梁底部宜铺设厚度不小于0.1m的混凝土垫层，并按承载结构进行设计。

条文说明

承轨梁底部设置垫层的目的是作为找平层，便于承轨梁立模浇筑施工，由于垫层位于路基基床范围内，须按承载结构工程进行设计，其设计使用年限为100年。

9.2.11 承轨梁应做好防排水措施，梁体的上表面宜做成利于排水的斜面。

条文说明

承轨梁的上表面做成斜面的目的是将雨水快速排走，避免雨水在承轨梁上表面积聚，对结构的耐久性产生不利影响。

9.3 路基面及基床

9.3.1 承轨梁基底的土工基础面应做成水平面，承轨梁基底两侧的土工基础面以及承轨梁两侧路基面应做成4%的横向排水坡，并应做好防水措施。双线地段的承轨梁为实心梁或箱梁时，应设置线间排水措施。

条文说明

承轨梁为框柱梁或门式框架梁时，上部梁体为半封闭结构，线间汇水可直接向线路两侧排放，承轨梁为实心梁或箱梁时，上部梁体为全封闭结构，线间汇水无法直接向线路两侧排放，为避免线间汇水影响列车安全运营，应在线间设置排水措施。目前排水措施主要有两种方式：一种是利用线间沟和集水井进行排水，线间沟汇水通过集水井和设置在集水井底部的横向排水管排往路基两侧，长沙磁浮快线即采用了这种方式；另一种是利用承轨梁节间缝及设置在梁体的横向泄水孔进行排水。路基面应做好防水措施，避免汇水渗入路基基床，对基床的耐久性产生不利影响。

9.3.2 路基面宽度应满足承轨梁、界限、电缆槽等的布置要求，并根据线路数目、线间距等计算确定。路肩宽度不宜小于1.5m，当路肩同时设有电缆槽、信号灯及通信无线等站后设施立柱时，应局部加宽路基面来满足立柱基础设置要求和限界要求。

条文说明

路肩宽度是确保路堤边坡稳定、便于养护维修和放置设备的一个重要指标，高速铁路路基要求路肩宽度不应小于1.5m，城际铁路无砟轨道路基的路肩与无砟轨道混凝土底座边缘的距离约为1.35m，本条规定承轨梁底边缘距路肩的水平距离不宜小于1.5m，可满足安全及功能要求。

路肩上同时设有电缆槽和信号灯或通信无线等站后设施立柱时，以长沙磁浮项目为例（图9-2），承轨梁底宽B_2为2m，则直线地段路基半宽$B_1/2$＝限界要求＋信号灯立柱宽度/2＋信号灯基础宽度/2＋电缆槽宽度＝1.8＋0.3/2＋1/2＋0.6＝3.05m，曲线地段（图9-3）路基半宽$B_1/2$＝限界要求＋信号灯立柱宽度/2＋信号灯基础宽度/2＋电缆槽宽度＝2.0＋0.3/2＋1/2＋0.6＝3.25m。路肩宽度C采用1.5m，路基半宽仅为2.5m，不能满足附属设施的空间布设要求。此时，直线地段路肩宽度可局部加宽至2.1m，曲线地段路肩宽度可局部加宽至2.3m，即路基半宽分别采用3.1m和3.3m，方能满足信号灯立柱基础设置及立柱限界要求。

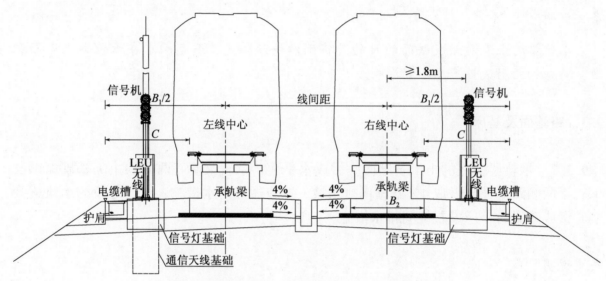

图9-2　长沙磁浮快线直线地段路基面宽度加宽示意图
C-路肩宽度；$B_1/2$-路基半宽；B_2-承轨梁底宽

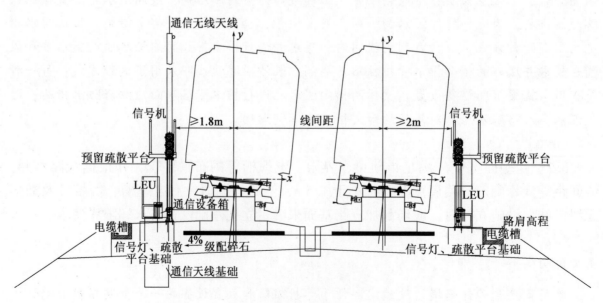

图9-3　长沙磁浮快线曲线地段路基面宽度加宽示意图

9.3.3 直线地段路基面宽不宜小于表9.3.3中的要求，路基面上设置站后构筑物或疏散平台，且有特殊要求时，根据具体情况分析确定。

表9.3.3 直线地段路基面宽度表（单位：m）

单线路基面宽	双线路基面宽
$B+3$	$B+3+$线间距

注：表中 B 为承轨梁底宽度，宜取为2.0m，线间距应符合本规范第5.1.4条的规定。

9.3.4 路基基床应由基床表层和基床底层组成，基床厚度应为1.8m，其中基床表层厚度应为0.3m，基床底层厚度应为1.5m。

条文说明

中低速磁浮列车及轨道荷载强度、分布宽度以及列车荷载的冲击系数均比城际铁路无砟轨道标准小，而两者基床设计控制标准基本是一致的，本条借鉴采用了城际铁路无砟轨道基床标准，偏于安全。

9.3.5 基床表层应采用级配碎石填筑，非冻土地区采用Ⅰ型级配碎石，冻结深度大于0.5m的冻土地区及多雨地区采用Ⅱ型级配碎石，级配碎石填料的技术要求应符合现行行业标准《铁路路基设计规范》（TB 10001）的有关规定，基床表层压实标准应符合表9.3.5的规定。

表9.3.5 级配碎石压实标准

压实标准	级配碎石
压实系数 K	≥0.97
地基系数 K_{30}（MPa/m）	≥190
动态变形模量 E_{vd}（MPa/m）	≥55

9.3.6 基床底层应采用A、B组或化学改良土填料，压实标准应符合表9.3.6的规定，填料技术要求应符合现行行业标准《铁路路基设计规范》（TB 10001）的有关规定。

表9.3.6 基床底层填料及压实标准

压实标准	化学改良土	砂类土及细砾土	砾石类土
压实系数 K	≥0.95	≥0.95	≥0.95
地基系数 K_{30}（MPa/m）	—	≥130	≥150
动态变形模量 E_{vd}（MPa/m）	—	≥40	≥40
7d饱和无侧限抗压强度（kPa）	≥350	—	—

条文说明

第9.3.5条~第9.3.6条对于路基基床填料及其压实标准的规定采用了高速铁路路基标准，长沙磁浮快线也采用了该标准，根据长沙磁浮快线现场实测结果，中低速磁浮基床承受的动荷载远小于高速铁路路基基床，满足基床临界应变和动变形所需要的K_{30}指标和E_{vd}指标要低，目前执行该标准偏于安全。

9.3.7 承轨梁底板两侧基床表层顶面至路基顶面宜设置回填层，回填层可采用三合土或化学改良土回填，其压实标准应符合表9.4.2要求，回填层顶面宜设置细石混凝土防水层，防水层厚度不宜小于5cm。

条文说明

在承轨梁下部梁体的两侧设置回填层的目的是为了确保承轨梁有一定的埋深，进一步提高承轨梁的整体稳定性。回填层采用改良土或三合土等不透水填料回填利于防水，其顶面设置细石混凝土防水层，其目的是为了防止雨水下渗至基床对其产生不利影响，避免基床发生翻浆冒泥等病害现象。

9.3.8 低置结构的标准横断面可按图9.3.8-1~图9.3.8-6所示的形式选用。

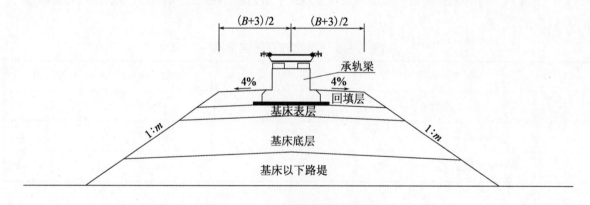

图9.3.8-1 单线路堤横断面示意图

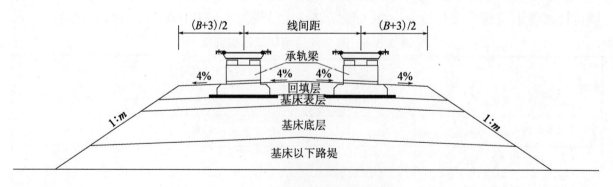

图9.3.8-2 双线路堤横断面示意图

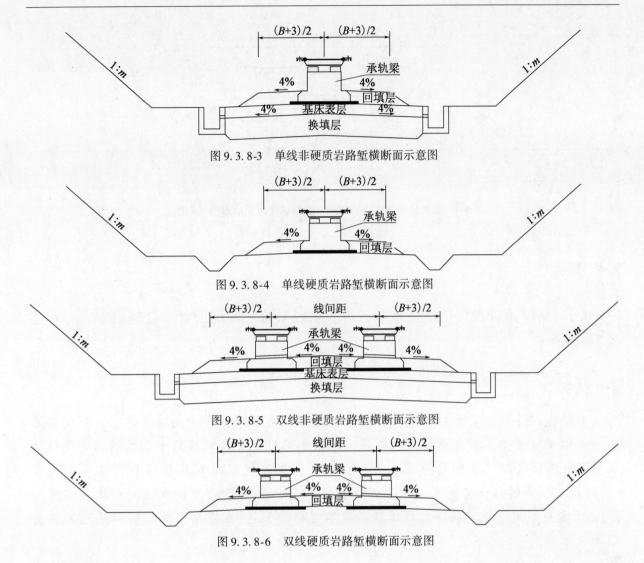

图9.3.8-3 单线非硬质岩路堑横断面示意图

图9.3.8-4 单线硬质岩路堑横断面示意图

图9.3.8-5 双线非硬质岩路堑横断面示意图

图9.3.8-6 双线硬质岩路堑横断面示意图

条文说明

路堤基底为深厚松软土、湿陷性黄土地基等特殊岩土时，也可通过在承轨梁下设置桩基、承台等支撑结构来实现控制工后沉降的目的。此时，承轨梁的整体稳定性及传递的荷载主要由桩基、承台来承担，路堤填土的作用主要是为支撑结构提供侧向约束，在满足路堤强度、稳定性和耐久性的基础上，尚应具有一定的刚度，以确保支撑结构的水平位移满足设计要求。承轨梁下设置桩基、承台的路基横断面如图9-4和图9-5所示。

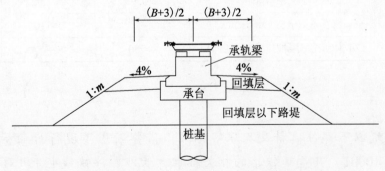

图9-4 承轨梁下设置桩基、承台的路堤横断面示意图（单线）

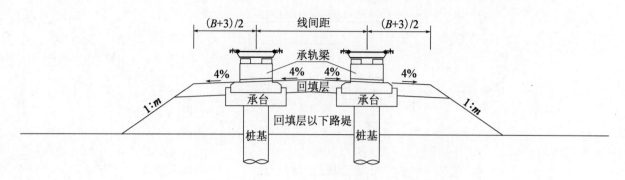

图 9-5 承轨梁下设置桩基、承台的路堤横断面示意图（双线）

9.4 路堤

9.4.1 路堤填筑高度应结合地基条件、填料来源、环境因素等合理确定，不宜超过 5m。

条文说明

中低速磁浮轨道交通对于线下结构变形要求较为严格，对于高填方路基，影响路基变形的因素较多，各种因素造成的差异沉降累积后可能导致轨道的平顺性不满足设计要求，因此有必要对路基的填筑高度进行控制。借鉴高速铁路对路基填筑高度不宜大于 6m 的规定，同时结合考虑中低速磁浮承轨梁高度，如长沙磁浮快线区间承轨梁高度为 1.1m，本条规定中低速磁浮路堤填筑高度不宜超过 5m，在地质条件较好的地段可适当增加填方高度。

9.4.2 路堤基床以下部位填料宜选用 A、B、C1、C2 组填料或化学改良土，填料的技术要求应符合现行行业标准《铁路路基设计规范》（TB 10001）的有关规定。基床以下路堤的压实标准应符合表 9.4.2 要求。

表 9.4.2 基床以下路堤压实标准

填筑部位	压实标准	化学改良土	砂类土及细砾土	碎石类及粗砾土
基床以下路堤	压实系数 K	≥0.92	≥0.92	≥0.92
	地基系数 K_{30}（MPa/m）	—	≥110	≥130
	7d 饱和无侧限抗压强度（kPa）	≥250	—	—

条文说明

本条对于路堤以下部位填料及其压实标准，借鉴采用了现行行业标准《铁路路基设计规范》（TB 10001）中高速铁路的相关标准，长沙磁浮快线也采用了该标准。

9.4.3 路堤采用不同填料填筑应符合下列规定：

1 渗水土填在非渗水土上时，非渗水土层顶面应向两侧设4%的人字排水横坡。

2 上下两层填料的颗粒不满足 $D_{15}<4d_{85}$ 的要求时，应在分界面上铺设隔离垫层或采用其他措施，下层填料为化学改良土时，不受本条限制。

9.4.4 浸水路基填料应符合现行行业标准《铁路特殊路基设计规范》（TB 10035）的有关规定。

9.4.5 路堤边坡形式及坡率应根据稳定分析计算确定，边坡坡率不宜陡于1:1.5。

9.4.6 运营期间考虑列车荷载作用时，一般工况下路堤稳定安全系数不应小于1.25，地震工况下路堤稳定安全系数不应小于1.15；施工期间考虑运架梁车等施工临时荷载时，路堤稳定安全系数不宜小于1.10。路堤与地基的整体稳定安全系数尚应符合现行行业标准《铁路特殊路基设计规范》（TB 10035）的有关规定。

条文说明

路堤稳定性以及路堤与地基的整体稳定性是路基工程设计中首要解决的问题，特别是对于特殊性土路堤、陡坡路堤等，应分别检算施工期及铁路运营期的稳定系数，以运营期的稳定安全系数作为设计指标，以施工期的稳定安全系数作为验算指标。运营期间应考虑一般工况和地震工况，不同工况下均应满足相应的稳定安全系数。

9.4.7 路基工后沉降及其任意地段20m长度范围的不均匀沉降量、沉降差异造成的承轨梁节间错台和路桥、路隧过渡段或任意两段路基沉降造成的折角应符合表9.4.7的规定。

表9.4.7 工后沉降控制值

工后沉降	不均匀沉降	差异沉降错台	折 角
≤30mm	≤20mm/20m	≤2mm	≤1/1000

条文说明

本条路基工后沉降沿用了长沙磁浮快线采用的标准；根据行业标准《中低速磁浮交通设计规范》（GJJ/T 262—2017），对差异沉降错台要求不大于5mm，考虑到5mm错台对列车悬浮控制产生不利影响较大，本条采用错台变形不大于2mm的控制标准。

9.4.8 软土、膨胀土、湿陷性土、冻土等特殊岩土地段路堤设计应符合现行行业标准《铁路特殊路基设计规范》（TB 10035）的有关规定。

9.4.9 路堤两侧坡脚应设置坡脚脚墙或坡脚护道,护道宽宜为2m。

9.4.10 路堤两侧边坡应设置疏散行人踏步,踏步宽不宜小于1m,间距不宜大于100m。

9.5 路堑

9.5.1 路堑宜采用堤堑式结构,基床表层顶面以上回填土部分可采取放坡形式。

条文说明

路堑采用堤堑式结构的目的是降低侧沟沟底高程,快速将地表水排入侧沟,减小水对路基基床的影响,也是一种简单的降低地下水位的有效措施。

9.5.2 硬质岩地段应开挖至承轨梁底面以下不少于10cm位置,清除易松动的岩石,采用C25混凝土嵌补。

9.5.3 非硬质岩地段,基床表层范围内应全部挖除换填级配碎石,基床底层范围内应无天然地基基础承载力小于0.18MPa的土层,不能满足时,应进行换填或加固处理,并应符合下列规定:
  1 天然地基土质符合基床底层土质要求时,可采取翻挖夯填或加强碾压夯实措施。
  2 天然地基土质不符合基床底层土质要求时,可采取换填、地基改良或加固措施。
  3 膨胀土、湿陷性黄土、季节性冻土等特殊土路堑基床,应根据具体情况采取挖除换填、隔水防渗、排水等措施。
  4 基床以下的膨胀土、湿陷性黄土等应在路基变形分析的基础上,采取地基处理措施。

条文说明

本条对于非硬质岩地段路堑的技术规定与高速铁路路基的规定基本一致,目的是为了确保路堑地段的基底工程条件优良,以满足承轨梁的变形控制标准。

9.5.4 路堑边坡形式及坡率应根据工程地质、水文地质和气象条件、岩性、边坡高度、施工方法,并结合岩土结构、结构面产状、风化程度及自然稳定边坡和人工边坡的调查等因素综合确定,必要时可采用稳定分析方法检算确定。路堑边坡最小稳定系数应为1.15~1.25,地震工况最小稳定系数应为1.1~1.15。

9.5.5 路堑地段应设置侧沟及侧沟平台,平台宽度宜为1~2m。路堑边坡在土石分界、透水和不透水层交界面处宜设置边坡平台。

9.5.6 较高土质边坡和软弱松散岩石路堑，应根据工程地质条件、岩层风化及节理发育程度，结合施工工艺，宜采用分层开挖、分层稳定和坡脚预加固技术。

9.5.7 硬质岩路堑应根据岩体结构、结构面产状、岩性及施工影响范围内既有建筑物的安全性要求等，采用光面爆破、预裂爆破等控制爆破技术施工。

9.5.8 黄土、膨胀土、风沙等特殊岩土路堑设计应符合现行行业标准《铁路特殊路基设计规范》（TB 10035）的相关规定。

9.6 过渡段

9.6.1 路堤与桥台连接处应设置过渡段，可采用倒梯形过渡形式，并应符合下列规定：

1 过渡段长度 L 不应小于 20m，过渡段倒梯形底部沿线路方向长度 a 宜为 3~5m。
2 低置结构中承轨梁与桥台相接的一端宜放置在桥台的牛腿上。
3 过渡段基床表层填料及压实标准应符合本规范第 9.3.5 条的要求，并掺入 5% 的水泥。
4 基床表层以下过渡段填料应采用掺入 3% 水泥的级配碎石，其级配范围应符合现行行业标准《铁路路基设计规范》（TB 10001）的有关规定，压实标准应满足压实系数 $K \geq 0.95$、地基系数 $K_{30} \geq 150\text{MPa/m}$、动态变形模量 $E_{vd} \geq 50\text{MPa}$ 的要求。

9.6.2 路堤与立交框构、箱涵等横向结构物连接处应设置过渡段，可采用倒梯形过渡形式，并应符合下列规定：

1 过渡段填料、压实标准应符合本规范第 9.6.1 条的规定。
2 横向结构物顶面覆土厚度 h 大于 1.0m 时，横向结构物顶部及过渡段顶部填料及压实标准应符合本规范定第 9.3.5 条和第 9.3.6 条的规定。
3 横向结构物顶面覆土厚度 h 不大于 1.0m 时，横向结构物顶部及两侧 20m 范围内基床表层级配碎石应掺 5% 的水泥。

9.6.3 桥台及横向结构物等在过渡段范围内的基坑应以混凝土、碎石或灰土填料进行填筑，混凝土填筑设计强度不宜小于 C25，碎石、灰土填筑应满足 E_{vd} 不小于 30MPa。

9.6.4 路堤与路堑连接处应设置过渡段。过渡段可采用下列设置方式：

1 路堤与硬质岩路堑连接时，在路堑一侧顺原地面纵向开挖台阶，台阶宽度不小于 1.0m。并应在路堤一侧设置过渡段，路堤侧 20m 范围内基床表层级配碎石应掺加

5%水泥,过渡段采用掺3%水泥的级配碎石填筑,填料及压实标准应符合本规范第9.6.1条的规定。

2 路堤与土质、软质岩路堑连接时,在路堑一侧顺原地面纵向开挖台阶,台阶宽度不小于1.0m,其开挖部分填筑应与相邻路堤技术要求相同。

9.6.5 土质、软质岩路堑与隧道或硬质岩连接地段应设置过渡段,并采用渐变厚度的混凝土或掺入5%水泥的级配碎石填筑。

9.6.6 桥梁、横向结构物及隧道工程之间的短路基长度不应小于40m,特殊情况下短路基长度不满足上述要求时,应对短路基进行特殊处理。

条文说明

第9.6.1条~第9.6.6条中的过渡段是一种避免线路出现刚度突变的有效措施,合理的设置过渡段可保证轨道的平顺性,减小列车与线路结构的相互作用,确保线路结构稳定以及列车快速、安全、舒适运营。中低速磁浮轨道交通对于差异沉降变形要求与高速铁路要求一样严格,对于过渡段设置位置、设置方式、过渡段填料及其压实标准借鉴采用了高速铁路路基标准。

为了确保低置结构与桥台相接处不出现较大的错台变形,低置结构中承轨梁与桥台相接的一端宜放置在桥台的牛腿上。桥路过渡段的承轨梁一端放置在桥台牛腿上,为刚性支撑,另一端放置在土工结构物上,为半刚性支撑,由于承轨梁两端支撑的刚度差异,以及路堤填料填筑的不均匀性,可能会导致承轨梁底出现脱空现象,影响磁浮列车的安全运营。因此长沙磁浮快线在桥路过渡段范围内的承轨梁底设置了脱空监测系统,并在承轨梁两侧预留了注浆孔,目的是为了及时监测承轨梁底的脱空情况,并及时对出现的脱空病害进行治理。虽然目前长沙磁浮快线在运营两年半时间内,桥路过渡段承轨梁底尚未出现明显的脱空现象,但考虑到磁浮交通对差异沉降变形要求极为严格,在差异沉降较难控制的特殊地段,适当地布置脱空监测和注浆孔是有必要的。

过渡段设置可根据不同的连接处,按图9-6~图9-10所示的形式选用。

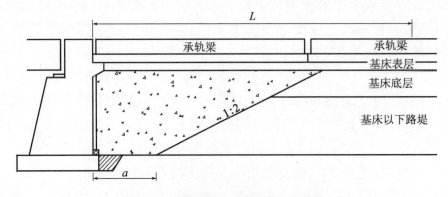

图9-6 路堤与桥台过渡段设置示意图

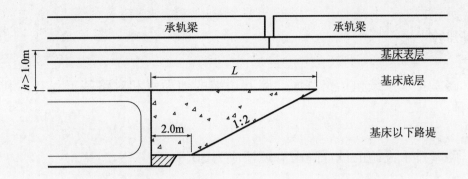

图 9-7　路堤与横向结构物（$h>1.0$m）过渡段设置示意图

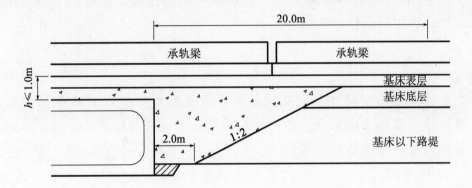

图 9-8　路堤与横向结构物（$h\leqslant 1.0$m）过渡段设置示意图

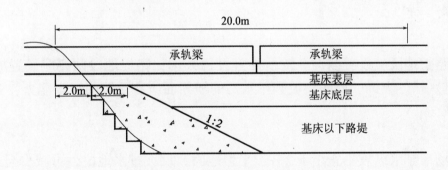

图 9-9　路堤与硬质岩路堑过渡段示意图

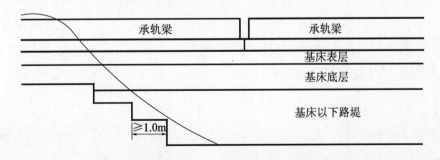

图 9-10　路堤与土质、软质岩路堑过渡段示意图

9.6.7　严寒、寒冷地区过渡段设置应充分考虑与横向结构物接触区冻结影响，冻结影响范围内全部填筑防冻填料。

9.7 路基排水

9.7.1 路基排水系统包括路基面、路基边坡的地面水和对路基工程有不利影响的地下水的引排。

9.7.2 路基排水设施的设计降雨重现期应为50年。

9.7.3 路基排水应与路基坡面支护工程相协调，与桥梁、隧道、车站等排水设施衔接，形成完善、畅通的防排水系统。

条文说明

路基产生的病害大多数与水有关，为了尽量减弱或降低水对路基的不利影响，完善、畅通的防排水设计显得尤为重要，路基排水设计尚应与桥梁、隧道、车站等排水设施衔接，形成完善、畅通的防排水系统。

9.7.4 路基排水设计应做到全面规划，合理布局，重视环境保护，减少占地，并与当地排灌系统和水土保持工程相协调，完善出水口处理，避免水土流失和水资源污染。

9.7.5 路堑地段应设置侧沟，堑顶外宜设置天沟；路堤地段两侧应设置坡脚排水沟以及边坡排水槽。天沟、侧沟、坡脚排水沟的横断面应有足够的过水能力，沟顶应高出设计水位0.2m。

9.7.6 场地排水纵坡不宜小于2‰，平坦地面或反坡排水地段，可减少至1‰。

9.7.7 地下排水设施的类型、位置及尺寸应根据工程地质和水文地质条件确定。

9.7.8 路基排水设计除应符合本规范的规定外，尚应符合现行行业标准《铁路路基设计规范》（TB 10001）的相关规定。

9.8 边坡防护

9.8.1 边坡防护设计应遵循因地制宜、安全可靠、经济适用、易于管护、兼顾景观的原则。边坡防护应设置在稳定的边坡上，防护工程边坡坡率不应陡于岩土稳定边坡坡率。

条文说明

边坡防护的目的是为了防止路基坡面发生局部溜塌、剥落等病害现象，因此应设置在稳定的边坡上。

9.8.2 边坡防护设计应结合边坡的岩土性质、地质构造、水文地质条件、气候环境、边坡坡率与高度、水土保持、环境保护及景观要求等，选用适宜的防护措施。当气候条件适宜时，宜采用植物防护或植物防护与工程防护相结合的措施。

条文说明

边坡防护一般不采用全坡面混凝土或浆砌片石防护措施，当气候条件适宜时，宜选用植物防护。

9.8.3 边坡防护工程设计除应符合本规范的规定外，尚应符合现行行业标准《铁路路基设计规范》（TB 10001）的相关规定。

9.9 支挡结构

9.9.1 支挡结构的设置位置及结构形式应综合地形地质条件、周围环境、征地、拆迁及工程投资等因素综合分析确定。

9.9.2 路堤支挡结构高度不宜超过6m，并应采取控制侧向变形的措施，设计检算应考虑列车及轨道荷载，运梁车通过时，还应考虑运梁车等特殊荷载。

9.9.3 支挡结构顶部设置声屏障及挡风结构时，支挡结构荷载应增加相应结构的重力荷载及风荷载。

9.9.4 在城市、车站、风景区及并行高等级公路等人流密集地段路堤支挡宜采用悬臂式、扶壁式、桩板式及加筋土挡墙等支挡结构。地震区路堤支挡宜采用加筋土挡墙等柔性支挡结构。

条文说明

支挡结构选型要依据发挥各类支挡结构形式的自身优点、规避缺点的原则合理选用。

9.9.5 位于软土、斜坡等地段的支挡结构，应进行整体稳定性检算。挡土墙整体稳定安全系数不应小于1.25，沉降及水平变形应满足有关控制要求。

9.9.6 支挡结构设计尚应符合现行行业标准《铁路路基支挡结构设计规范》(TB 10025) 的有关规定。

9.10 接口工程

9.10.1 路基接口工程指在路基范围内各种附属构筑物，包括电缆槽、信号机基础、通信天线基础、强电支架基础、接触轨、轨道、电缆过轨工程、线间排水沟及集水井等，与路基填筑同时施工或后期开挖（切割）施工的各种工程。

9.10.2 路基上的各种预埋设备及基础应与路基填筑系统设计、合理规划、分步实施，避免因设备敷设开挖路基、破坏路基面排水系统、影响路基强度及稳定。

条文说明

路基上的站后工程一般滞后于路基工程，需要在路基工程施工时预留条件，系统规划，统筹实施，避免二次开挖，造成路基防排水工程损害。

9.10.3 因接口工程引起的路基超挖，宜采用标号不低于 C15 混凝土回填。

9.10.4 接口工程位置、数量、施工精度、误差控制等应满足相关专业设计要求。

10 地下结构

10.1 一般规定

10.1.1 本章适用于下列中低速磁浮交通工程结构的设计：
1 用明挖法或盖挖法施工的结构。
2 用盾构法或矿山法施工的暗挖结构。
3 用沉管法或顶进法等特殊方法施工的结构。

条文说明

盾构法施工的暗挖结构也包括 TBM 法施工的区间隧道结构。

10.1.2 地下结构的设计应以地质勘察报告为依据，根据现行国家标准《城市轨道交通岩土工程勘察规范》（GB 50307）的有关规定，按不同设计阶段的任务和目的确定工程勘察的内容和范围，以及按不同施工方法对地质勘探的特殊要求，通过施工中对地层的观察和监测反馈进行验证。暗挖隧道结构的围岩分级按现行行业标准《铁路隧道设计规范》（TB 10003）的有关规定执行。

条文说明

结构设计人员在选用土工试验结果进行分析或计算时，应选取与实际应力状态接近的试验参数。

10.1.3 地下结构设计应满足城市规划、行车运营、环境保护、抗震、防水、防火、防护、防腐蚀及施工等要求，并应做到结构安全、耐久、技术先进、经济合理。

10.1.4 地下结构的设计，应减少施工中和建成后对环境造成的不利影响，以及城市规划引起周围环境的改变对结构的作用；对分期建设的线路，应根据线网规划，合理确定节点结构形式以及是否同步实施或预留远期实施条件。

条文说明

磁浮地下工程的修建，不可避免地对周围环境产生不利影响。当磁浮线路通过城市中心地区时，还会遇到与既有的建、构筑物处于接近或超接近的状态，个别情况还需要下穿建、构筑物或既有轨道交通结构物等。磁浮工程设计，在经济合理的条件下，应力求把磁浮施工中及建成后对城市居民生活、邻近建筑物、构筑物、地下管线、地下水和总体环境的影响减至最小。

10.1.5 地下结构的设计，应根据工程建筑物的特点及其所在场地的具体情况，通过技术、经济、工期、环境影响等多方面综合评价，选择合理的施工方法和结构形式。在含水地层中，应采取可靠的地下水处理和防治措施。

条文说明

施工方法和结构形式的选择，不仅受沿线工程地质和水文地质条件、环境条件、隧道埋置深度和城市规划等因素的制约，而且对地下车站的建筑布局和使用功能、地下空间的开发利用、线路的平面和纵断面、工程的实施难度、工期、造价及施工期间的城市居民生活、经济活动和周围环境等都会产生直接影响。磁浮工程沿线情况千差万别，结构功能要求也各不相同。因此，对地下结构施工方法和结构形式的选择，应贯彻因地制宜的原则，通过综合比较，选择经济效益、社会效益和环境效益较好的方案。由于地下结构的形式与施工方法有一定的依从关系，施工方法的选择尤为重要。

10.1.6 地下结构的设计应符合下列规定：
1 主体结构及其相连的重要构件，其安全等级应为一级，按可靠度理论设计时，设计基准期为50年，结构耐久性设计应符合结构设计使用年限为100年的要求。
2 使用期间可以更换且不影响运营的次要结构构件，其安全等级应为一级，可按设计使用年限为50年的要求进行耐久性设计。
3 临时结构宜根据其使用性质和结构特点确定其安全等级和使用年限。

条文说明

磁浮地下结构的主体结构主要指直接和间接承担地层荷载和运营车辆荷载，保证磁浮结构体稳定的结构构件；使用期间不可更换的结构构件是指直接承受磁浮设备和人群荷载，在使用期间无法更换或更换会影响运营的结构构件。上述结构应严格按照100年的设计使用年限设计，以保证在设计使用年限内的磁浮使用安全。

使用期间可以更换的次要构件主要指在地下结构内部的、位于次要部位且更换不影响使用功能和正常运营的结构构件，这些构件原则上可以按照50年的设计使用年限进行设计。

不作为使用期间主要受力结构的围护结构，主要指基坑围护结构中的围护桩、围护墙和其他挡土结构，可不考虑耐久性要求，仅满足施工期间的使用即可。但对于可能在设计中部分考虑其承载作用的围护结构（如灌注桩、连续墙等）来讲，应满足本规范耐久性规定中对材料和构造的要求。

矿山法隧道的喷射混凝土初期支护（包含单纯锚杆喷射混凝土和带有钢拱架的喷射混凝土支护）由于截面厚度小，抗渗性能差以及施工质量和稳定性不易控制等，可按照临时支护考虑。

10.1.7 地下结构的耐久性设计宜按现行国家标准《混凝土结构耐久性设计规范》（GB/T 50476）的有关规定执行。

10.1.8 地下结构的设计，应根据施工方法、结构或构件类型、使用条件及荷载特性等，选用与其特点相近的结构设计规范和设计方法。

10.1.9 地下结构在工程实施阶段应结合施工监测进行信息化设计。

条文说明

施工监测（含第三方监测）是确保地下工程施工安全和环境安全的重要手段，也是进行信息化设计和优化调整的重要依据。地下工程的信息化设计应包括下面两个目标：

（1）通过施工监测信息的反馈，及时了解工程施工安全和环境安全状态。
（2）通过对量测数据的综合分析，必要时修改设计、施工参数或提出改进建议。

10.1.10 地下结构的净空尺寸应考虑磁浮建筑限界、线间距、隧道断面阻塞比等因素，满足承轨梁施工工艺要求，并考虑施工误差、结构变形和位移的影响。

条文说明

隧道内轮廓确定时，应考虑建筑限界、线路数量及线间距、隧道断面最大阻塞比、承轨梁结构形式及其施工运营维护方式、洞内其他附属构筑物、设备空间、疏散救援通道空间、隧道结构及承轨梁结构施工预留的综合误差及变形余量等因素。

参照《市域快速轨道交通设计规范》（T/CCES 2）有关的规定，建议隧道内气动压力舒适度标准满足下列要求：当隧道内空气总的压力变化标准值超过700Pa时，动态密封指数低于0.5s的非密闭车辆内压力变化率不应小于415Pa/s。动态密封指数高于6s的密闭车辆内压力变化率应小于800Pa/3s。动态密封指数低于0.5s，非密闭列车速度120km/h情况下，隧道最大阻塞比建议按0.4进行取值。

隧道内轮廓及结构形式的拟定应考虑通风排烟方式的影响，隧道两端无地下车站、设置洞门（如山岭隧道）建议依据现行行业标准《铁路隧道运营通风设计规范》（TB 10068）及《铁路隧道防灾疏散救援工程设计规范》（TB 10020）进行设计，采用自然通风及排烟。

地下结构的净空尺寸，在满足磁浮建筑限界或其他使用及施工工艺要求的前提下，应考虑施工误差、结构变形和后期沉降等影响而留出必要的余量。

1 施工误差一般包括：

（1）由于施工测量、放线、铺轨、隧道开挖、结构沉放或顶进等引起的结构或线路在平面位置和高程上的偏离。

（2）由于施工立模、浇筑混凝土时模板变形、地下连续墙成槽时的墙面倾斜和局部突出等造成结构净空尺寸和位置的变化。

（3）矿山法隧道施工时的超挖和欠挖。

（4）装配式构件的制作误差、拼装误差和盾构隧道的圆度偏差等。

2 盾构推进过程中隧道中心位置的偏离，即所谓上下左右的"蛇行"，在盾构隧道的施工误差中占有相当大的比例。

产生"蛇行"的主要原因有：

（1）推进控制偏差导致盾构机偏离轴线。

（2）周围地层不均匀导致盾构偏离轴线。

（3）纠偏过程中产生的偏差。

（4）并行隧道施工的影响。

盾构隧道施工的轴线偏差大小除与上述因素有关外，还与地质条件、盾构隧道直径的大小、线路曲线半径的大小以及管片环宽的大小有关。根据国内外工程的经验，直径6m左右的盾构隧道施工的轴线偏差宜控制在50～100mm之间。

3 地下连续墙的墙面倾斜和平整度，与地质条件、挖槽机的类型和挖槽方法、混凝土浇筑的速度和质量有关。据目前的施工设备和技术水平，墙面的平均倾斜宜控制在基坑开挖深度的1/300以内。

4 隧道后期沉降量与地层条件和施工方法等因素有关。在软黏土地层中要注意地面超载、地下水位变动、土体卸载之后再加载以及在反复荷载（包括列车荷载和地震荷载）作用下引起的地层位移。

10.1.11 山岭隧道位置应选择在稳定的地层中，洞口位置的选择应遵循早进晚出、保护环境的原则，并与周边景观相协调。

条文说明

隧道位置的选择过程中，地质因素往往起决定性的作用，隧道位置选择在岩性较好、稳定的地层中，有利于施工及运营，并节约投资。洞口位置的设置遵循早进晚出的原则，必要时接长明洞进洞，可避免大面积开挖边仰坡，减少对山体的扰动，维持原有的生态地貌。

10.1.12 承轨梁结构形式、设置长度、预留预埋、安装方式的选择，应与工程实施条件相结合，满足梁体变形的相关要求。

条文说明

承轨梁结构设计时需考虑中低速磁浮交通的建筑限界、结构变形、后期沉降等因素而产生的变化。

10.1.13 地下结构应结合施工方法、结构形式、断面大小、工程地质、水文地质及环境条件等因素，合理确定其埋置深度及与相邻隧道的距离，盾构法、暗挖法隧道覆土厚度、水平净距不宜小于隧道外轮廓直径，当无法满足时，应结合隧道所处的工程地质、水文地质和环境条件进行分析，必要时应采取相应的措施。

10.1.14 沉管隧道的覆土厚度应根据抗浮稳定和河道通行要求、预防河床冲刷、防洪及抵御沉船、抛锚等条件确定。

条文说明

沉管隧道运营阶段的抗浮安全系数不小于1.20。沉管隧道的覆土厚度对工程造价有重大影响，应综合考虑本条所列各种因素后合理确定。在保证隧道安全运营的基础上，宜浅不宜深。

10.1.15 顶进法施工的地下结构按照现行行业标准《铁路桥涵设计规范》（TB 10002）的有关规定执行。

10.1.16 地下结构应考虑设置接地装置的要求。

10.2 荷载

10.2.1 作用在地下结构上的荷载，可按表10.2.1进行分类。在决定荷载的数值时，应根据现行国家标准《建筑结构荷载规范》（GB 50009）等的有关规定，并应根据施工和使用阶段可能发生的变化，按可能出现的最不利情况，确定不同荷载组合时的组合系数。

表10.2.1 荷载分类表

荷载分类	荷载名称
永久荷载	结构自重
	地层压力
	结构上部和破坏棱体范围的设施及建筑物压力
	水压力及浮力
	混凝土收缩及徐变影响
	预加应力
	设备重量
	地基下沉影响

表 10.2.1（续）

荷载分类		荷载名称
可变荷载	基本可变荷载	地面车辆荷载及其动力作用
		地面车辆荷载引起的侧向土压力
		磁浮车辆荷载及其动力作用
		人群荷载
	其他可变荷载	温度变化影响
		施工荷载
偶然荷载		地震影响
		落石冲击力
		沉船、抛锚或河道疏浚产生的撞击力等灾害性荷载
		人防荷载

注：1. 设计中要求考虑的其他荷载，可根据其性质分别列入上述三类荷载中。
    2. 表中所列荷载本节未加说明者，可按国家有关规范或根据实际情况确定。

条文说明

作用在磁浮地下结构上的荷载，如地层压力、水压力、地面各种荷载及施工荷载等，有许多不确定因素，所以应考虑每个施工阶段的变化及使用过程中荷载的变动，选择使结构整体或构件的工作状态为最不利的荷载组合及加载状态来进行设计。

关于表10.2.1中荷载的说明如下：

（1）隧道上部和破坏棱体范围的设施及建筑物压力应考虑现状及以后的变化，凡规划明确的，应依其荷载设计；凡不明确的，应在设计要求中规定。

（2）截面厚度大的结构、超长结构或叠合结构应考虑混凝土收缩的影响。

（3）地面车辆荷载及其冲力：一般可简化为与结构埋深有关的均布荷载，但覆土较浅时应按实际情况计算。在道路下方的浅埋暗挖隧道，地面车辆荷载可按20kPa的均布荷载取值，并不计动力作用的影响。

（4）温度影响：通常认为，外露的超静定结构及覆土小于1m或位于严寒地区受外界气温影响较大的洞口段的隧道结构应考虑温度影响。

（5）沉船、抛锚或河床疏浚等灾害性荷载的大小与船型、吨位、装载情况、沉没方式和覆土厚度等因素有关。

10.2.2 地层压力应根据结构所处工程地质和水文地质条件、埋置深度、结构形式及其工作条件、施工方法及相邻隧道间距等因素，土质隧道的围岩压力可根据现行国家标准《地铁设计规范》（GB 50157）的有关规定确定。岩质隧道的围岩压力可根据围岩分级，按现行行业标准《铁路隧道设计规范》（TB 10003）的有关规定确定。

条文说明

地层压力是地下结构承受的主要荷载。由于影响地层压力分布、大小和性质的因素很多，应根据隧道的具体条件，结合已有的试验、测试和研究资料慎重确定，一般情况下，岩质隧道可根据围岩分级依工程类比确定围岩作用和支护参数，土质隧道可按下述通用方法计算土压力。

（1）竖向压力：填土隧道及浅埋暗挖隧道一般按计算截面以上全部土柱重量考虑；深埋暗挖隧道按太沙基公式或其他经验公式计算。

①明、盖挖法施工的结构宜按计算截面以上全部土柱重量计算。

②土质地层采用暗挖法施工的隧道竖向压力，宜根据所处工程地质、水文地质条件和覆土厚度，并结合土体卸载拱作用的影响进行计算。

③浅埋暗挖车站的竖向压力按全土柱计算。

④竖向荷载应结合地面及邻近的其他荷载对竖向压力的影响进行计算。

（2）水平压力：根据结构受力过程中墙体位移与地层间的相互关系，分别按主动土压力、静止土压力或被动土压力理论计算。

①施工期间作用在支护结构主动区的土压力宜根据变形控制要求在主动土压力和静止土压力之间选择，在支护结构的非脱离区或给支护结构施加预应力时应计入土体抗力的作用。

②明挖结构长期使用阶段或逆作法结构承受的土压力宜按静止土压力计算。

（3）明挖法的围护结构，应计及100%土压力作用；内衬结构，应与围护结构共同分担土压力，分别按最大、最小侧压力两种情况，与其他荷载进行不利组合计算；矿山法初期支护结构，应按照工程类别确定，二衬结构，应按照单独承受土压力，与其他荷载进行不利组合计算。

盾构法施工的隧道土压力宜按静止土压力计算。荷载计算应计及地面荷载和破坏棱体范围的建筑物，以及施工机械等引起的附加水平侧压力。

10.2.3 作用在地下结构上的水压力，可根据施工阶段和长期使用过程中地下水位的变化，以及不同的围岩条件，分别按下列规定计算：

1　水压力可按静水压力计算，并应根据设防水位以及施工阶段和使用阶段可能发生的地下水最高水位和最低水位两种情况，计算水压力和浮力对结构的作用；

2　砂性土地层的侧向水、土压力应采用水土分算；

3　黏性土地层的侧向水、土压力，在施工阶段应采用水土合算，使用阶段应采用水土分算。

条文说明

在评价地下水位对地下结构的作用时，最重要的三个条件是水头、地层特性和时间因素。具体计算方法如下。

(1) 使用阶段：
①无论砂性土或黏性土，都应根据设计地下水位按全水头和水土分算的原则确定。
②应考虑地下水位在使用期的变化可能导致的不利组合。
(2) 施工阶段可根据围岩情况区别对待：
①置于渗透系数较小的黏性土地层中的隧道，在进行抗浮稳定性分析时，可结合当地工程经验，对浮力作适当折减或把地下结构底板以下的黏性土层作为压重考虑；并可按水土合算的原则确定作用在地下结构上的侧向水压力。
②置于砂性土地层中的隧道，应按全水头确定作用在地下结构上的浮力，按水土分算的原则确定作用在地下结构上的侧向水土压力。

10.2.4 在设计中直接承受磁浮车辆荷载的楼板等构件时，磁浮车辆竖向荷载应按其实际重量计算，并考虑动力作用的影响，同时应用线路通过的重型设备运输车辆的荷载进行验算。

条文说明

  磁浮列车的动力作用参数，可参照现行行业标准《铁路桥涵设计规范》（TB 10002）关于动力参数的计算公式来取值。
  当轨道铺设在结构底板上时，一般来说，车辆荷载对结构应力影响不大，并且为有利作用，磁浮车辆荷载及其动力作用的影响可略去不计。

10.2.5 车站站台、楼板和楼梯等部位的人群均布荷载的标准值应采用4.0kPa，并应计及消防荷载的作用。

10.2.6 设备用房楼板的计算荷载应根据设备安装、检修和正常使用的实际情况（包括动力效应）确定，可按标准值8.0kPa进行设计，重型设备尚应依据设备的实际重量、动力影响、安装运输途径等确定其荷载大小与范围。

10.2.7 地下结构应考虑施工荷载的作用，施工机具荷载，不宜超过10kPa；地面堆载，宜采用20kPa；盾构井处不应小于30kPa。

10.2.8 在道路下方的隧道，应按现行行业标准《公路桥涵设计通用规范》（JTG D60）的有关规定确定地面车辆荷载及排列；铁路下方隧道的荷载，按现行行业标准《铁路桥涵设计规范》（TB 10002）的有关规定执行；并满足现行行业标准《城市地下道路工程设计规范》（CJJ 221）的有关规定。

10.2.9 混凝土收缩可按降低温度模拟。

10.2.10 隧道结构温度变化影响应根据所处地区的气温条件、运营环境及施工条件确定。

10.3 工程材料

10.3.1 地下结构的工程材料应根据结构类型、受力条件、使用要求和所处环境等选用，并结合其可靠性、耐久性和经济性选用。主要受力结构可采用混凝土或钢筋混凝土材料，必要时也可采用钢管混凝土结构、钢骨混凝土结构、型钢混凝土组合结构和金属结构。

条文说明

地下结构采用钢筋混凝土结构有利于提高耐久性，磁浮结构的主要受力构件，尤其是直接与地层接触的结构应采用钢筋混凝土。位于隧道内部的构件（包括主要受力构件和次要受力构件）根据需要也可采用其他结构材料和形式，包括钢与混凝土共同组合形成的结构（如钢管混凝土结构、钢骨混凝土结构和组合构件等）、单纯的金属结构以及其他材料等，所选用的材料应满足耐久性要求。

10.3.2 混凝土的原材料和配比、最低强度等级、最大水胶比和单方混凝土的水泥用量等应符合耐久性要求，满足抗裂、抗渗、抗冻和抗侵蚀的需要。一般环境条件下的混凝土设计强度等级不得低于表 10.3.2 的规定。

表 10.3.2 地下结构混凝土的最低设计强度等级

明挖法	整体式钢筋混凝土结构	C35
	装配式钢筋混凝土结构	C35
	作为永久结构的地下连续墙和灌注桩	C35
盾构法	装配式钢筋混凝土管片	C50
	整体式钢筋混凝土衬砌	C35
矿山法	喷射混凝土衬砌	C25
	现浇混凝土或钢筋混凝土衬砌	C35
沉管法	钢筋混凝土结构	C35
	预应力混凝土结构	C40
顶进法	钢筋混凝土结构	C35

条文说明

表 10.3.2 中混凝土的最低强度等级大多是从满足工程的耐久性要求考虑的。根据现行国家标准《混凝土结构耐久性设计规范》（GB/T 50476），一般环境条件结构处于干湿交替环境时，混凝土最低强度等级要求为 C40。但考虑到磁浮地下结构在防水措施

等方面的有利影响，以及磁浮地下结构的厚度较大，因此放宽了对混凝土最低强度等级的要求。

10.3.3 大体积浇筑的混凝土应避免采用高水化热水泥，并宜掺入高效减水剂、优质粉煤灰或磨细矿渣等，同时应严格控制水泥用量，限制水胶比和控制混凝土入模温度。

10.3.4 普通钢筋混凝土和喷锚支护结构中的钢筋及预应力混凝土结构中的非预应力钢筋应按下列规定选用：

1 梁、柱纵向受力钢筋应采用 HRB400、HRB500、HRBF400、HRBF500 钢筋，其他纵向受力钢筋也可采用 HPB300、RRB400 钢筋；预应力混凝土结构中的预应力钢筋，宜采用预应力钢绞线、钢丝，也可采用热处理钢筋。
2 箍筋宜采用 HRB400、HRBF400、HPB300、HRB500、HRBF500 钢筋。

10.3.5 钢筋混凝土管片间的螺纹紧固件的连接形式及其机械性能等级应满足构造和结构受力要求，表面应进行防腐蚀处理。

条文说明

管片间的连接形式多种多样，目前最常见的是采用弯螺栓连接方式，其他还有斜螺栓连接、销棒连接、卡扣连接等多种形式，其中斜螺栓和销棒连接方式在国内已有应用。连接件的材料除金属材料外，也有采用尼龙等材料。

磁浮盾构隧道钢筋混凝土管片钢制连接螺栓的机械性能等级一般采用 4.6~6.8 级，特殊情况也有采用 8.8 级的。为了保证隧道的使用寿命，螺纹紧固件表面应进行防腐蚀处理，防腐处理建议采用锌铬涂层或热镀锌等方法，应禁止使用冷镀锌方法为连接件进行防腐处理。

10.3.6 喷射混凝土应采用湿喷混凝土。

条文说明

本条是为提高喷射混凝土的耐久性和改善作业环境而提出的要求。城市磁浮矿山法隧道大多数修建于第四系地层中，由初期支护和二次衬砌共同承受使用阶段的荷载。因此，对由以喷射混凝土为主要材料构成的初期支护，也应具备一定的耐久性。磁浮工程中应采用湿喷混凝土工艺，本规范在强调采用湿喷混凝土工艺的情况下，将喷射混凝土的最低强度等级提高到了 C25。

掺入钢纤维的喷射混凝土可以大大改善喷射混凝土的性能，具备和易性好、坍落度损失少、回弹量低、后期强度高、抗渗性和耐久性好以及使用中腐蚀性风险低等优点，故宜在磁浮工程中推广，掺入钢纤维的喷射混凝土的强度等级可适当提高。

10.3.7 注浆材料宜采用对地下环境无污染及后期收缩小的材料。

10.4 施工方法的选择

10.4.1 地下结构的施工方法应结合场地的工程地质、水文地质、环境条件、埋深、安全、交通条件、投资和工期等因素，进行技术经济比较后确定。

10.4.2 确定地下车站主体结构施工方法应符合下列规定：
 1 位于土层中的车站宜选择明挖法施工；需要减少施工对地面交通影响时，可采用盖挖法施工，并宜铺设临时路面，采用盖挖顺作法（包括半盖挖顺作法）施工；对环境保护要求高或平面尺寸大的地下结构，宜采用盖挖逆作法（包括半盖挖逆作法）施工；必要时也可采用暗挖法或明暗挖结合的方法施工。
 2 位于岩石地层中的车站，当围岩稳定性好和覆盖层厚度适宜时，可选择矿山法施工。

10.4.3 矿山法隧道施工应根据地质条件、断面尺寸、周边环境等情况选择不同工法，具体有全断面法、台阶法、分部开挖法等。浅埋隧道、临近城市居民设施、周边环境对开挖振动控制要求较高时，可采用控制爆破或非爆破开挖。

条文说明

　　采用矿山法开挖时，隧道施工方法的选择综合考虑地质条件、断面尺寸、围岩加固措施、机械配置及周边环境条件等因素，综合分析确定，施工方法的选择在保证施工安全的前提下，能满足部分或全部机械化配套快速施工的需要，同时鼓励积极采用新工法。临近城市区域时，应充分考虑周边环境的影响，结合构筑物的结构安全、沉降控制要求等，通过类比、模拟计算等方式确定工法。临近居民区时，宜采用控制爆破或非爆破开挖的方案。
　　山岭隧道矿山法施工建议遵循以下规定：
　　（1）Ⅰ、Ⅱ级围岩一般采用全断面法开挖；其他围岩采用全断面法时，应与辅助工法相结合；
　　（2）Ⅲ～Ⅴ级围岩一般采用台阶法开挖；中等～特大跨度Ⅳ、Ⅴ级围岩，可采用三台阶临时仰拱法开挖；
　　（3）中等～特大跨度Ⅴ级围岩，可采用中隔壁法、交叉中隔壁法、双侧壁导坑法等分部开挖法；
　　（4）Ⅵ级围岩在采取辅助施工措施后，可采用分部开挖法或台阶法开挖。

10.5 结构设计

10.5.1 结构设计应符合下列规定：

1 地下结构设计应严格控制基坑开挖和隧道施工引起的地面沉降量，对由于土体位移可能引起的周围建、构筑物和地下管线产生的危害应进行预测，依据不同建筑物按有关规范、规程的要求或通过计算确定其允许产生的沉降量和次应力，并提出安全可靠、经济合理的技术措施。

2 地下结构应按施工阶段和正常使用阶段分别进行结构强度、刚度和稳定性计算。对于钢筋混凝土结构，尚应对使用阶段进行裂缝宽度验算。当计入地震荷载或其他偶然荷载作用时，不验算结构的裂缝宽度。

3 普通钢筋混凝土结构的最大计算裂缝宽度允许值应根据结构类型、使用要求、所处环境和防水措施等因素确定。

4 处于一般环境中的结构，按荷载准永久组合并计及长期作用影响计算时，构件的最大计算裂缝宽度允许值，可按表10.5.1中的数值进行控制；处于冻融环境或侵蚀环境等不利条件下的结构，其最大计算裂缝宽度允许值应根据具体情况另行确定。

表10.5.1 钢筋混凝土构件的最大计算裂缝宽度允许值（单位：mm）

结构类型		允许值
盾构隧道管片		0.2
其他结构	水中环境、土中缺氧环境	0.3
	洞内干燥环境或洞内潮湿环境	0.3
	迎土面地表附近干湿交替环境	0.2

注：1. 当设计采用的最大裂缝宽度的计算式中的保护层的实际厚度超过30mm时，可将保护层厚度的计算值取为30mm。
  2. 厚度不小于300mm的钢筋混凝土结构可不计干湿交替作用。
  3. 洞内潮湿环境相对湿度为45%~80%。

5 计算简图应符合结构的实际工作条件，反映围岩对结构的约束作用。

6 结构设计应按最不利情况进行抗浮稳定性验算。当不计地层侧摩阻力时抗浮安全系数不应小于1.05；计及地层侧摩阻力时抗浮安全系数不小于1.15。

7 直接承受列车荷载的楼板等构件，其计算及构造应满足现行行业标准《铁路桥涵混凝土结构设计规范》（TB 10092）的有关规定。

8 地下结构应进行横断面方向的受力计算，特殊情况下，尚应对其进行纵向强度和变形计算。

9 当温度变形缝的间距较大时，应计及温度变化和混凝土收缩对结构纵向的影响。

10 空间受力作用明显的区段，宜按空间结构进行分析。

11 装配式构件尺寸的确定应考虑制作、吊装、运输以及施工的安全和方便。接头设计应满足受力、防水和耐久性要求。

12 矿山法施工的结构设计，应以喷射混凝土、钢拱架或锚杆为主要支护手段，根据围岩和环境条件、结构埋深和断面尺度等，通过选择适宜的开挖方法、辅助措施、支护形式及与之相关的物理力学参数，达到保持围岩和支护的稳定、合理利用围岩自承能力的目的。施工中，应通过对围岩和支护的动态监测，优化设计和施工参数。

条文说明

地下结构应进行横断面方向的受力计算，特殊情况是指：
（1）覆土荷载沿其纵向有较大变化时。
（2）结构直接承受建、构筑物等较大局部荷载时。
（3）地基或基础有显著差异，沿纵向产生不均匀沉降时。
（4）沉管隧道。
（5）地震作用下小曲线半径的隧道、刚度突变的结构和液化对稳定有影响的结构。

10.5.2 基坑工程应根据工程特点和周边环境保护要求，应符合现行业标准《建筑基坑支护技术规程》（JGJ 120）确定基坑安全等级；按照地方规程确定基坑变形控制要求，若无地方规程或未规定变形控制要求，可按照表10.5.2确定基坑变形控制等级；除表中要求外，尚应满足周边设施产权单位的有关要求。

表10.5.2 基坑变形控制等级

变形控制等级	变形控制要求	周边环境条件
一级	1. 地面最大沉降量≤0.2%H； 2. 支护结构最大水平位移≤0.2%H，且小于30mm	1. 基坑周边0.7H范围内有重要设施； 2. 基坑开挖深度H≥16m，且在周边0.7H～1.0H范围内有重要设施； 3. 基坑开挖深度H≥20m
二级	1. 地面最大沉降量≤0.3%H； 2. 支护结构最大水平位移≤0.4%H，且小于50mm	1. 基坑周边H～2.0H范围内有重要设施； 2. 基坑开挖深度20m>H≥16m
三级	1. 地面最大沉降量≤0.45%H； 2. 支护结构最大水平位移≤0.6%H，且小于70mm	无特殊要求，且基坑深度H<16m

10.5.3 基坑工程设计应符合下列规定：

1 基坑工程设计应根据工程特点和环境保护要求等确定其安全等级、地面允许最大沉降量、围护墙的水平位移等控制要求。

2 基坑工程应根据工程地质及水文地质条件、基坑深度、沉降和变形控制要求，通过技术经济比较，选择支护形式、地下水处理方法和基坑保护措施等。

3 基坑工程应进行抗滑移和抗倾覆的整体稳定性、基坑底部土体抗隆起和抗渗流稳定性以及抗坑底以下承压水的稳定性检算。各类稳定安全系数的取值应根据环境保护要求参照地区经验确定。各类基坑支护工程应根据表 10.5.3 的规定进行检算。

表 10.5.3 基坑工程稳定性检算内容

支护类型	整体失稳	抗滑移	抗倾覆	内部失稳	抗隆起（一）	抗隆起（二）	抗管涌或渗流	抗承压水突涌
放坡	△	—	—	—	—	—	—	○
土钉支护	△	△	△	△	—	—	—	○
重力式围护结构	△	△	△	—	△	—	△	○
桩、墙式围护结构	○	—	△	—	△	△	△	○

注：1. △ 为应验算，○ 为必要时验算。
　　2. 抗隆起（一）为围护墙以下土体上涌。
　　3. 抗隆起（二）为坑底土体上涌。

4　桩、墙式围护结构的设计应根据设定的开挖工况和施工顺序按竖向弹性地基梁模型逐阶段计算其内力及变形。当计入支撑作用时，应计及每层支撑设置时墙体已有的位移和支撑的弹性变形。

5　桩、墙式围护结构的设计，应综合考虑围护墙的平面形状、支撑方式、受力条件及基坑变形控制要求等因素确定计算土压力。

6　桩、墙支护结构内支撑可选择钢支撑、钢筋混凝土支撑或预应力锚杆（索），支撑系统应采用稳定的结构体系和连接构造，其刚度应满足变形和稳定性要求。支撑的选择应做好技术、经济方案论证；形状比较复杂且环境保护要求较高的基坑可采用现浇钢筋混凝土支撑。

7　基坑支撑系统采用锚杆（索）时，应计及主体结构与附属结构、车站与区间之间施工的相互影响；当进入建设用地或邻近管线时，还应计及其与外部设施的相互影响。

8　支撑或锚杆（索）对桩墙施加的预应力值，宜根据支撑类型及所在部位、温度变化对支撑的影响程度等因素确定。

9　当围护结构兼作上部建筑物的基础时，尚应进行垂直承载能力、地基变形和稳定性计算；盖挖法的围护桩（墙）应按路面活荷载验算竖向承载力和纵向制动时的水平力。

条文说明

因我国地域广大，各地工程地质和水文地质条件千差万别，因此，各地磁浮基坑工程的安全等级分级标准并不一致。在进行工程设计时，应根据建设场地的工程地质和水文地质条件，以及基坑周围环境条件和环境保护要求，因地制宜地确定基坑工程的安全等级。

本条给出了不同支护形式一般情况下基坑工程稳定性检算的主要项目建议。

各类稳定安全系数的取值应注意以下两点：

（1）现有基坑稳定检算的各种公式，大多建立在浅基础的基底稳定或土坡稳定概念的基础上，这与深大基坑或用围护结构护壁的情况不完全相同。加之由于试验手段的局限，检算中一些直接影响基坑稳定性的土体指标尚不能准确反映在基坑开挖过程中土体真实的应力状态，尤其难以反映不同部位土体卸载或降水等情况对土性的影响。此外，各城市地质条件不同，对基坑稳定考虑的侧重点不同，所采用的公式也不同，即使公式的形式相同，一些系数的取值和所选用土层的抗剪强度指标也不尽相同。因此，各类基坑稳定安全系数的取值应参照地区经验确定。

（2）基坑开挖过程中出现的坑底土体的隆起等现象将引起坑外土体的变形和地表沉降。所以在基坑稳定性检算中，有些检算项目的安全系数与基坑的保护等级是有关联的。

本规范推荐采用侧向地基反力法，其特点是将围护墙视为竖向弹性地基上的结构，用压缩刚度等效的土弹簧模拟地层对墙体变形的约束作用，可以跟踪施工过程，逐阶段地进行计算。由于能较好地反映基坑开挖和回筑过程中各种基本因素，如加撑、拆撑、预加轴力等对围护结构受力的影响，并在分步计算中考虑结构体系受力的连续性，因而被我国工程界公认为是一种较好的深基坑围护结构的计算方法。当把围护结构作为主体结构的一部分时，还可以较好地模拟围护墙刚度和结构组成随施工过程变化等各种复杂情况，特别适用于磁浮结构的受力分析。在竖向弹性地基梁模型的基础上，按照内部结构的施作顺序，过渡到弹性地基上的框架模型，就可以求出磁浮结构从施工开始到长期使用的全过程中各个时段的内力和变形。

基坑开挖阶段作用在围护结构墙背上的土压力视墙体水平位移的大小在主动土压力和静止土压力之间变化。当墙体水平位移很小时，墙背土压力接近静止土压力，并随墙体水平位移增大而减小，最终达到土压力的最小值，即主动土压力。设计时应根据对围护结构的变形控制要求以及实际的变形情况，结合地区经验，合理确定墙背土压力的计算值。

通常认为，采用盖挖逆作法施工时，由于用刚度很大的顶、楼板等水平构件代替临时支撑，基坑开挖过程中墙体水平位移一般较小，墙背土压力可近似地按静止土压力考虑。

在采用竖向弹性地基梁模型计算时，假定基坑一侧坑底以下土压力由两部分组成，即静止土压力加土抗力，所以作用在墙背上的有效土压力为墙背土压力和基坑侧坑底以下静止土压力的代数和。

实际作用在墙上的土压力是随开挖过程变化的，但为简化计算，当作用在墙背的土压力比较明确时，一般都假定在整个施工阶段墙背土压力为定值。

10.5.4 明挖法施工的结构设计应符合下列规定：

1 明挖法施工的结构宜按底板支承在弹性地基上的结构物计算，并计入立柱和楼板的压缩变形、斜托和支座宽度的影响。

2 明挖法施工的结构应根据工程地质、水文地质、埋深、施工方法等条件，进行抗浮、整体滑移及地基稳定性验算。

3　车站的顶、底纵梁受净空限制时可采用十字梁或反梁，反梁设计应按照现行行业标准《轨道交通工程人民防空设计规范》（RFJ 02）有关规定执行。

10.5.5　盖挖逆作法施工的结构设计尚应符合下列要求：
1　当采用逆作法施工时，其结构形式、技术措施、施工方法和施工机具的选择等宜减少施工作业占用道路的时间和空间。
2　当楼板和梁等构件作为水平支撑体系时，应满足施工和使用阶段的承载力和刚度要求。
3　中间竖向支撑系统的设计，其形式和纵向间距应结合建筑、受力、地层条件和工期等要求，通过技术经济比较确定。
4　桩基的形式应根据地层特性、受力大小，进行技术、经济比较后确定，可采用直桩、扩底桩、支盘桩等类型。
5　桩基的垂直承载能力宜根据现行行业标准《建筑桩基技术规范》（JGJ 94）计算或现场原位静力试验结果按变形要求进行修正。桩基应按现行行业标准《建筑基桩检测技术规范》（JGJ 106）的有关规定，对桩身完整性逐根进行检查。
6　作为永久结构使用的中间竖向支撑系统的设计，应严格控制支撑柱的就位精度，允许定位偏差不大于20mm，同时其垂直度偏差也不宜大于1/500。在柱的设计中根据施工允许偏差计入偏心对承载能力的影响。
7　节点的构造应符合结构预期的工作状态，保证不同步施工的构件之间连接简便、传力可靠，在逆作法特定的施工条件下可以操作，并且不影响后续作业的进行。
8　应采取措施控制施工过程中支护结构与中间桩的相对升沉，并对施工过程中的相对升沉值进行验算。施作结构底板前，相对升沉的累计值不得大于$0.003L$（L为边墙和立柱轴线间的距离），且不宜大于20mm，并在结构分析中计入其影响。
9　应保证下部后浇墙、柱与先期施作的混凝土之间的整体性、水密性和耐久性。

条文说明

盖挖逆作法通常以结构顶板代替临时路面，在其上覆土后即可恢复地面交通，在顶板的下面自上而下分层开挖基坑和施作结构，适用于地层软弱、挖深大、需要严格控制施工引起的地面沉降的情况。

施工期间地面交通的处置。盖挖逆作磁浮车站的结构形式、支护方案、施工方法、机具和技术措施的选择与施工期间对地面交通的处置要求关系密切，应把地面交通的处置要求作为设计的一个重要边界条件予以明确。

中间竖向临时支撑系统由临时立柱及其基础组成。系统的设置有三种方式：
（1）在永久柱的两侧单独设置临时柱。
（2）临时柱与永久柱合一。
（3）临时柱与永久柱合一，同时增设临时柱。

沉降控制。逆作法施工时，应严格把边、中桩的升沉控制在结构变形和节点连接精度的允许范围内。通常要求相对沉降不大于 0.003L（L 为边墙和立柱之间的跨度或立柱与立柱之间的跨度）。一般措施包括：

（1）选择较好的土层作桩、墙的持力层或采用条形地基。

（2）选择摩阻力大、抗沉降能力强的桩型，如扩底桩、多分支承力盘桩和竹节桩等。

（3）增强边墙的整体刚度。灌注桩作护壁时，应设置具有足够刚度的内衬墙，并在桩顶设置刚度较大的冠梁；连续墙作护壁且不设内衬时，其槽段之间应采用能有效传递剪力的接头，如钢板接头等。

（4）选择合理的施工工艺、加强施工质量控制，把沉渣减至最少。措施包括：配置高质量的泥浆并加强泥浆质量监控；采用反循环技术；加强工序衔接，减少成孔（槽）后的搁置时间；提高清底质量等。

（5）通过注浆提高桩、墙底部混凝土的密实度及围岩强度。

10.5.6 盾构法施工的隧道结构设计应符合下列规定：

1 装配式衬砌宜采用接头具有一定刚度的柔性结构，应限制荷载作用下变形和接头张开量，并应满足其受力和防水要求。

2 隧道结构的计算模型应根据地层特性，衬砌构造特点及施工工艺等确定，并应计入衬砌与围岩共同作用及装配式衬砌接头的影响。

3 采用错缝拼装的衬砌结构宜计入环间剪力传递的影响。

4 盾构井的形式和大小应根据地质条件、盾构组装和拆卸要求和施工出渣进料等需求确定。

5 盾构进出洞口处，应设置洞口密封止水环，在管片与竖井井壁间应设置现浇钢筋混凝土环梁，在竖井井壁应预埋与后浇环梁连接的钢筋。

6 盾构井结构设计应计及吊装盾构机的附加荷载，以及盾构出发时的反力对竖井内部构件或竖井壁的影响。

7 盾构竖井始发和到达端头的土体应进行加固，加固方法和加固参数应根据土质、地下水、盾构的形式、覆土、周围环境等条件确定。

8 盾构法施工的区间隧道，地面沉降控制标准不宜大于 30mm，尚应满足隧道沿线建（构）筑物、管线等对变形的控制要求。

9 盾构法施工的区间隧道，曲线半径应满足盾构施工和磁浮列车转弯半径的要求。

条文说明

为了取得较好的经济效益，在工程地质条件好、周围土层能提供一定抗力的前提下，衬砌结构可设计得柔一些，但圆衬砌环变形的大小对结构受力、接缝张角、接缝防水、地表变形等均有重大影响，故应对衬砌结构的变形进行验算，做必要的控制。一般情况下衬砌结构径向计算变形在 (3‰~4‰)D（D 为隧道外径）；接缝变形应符合环缝张开不大于2mm，纵缝张开不大于3mm的要求。接缝的张开量也不应超过防水密封垫对接缝张开量的要求。

衬砌结构的计算简图应根据地层情况、衬砌的构造特点及施工工艺等确定。装配式圆形衬砌，视地层情况可分别按以下方法进行计算：

（1）自由圆环法。埋设于松软、饱和土层（$N<2\sim4$，N为标准贯入试验锤击数）中的衬砌，当结构变形时，土层一般无法（较少）提供被动抗力。为简单起见，略去接头刚度对衬砌圆环内力的影响，按自由变形的匀质圆环来计算，可求得偏安全的内力。而接缝处刚度不足时往往采用衬砌环的错缝拼装予以弥补，这对分块较少（尤其对分成四块、接缝处于垂直、水平轴成45°位置）的衬砌环结构尤为合适。

（2）衬砌环间采用错缝拼装时，可按修正惯用法考虑由于纵向接头存在引起的匀质圆环刚度降低及环间接头通过剪力传递所引起的断面与接头内力的重分配；或以二环为一个计算单元、块与块间设接头的回转弹簧、两环之间设径向剪切弹簧及切向弹簧的计算模式进行计算。

（3）梁弹簧模型计算法。在实际工程中，地下装配式圆形衬砌结构螺栓接头能够承担一定的弯矩、轴力和剪力，且接头的变形和内力间呈线性关系，因此可将这样的接头当作理想的弹性铰。对埋设于$N>2\sim4$土层中的隧道衬砌结构，可以考虑衬砌与地层共同作用，在结构防水确有保证的情况下，用此法计算可大大减小断面弯矩，给工程带来较大的经济效益。此时，应对圆环的变形作一定限制，并对施工提出必要的技术措施。

若有条件采用有限元法进行结构分析，就可将较多的构造因素考虑进去，如接头螺栓及螺栓所施加的预应力、块与块间的传力弹性衬垫的作用等，有利于优化设计。

盾构法施工的区间隧道，根据国内现有工程实例以及咨询盾构机生产厂家，在现有装备的施工水平下，曲线半径可以做到$40D$（D为盾构机直径），后续根据工程需要和装备研发情况进行调整。

10.5.7 矿山法施工的结构设计应符合下列规定：

1 隧道衬砌结构的形式及尺寸，可根据围岩级别、工程地质及水文地质条件、埋置深度、周边环境、环保要求、限界要求、结构工作特点，结合施工方法及施工条件等，通过工程类比和结构计算确定。

2 隧道应采用曲墙式衬砌，并宜采用复合式衬砌。一般情况下隧道宜设置仰拱，Ⅱ级围岩、地下水不发育的Ⅲ级硬质岩地段可设置钢筋混凝土底板。

3 复合式衬砌中的初期支护参数，应根据工程类比确定，并通过开挖过程中监控量测数值及时修正。

4 复合式衬砌各级围岩隧道应设置预留变形量，数值依照现行行业标准《铁路隧道设计规范》（TB 10003）确定。位于城市中的矿山法隧道预留变形量取值应充分考虑周边环境及构筑物的影响。

5 矿山法隧道设置洞门宜符合下列规定：

(1) 洞门设计应与周边环境相协调，城镇区、风景区隧道洞门宜进行景观设计。

(2) 洞口边仰坡区域应设置排水、截水设施，与路基排水系统、天然沟渠形成完整的排水系统。

(3) 隧道洞口应修建洞门，洞门形式根据洞口的地形、地质条件及空气动力效应等确定，并与洞外接口工程相协调。

(4) 洞门应置于稳固基础上，基础不满足承载力要求时，应采取基础处理措施。洞门设置端墙及挡（翼）墙时应对其倾覆及滑动的稳定性进行检算。

6 矿山法施工的单线区间隧道，地面沉降控制标准宜取 30mm；矿山法施工的双线隧道及车站，地面沉降控制标准宜取 60mm，此外尚应满足隧道沿线建（构）筑物、管线等对变形的控制要求。

条文说明

对单、双线区间隧道，一般可参考有关规范及工程实例，按工程类比法决定其设计参数。某些特殊地形、地质条件（如浅埋、偏压、膨胀性围岩、原始地应力过大的围岩等），以及大跨度渡线隧道或车站结构的初期支护，应通过理论计算，按主要承载结构确定其设计参数。

土质隧道的初期支护应采用包括超前支护、格栅钢架或钢拱架、钢筋网片和喷射混凝土等组合的支护方式，其设计应满足以下要求：

(1) 初期支护厚度不应小于200mm，并不宜超过350mm。

(2) 初期支护中的钢拱架宜选用钢筋格栅，根据需要钢拱架间距可采用500~1000mm，钢筋格栅的主筋直径不宜小于18mm。

(3) 初期支护厚度不大于300mm时，宜在其内侧设置单层钢筋网片；初期支护厚度大于300mm时，可考虑在其内外侧设置双层钢筋网片。

(4) 初期支护各分节间应采用可靠的连接。

矿山法隧道设置洞门的一般规定如下所示：

(1) 对于隧道洞口，应尽量减少边仰坡开挖面积，注意保护洞口山体植被，避免过多的人工修饰，恢复自然景观，采用与环境相协调的支挡结构物，保护和最大限度地恢复原有地形。位于城镇、风景区附近的洞门有必要在隧道洞口设计中引入景观设计。

(2) 洞门的作用在于支撑隧道边仰坡、拦截仰坡面的少量剥落、掉块，并将仰坡的水引离隧道，以稳固洞口，保证洞口线路安全。洞门的结构形式要适应洞口地形、地质要求，结合等高线与线路的相对位置关系，设置不同形式的洞门结构。洞门结构的设置应充分考虑到空气动力效应对周围环境的影响，与周边构筑物保证相应的距离或设置洞口缓冲结构。当桥隧相接时，应协调隧道洞口与桥梁桥台的施工先后顺序，保证顺畅衔接。

(3) 基础需置于稳固地基上，不仅需加深基础，亦包括清除基底虚渣或采取加固措施等来达到基础稳固。除此之外，洞门墙基础及两侧要嵌入地面一定深度，以保证端墙的稳定，基础嵌入深度依地质条件而定。在松软地基上设置基础，地基强度不够时，一般结合具体条件采取扩大基础、桩基、压浆加固地基等措施。

作用在洞门上的外力，主要是土压力，因此洞门视作挡土墙检算强度和应力。洞门墙检算时，一般受压应力及偏心距两个条件控制，但遇高洞门墙（包括洞门路堑高于挡土墙）时，设计时还需适当控制截面拉应力。

10.5.8 沉管法施工的隧道结构设计应符合下列规定：

1 沉管法施工的隧道应就其在预制、系泊、浮运、沉放、对接、基础处理等不同施工阶段和运营状态下可能出现的最不利荷载组合，并计及地基的不均匀性和基础处理的质量，分别对横断面和纵向的受力进行分析。纵向分析时应计及接头刚度的影响。

2 水压力应分别考虑正常情况下的高水位和低水位两种工况，并用历史最高水位进行受力检算，在含泥沙量较高的河道中应计入水重度的增高。

3 沉管法施工的隧道抗浮稳定性应满足以下要求：

（1）管节完成舾装后的干舷高度控制在100~250mm。

（2）在沉放、对接、基础处理等施工阶段的抗浮安全系数不小于1.05。

（3）运营阶段的抗浮安全系数不小于1.10。

4 沉管隧道的沉降量应通过理论计算和基础沉降模拟试验的结果综合确定。

5 管节可采用柔性接头或刚性接头。接头应具备抵抗地基沉降及地震等作用产生的应力和变形的能力，刚性接头尚需考虑混凝土干燥收缩和温度变化的影响，管节接头应满足水密性、可施工性和经济性等要求。其最终接头的位置，根据施工条件，可选在水中或岸上。

6 基槽横断面应满足以下要求：

（1）基槽宽度宜在管节最大外侧宽度的基础上，每侧预留1.0~2.0m，如采用水下喷砂基础处理方法时，应适当加大预留宽度。

（2）基槽的深度应为沉管段的底面埋深加上基础处理所需的高度。基槽开挖的允许偏差宜为±300mm。

（3）基槽边坡率通过稳定性计算确定，并根据沉管隧道所处位置的潮汐、淤积和冲刷等水力因素进行修正。

7 沉管隧道应进行基础处理，根据场地的地质、水文情况、沉管隧道的断面形式、基槽开挖方法、施工设备和施工条件等，选择适宜的方法。一般地基的基础处理可采用先铺法或后填法来保证基底的平整；可能产生震陷的特别软弱地基上的沉管隧道宜采用桩基础。

8 沉管隧道的顶部应设防锚层，并用粗颗粒、不易液化和透水性好的材料进行回填。

条文说明

沉管法施工的隧道结构设计，管节接头形式的选择应综合考虑隧道的横断面尺寸、外部荷载和温差等在沉管隧道中产生的纵向应力和变形量、抗震设防要求、接头处理的施工工艺的难易程度和经济性等因素。地震设防区、隧道横断面较大或沉管段较长的隧道应选用柔性接头。

10.5.9 地下结构及基底应按承轨梁的支承方式进行强度及变形的计算或验算。

条文说明

隧道及其他结构进行强度及变形的计算和验算时，需考虑承轨梁结构对其的影响，需要按不同的支撑方式考虑进行荷载施加。若承轨梁采用现浇方式，可按均布荷载施加；若采用预制拼装方式，按预制承轨梁与结构连接节点集中力考虑。

10.5.10 隧道内承轨梁结构形式、长度、安装方式的选择，应与隧道施工方法和隧道内实施条件相配合，并应与隧道纵向不均匀沉降相协调。隧道工后不均匀沉降和列车荷载造成的承轨梁段间折角不应大于1/1000。

条文说明

地下结构内承轨梁的结构形式多样，同时存在多种结构形式及施工方法，故需统筹考虑地下结构及承轨梁结构各因素的影响，使之相互匹配，接口完整。

列车运行对承轨梁安装精度及平顺性要求极高，结构的沉降变形特别是不均匀沉降变形，将直接影响承轨梁的平顺性，严重时危及行车安全。因此需严格控制隧道仰拱（底板）的工后沉降、纵向不均匀沉降。结构工后沉降及列车荷载引起的变形需要满足轨道梁变形控制要求，轨道梁段间折角不大于1/1000。

10.6 抗震设计

10.6.1 磁浮地下结构的抗震设防类别的划分应符合下列规定：
1 标准设防类：除特殊设防类、重点设防类以外的其他轨道交通结构。
2 重点设防类：除特殊设防类以外的区间隧道结构和车站主体结构。
3 特殊设防类：在轨道交通网络中占据关键地位、承担交通量大的车站的主体结构。

10.6.2 各抗震设防类别结构的抗震设防标准，应符合下列要求：
1 标准设防类：抗震措施应按本地区抗震设防烈度确定；地震作用应按现行国家标准《中国地震动参数区划图》（GB 18306）规定的本地区抗震设防要求确定。
2 重点设防类：抗震措施应按本地区抗震设防烈度提高一度的要求确定；地震作用应按现行国家标准《中国地震动参数区划图》（GB 18306）规定的本地区抗震设防要求确定；对进行过工程场地地震安全性评价的，应采用经国务院地震工作主管部门批准的建设工程的抗震设防要求确定,但不应低于本地区抗震设防要求确定的地震作用。

3 特殊设防类:抗震措施应按本地区抗震设防烈度提高一度的要求确定;地震作用应按国务院地震工作主管部门批准的建设工程的抗震设防要求确定且高于本地区抗震设防要求确定。

10.6.3 磁浮地下结构的抗震性能要求应符合下列规定:

1 性能要求Ⅰ:地震后不破坏或轻微破坏,应能保持其正常使用功能;结构处于弹性工作阶段;不应因结构的变形而影响行车安全。

2 性能要求Ⅱ:地震后可能破坏,经修补,短期内应能恢复其正常使用功能;结构局部进入弹塑性工作阶段。

3 性能要求Ⅲ:地震后可能产生较大破坏,但不应出现局部或整体倒塌,结构处于弹塑性工作阶段。

10.6.4 磁浮地下结构应根据结构的特性、使用条件和重要性程度,确定结构的抗震等级。结构的抗震等级应符合表10.6.4的规定;当围岩中包含有可液化土层或基底处于可产生震陷的软黏土地层中时,应采取提高地层的抗液化能力,且保证地震作用下结构物安全的措施。

表10.6.4 地下结构的抗震等级

结构类别	设防烈度		
结构形式	6、7度	8度	9度
明挖法车站主体及附属结构 矿山法车站主体及附属结构	三级	二级	一级
明挖区间隧道结构 盾构区间隧道结构	三级	三级	二级

注:1. 断面大小接近车站断面的地下结构应按车站的抗震等级设计。
  2. 在地下结构上部有整建的地面结构时,地下结构的抗震等级不应低于地面结构的抗震等级。
  3. 设计位于设防烈度6度及以上地区的地下结构时,应根据设防要求、场地条件、结构类型和埋深等因素选用能反映其地震工作性状的计算分析方法,并应采取提高结构和接头处的整体抗震能力的构造措施。除应进行抗震设防等级条件下的结构抗震分析外,地下主体结构尚应进行罕遇地震工况下的结构抗震验算。

10.6.5 地下结构施工阶段,可不计入地震作用的影响。

条文说明

磁浮地下结构的抗震设防类别的划分、抗震设防标准、抗震性能要求以及抗震等级,主要依据现行国家标准《城市轨道交通结构抗震设计规范》(GB 50909)的规定。

10.6.6 地下结构抗震设计中地震反应的计算方法宜按表10.6.6采用。

表10.6.6 地震反应计算方法

结构构件	抗震设防类别	性能要求	计算方法	
地下车站结构	特殊设防类	Ⅰ	反应位移法 反应加速度法 弹性时程分析方法	需考虑土非线性时应采用非线性时程分析方法
地下车站结构	重点设防类 标准设防类	Ⅰ	反应位移法 反应加速度法	需考虑土非线性时应采用非线性时程分析方法
地下车站结构	重点设防类 标准设防类	Ⅱ	反应加速度法 非线性时程分析方法	需考虑土非线性时应采用非线性时程分析方法
区间隧道结构	重点设防类	Ⅰ	反应位移法 反应加速度法	需考虑土非线性时应采用非线性时程分析方法
区间隧道结构	重点设防类	Ⅱ	反应加速度法 非线性时程分析方法	需考虑土非线性时应采用非线性时程分析方法

条文说明

地下结构地震反应的计算方法，与现行国家标准《城市轨道交通结构抗震设计规范》（GB 50909）的规定相同，计算方法符合地下结构在地震作用下的振动特点，方法较为成熟。

10.6.7 地下车站结构设计地震反应计算应符合下列规定：

1 地下车站结构应进行 E2 地震作用下的弹性内力和变形分析，结构形式不规则且具有明显薄弱部位可能导致地震时严重破坏的地下车站结构应按现行国家标准《城市轨道交通结构抗震设计规范》（GB 50909）有关规定进行 E3 地震作用下的弹塑性变形分析。

2 沿纵向形式连续、规则、横向断面构造不变的地下车站结构，可只沿横向计算水平地震作用并进行抗震验算，抗震分析时可近似按平面应变问题处理。

3 遇到下列情况之一时，地下车站结构宜按空间问题进行地震反应计算：
（1）结构上部局部建有建筑物或构筑物时。
（2）沿结构纵向土层分布有显著差异时。
（3）沿纵向结构形式有较大变化时。
（4）同时在平面和竖向两个方向结构变化较多或复杂时。

4 抗震设防地震动分档为 0.20（0.30）g 及以上的形状不规则的地下车站、枢纽站、采用多层框架结构的地下换乘站等宜计入地震动竖向分量。

10.6.8 地下结构的抗震体系和抗震构造要求应符合下列规定。

1 地下结构的规则性宜符合下列要求：
（1）地下结构的规则性宜具有合理的刚度和承载力分布。
（2）地下结构下层的竖向承载结构刚度不宜低于上层。
（3）地下结构及其抗侧力结构的平面布置宜规则、对称、平顺，并应具有良好的整体性。
（4）在结构断面变化较大的部位，宜设置能有效防止或降低不同刚度的结构间形成牵制作用的防震缝或变形缝，缝的结构宽度宜取20mm。
2 地下结构各构件之间的连接，应符合下列要求：
（1）构件节点的破坏，不应先于其连接的构件。
（2）预埋件的锚固破坏，不应先于连接件。
（3）装配式结构构件的连接，应能保证结构的整体性。
3 盾构隧道应采取下列抗震措施：
（1）盾构隧道的接头构造，应有利于减小地震时防止管片接头的错动和管片因地震动位移的磕碰破坏。
（2）管片接头的防水应能保证地震后接缝不漏水。
（3）盾构管片间的连接螺栓，在满足常规受力要求的前提下，宜采用小的刚度。
（4）管片宜采用错缝拼装方式。
（5）在软弱地层或地震后易产生液化的地层，管片端面宜设置凹凸榫槽。
4 地下结构的抗震构造可按现行国家标准《建筑抗震设计规范》（GB 50011）的有关规定执行。

10.6.9 山岭隧道抗震强度及稳定性验算范围、计算方法宜参照现行国家标准《铁路工程抗震设计规范》（GB 50111）确定。

10.6.10 地震区隧道洞口设置应结合地质及地形条件，控制边仰坡开挖高度并采用其他防坍塌震害的措施。

条文说明

当洞口地质较差、构造不利、边仰坡开挖过高或洞口位置位于悬崖峭壁下时，岩石经过长期的风化剥蚀，在地震作用下容易产生落石坍塌，堵塞洞口，危及行车安全。故要求根据地形、地质条件严格控制开挖高度，设置明洞或其他有效防护措施。

10.6.11 山岭隧道应修建洞门，洞门应采用混凝土或钢筋混凝土结构，其强度不应低于表10.6.11的规定。

为维护洞口山体的稳定，减少地震造成的洞口病害，强调应修建洞门。经实践证实，翼墙式的端墙和翼墙能形成对抗震有利的整体结构，端墙式洞门结构抗震稳定性较差，高烈度地震区不应采用。建筑材料的选择综合考虑了地震参数和工程重要性等因素的影响。

表 10.6.11 洞门材料种类及强度等级

工程部位	设防烈度	
	8 度	9 度
洞门端墙	混凝土 C25	混凝土 C25 或钢筋混凝土 C30
洞口挡土墙或翼墙 $H \leqslant 10m$		混凝土 C25
洞口挡土墙或翼墙 $H > 10m$		混凝土 C30

注：表中 H 为挡土墙或翼墙高度。

10.6.12 洞口抗震设防段的长度可根据地形、地质条件及设防烈度确定，并不得小于 2.5 倍的结构跨度。抗震设防段的隧道宜采用复合式衬砌结构，并采用带仰拱的曲墙式衬砌断面。设防段衬砌应设变形缝。

条文说明

隧道洞口加强段的长度，主要是根据深浅埋隧道的划分原则通过计算确定的。隧道衬砌结构形式，是影响其抗震能力的因素之一，曲墙带仰拱衬砌抗震能力强。

10.6.13 抗震设防段的隧道衬砌和明洞应采用混凝土或钢筋混凝土材料，其强度等级不应低于本规范表 10.3.2 的规定。

10.6.14 当设防烈度为 8 度或 9 度时，在洞门端墙与衬砌环框间，端墙与洞口挡土墙或翼墙连接处应整体灌注或在其连接缝处加设短钢筋等抗震措施，对耳墙式明洞的耳墙与拱部结构间的空隙，宜采用浆砌片石或混凝土回填密实。

条文说明

结构的整体性是影响其抗震能力的主要因素之一。洞门端墙与衬砌环框之间，端墙与挡土墙或翼墙接缝处，以及明洞等具有悬臂形式的耳墙结构，是抗震的薄弱环节，因此应采取加强连接的抗震措施。

10.6.15 对浅埋、偏压以及位于断层破碎带等不良地质地段的隧道，其背后应做压浆处理。

条文说明

根据以往实践经验，隧道衬砌背后压浆能加固地层并使衬砌与围岩密贴，改善其接触条件及受震时的震动状态，减少自振的影响，提高其抗震性能。因此，规定地震区需采取抗震措施的隧道应采用压浆加固措施。

10.7 结构防排水

10.7.1 结构防排水应符合下列规定：

1 地下结构防水应遵循"以防为主、刚柔结合、多道防线、因地制宜、综合治理"的原则，采取与其相适应的防水措施。防水设计应定级准确、方案可靠、施工简便、经济合理。

2 地下磁浮工程的防水设计应符合下列规定：

（1）应根据气候条件、工程地质和水文地质状况、结构特点、施工方法、使用要求等因素进行。

（2）应分析地表水、地下水、毛细管水等的作用，或人为因素引起的附近水文地质改变的影响，特别是市政上下水管线渗漏对防水工程的影响。

3 当结构处于贫水稳定地层，或位于地下潜水位以上时，应根据线路设施情况，在确保结构和环境安全的具体条件下可采用限排。

4 地下工程应以混凝土结构自防水为主，以接缝防水为重点，并辅以防水层加强防水，并应满足结构使用要求。

5 地下结构防水等级应符合下列规定：

（1）地下车站、行人通道及机电设备集中区段的防水等级应为一级，不得渗水，结构表面无湿渍。

（2）区间隧道及连接通道等附属的隧道结构防水等级应为二级，具体要求应符合现行国家标准《地下工程防水技术规范》（GB 50108）的有关规定。

6 排水型隧道防排水方案应考虑环保及周边环境因素影响，位于地下水较多的软弱围岩中、下穿河湖及城市地区隧道宜按全包防水原则设计。

7 排水型隧道应根据其工作环境设置维护设施，保证排水通畅。

8 当地表有沟谷、洼地、坑穴时，应结合环境、地质及埋深条件，评估对隧道的影响，采取地表疏导防渗等处理。当地表处理较困难时，也可采取洞内加固地层或引排等措施。

9 开挖后存在突水突泥风险、水环境改变、洞内出水超标及大面积渗漏水等情况，可采用注浆堵水等工程措施。

10 排水型隧道宜采用自流排水，无自流条件时应设置机械排水，排水能力满足设计排水量要求。

11 洞口及明洞区域应设置截水沟及排水沟，洞外路堑水不宜流入隧道。

条文说明

隧道的修建、运营势必改变工程区域原生环境，隧道的过度排水必然导致水环境不可逆转的破坏，给工程带来风险并在工程影响区域或排水径路上诱发次生灾害。因此，提出了隧道排水总体要求。

隧道排水系统是在随时间、季节变化的环境中工作的，其功能的降低或失效多有发生，而系统重建的困难和投入都很大。因此，设计需根据其工作环境设置维护措施，并对排水系统位置、系统构成、结构尺度、材料选择等方面充分考虑维修方法、维修器具的需要，保证其可维护性。洞外的排水系统还需注意与相邻工程排水系统顺接和能力匹配，防止对基础、结构的冲刷或浸泡，以消除对运营安全的危害。

采用注浆防水的环境或地层条件，通过注浆防止、减小水对施工和结构的不利影响，让地下水的排放在允许的标准以内。隧道工程注浆方案的选择需结合地质、水文情况、开挖和支护方式、相邻隧道的相互影响及其他构筑物的位移、沉降，环境保护要求、工程防水等级和施工工艺水平等，因地制宜，以达到保证安全施工，防止次生灾害，保护环境，确保结构及安全运营的目的。

隧道、明洞洞口设置截水沟和排水沟的目的是防止地表水冲刷洞口边、仰坡的水流入隧道。对洞外水流的处理，是从保证隧道正常运营和安全而规定的。

10.7.2 地下工程防水混凝土的设计抗渗等级应符合表10.7.2的规定。

表10.7.2 防水混凝土的设计抗渗等级

结构埋置深度（m）	设计抗渗等级	
	现浇混凝土结构	装配式钢筋混凝土结构
$H<20$	P8	P10
$20\leqslant H<30$	P10	P10
$30\leqslant H<40$	P12	P12

10.7.3 防水混凝土的施工配合比应通过试验确定，试配混凝土的抗渗等级应比设计要求提高一级。

条文说明

中低速磁浮工程主体结构的耐久性要求高于一般地下工程，而防水混凝土的耐久性与混凝土的抗渗等级和氯离子扩散系数密切相关，因此除了提出混凝土的抗渗等级要求外，还参考了现行国家标准《混凝土结构耐久性设计规范》（GB/T 50476）的相关条款，增加了对防水混凝土处于氯化物环境（环境作用等级为 E 级）中的氯离子扩散系数指标，包括现浇混凝土和装配式混凝土对氯离子扩散系数的要求。

10.7.4 防水混凝土应满足抗渗等级要求，并应根据地下工程所处的环境和工作条件，满足抗压、抗裂、抗冻和抗侵蚀性等耐久性要求。

10.7.5 防水混凝土的环境温度不得高于80℃；当结构处于侵蚀性地层中时，防水混凝土的氯离子扩散系数不宜大于$4\times10^{-12}m^2/s$，装配式混凝土的氯离子扩散系数不宜

大于 $3 \times 10^{-12} \mathrm{m}^2/\mathrm{s}$。

10.7.6 防水混凝土结构地板的混凝土垫层，强度等级不应小于 C15，厚度不应小于 100mm，在软弱土层中不应小于 150mm。

10.7.7 防水混凝土结构，应符合下列规定：
1 结构厚度不应小于 250mm。
2 裂缝宽度，钢筋保护层最小厚度应符合表 10.5.1 的规定，并不得出现贯通裂缝。

10.7.8 工程结构的防水应根据施工环境条件、结构构造形式、防水等级要求，选用卷材防水层、涂料防水层、塑料防水板防水层、膨润土防水层等。防水层应设在迎水面或复合衬砌之间。

10.7.9 防水层的设置方式应符合现行国家标准《地下工程防水技术规范》（GB 50108）的有关规定。

10.7.10 新材料、新技术、新工艺，应经过试验、检测和鉴定，并应具有工程应用实际效果后再采用，防水材料的厚度应根据其物理力学性能结合施工工艺等因素确定。

10.7.11 明挖法施工的地下结构防水，应采用钢筋混凝土结构自防水，并应根据结构形式局部或全部增设防水层或采用其他防水措施。

10.7.12 明挖法、矿山法、盾构法及沉管法修建的地下结构防水措施符合现行国家标准《地下工程防水技术规范》（GB 50108）的有关规定，根据不同的防水等级选用不同的防水措施。

条文说明

（1）明挖法施工的地下结构防水措施（表 10-1）

表 10-1 明挖法修建的地下结构防水措施

工程部位	防 水 措 施	防 水 等 级	
主体	防水混凝土	一级	二级
	防水砂浆	必选	必选
	防水卷材		
	防水涂料	应选一至两种	应选一种
	膨润土防水材料		

表 10-1（续）

工程部位	防水措施	防水等级	
施工缝	遇水膨胀止水条（胶）	应选两种	应选一至两种
	中埋式止水带		
	外贴式止水带		
	水泥基渗透结晶型防水涂料		
	外涂防水涂料		
	外贴防水卷材		
	预埋注浆管		
后浇带	补偿收缩防水混凝土	必选	必选
	遇水膨胀止水条（胶）	应选两种	应选一至两种
	外贴止水带		
	防水涂料		
	预埋注浆管		
变形缝	中埋式止水带	必选	必选
	外贴式止水带	应选两种	应选一至两种
	可卸式止水带		
	防水密封材料		
	外贴防水卷材		
	外涂防水涂料		
	预埋注浆管		

（2）矿山法施工的地下结构防水

①矿山法施工的车站结构防水应符合下列规定。

矿山法施工的车站隧道结构防水应根据含水地层的特性、围岩稳定情况和结构支护形式确定。在贫水的Ⅰ、Ⅱ级围岩地段的车站拱、墙宜用复合式衬砌防水，底部可考虑限排，不设仰拱但需铺底，其强度等级不小于 C30，厚度不小于 250mm。对于地下水较多的软弱围岩地段应采用全封闭式的复合衬砌。防水措施应符合表 10-2 一级防水的要求。

表 10-2 矿山法修建的地下结构防水措施

工程部位	防水措施		防水等级	
			一级	二级
主体	复合式衬砌	喷锚初期支护	应选一种	应选一种
		夹层防水层或隔离层		
		整体现浇防水混凝土二次衬砌，抗渗标号 S_6		
		整体现浇防水混凝土衬砌，抗渗标号不小于 S_6		
	喷射混凝土宜掺入复合外加剂材料，其品种及掺量应通过试验确定。喷射混凝土的抗渗等级不应小于 S_6		不选用	—

表10-2（续）

工程部位	防水措施	防水等级	
		一级	二级
内衬砌施工缝	外贴式止水带	应选两种	应选一至两种
	遇水膨胀止水条		
	防水嵌缝材料		
	中埋式止水带		
内衬砌变形缝	中埋式止水带	应选两种	应选一至两种
	外贴式止水带		
	可卸式止水带		
	防水嵌缝材料		
	遇水膨胀止水条		

两拱相交节点处应采用防、截、堵相结合的综合防水措施。

②矿山法施工的隧道结构防水措施，通常采用复合衬砌全包防水构造。复合式衬砌除采用防水混凝土外，还需做夹层柔性防水层。

目前矿山法隧道柔性防水材料通常采用塑料类，如乙烯-醋酸乙烯共聚物（EVA）、乙烯-醋酸乙烯共聚物沥青（ECB）、聚氯乙烯（PVC）等。工程实践证明，在铺设塑料防水板、绑扎钢筋和浇筑振捣混凝土时，容易出现破损。而塑料防水板与二衬混凝土之间通常不密贴，地下水从防水层破损部位进入防水层与结构迎水面之间，并到处流动，造成"窜水"现象，这就给后期堵漏维修带来困难。设置注浆系统可以解决塑料防水板窜水问题。

（3）盾构隧道衬砌结构防水措施

①盾构法施工的地下结构防水宜符合表10-3规定。

表10-3 盾构法施工的隧道防水措施

防水等级	高精度管片	接缝防水				混凝土内衬或其他内衬	外防水涂料
		密封垫	嵌缝	注入密封剂	螺孔密封圈		
一级	必选	必选	全隧道或部分区段应选	可选	必选	宜选	宜选
二级	必选	必选	部分区段宜选	可选	必选	局部宜选	对混凝土有中等以上腐蚀的地层宜选

②管片宜进行氯离子扩散系数检测及单块抗渗检漏，并宜满足设计要求后再使用。

③管片接缝应至少设置一道密封垫沟槽。接缝密封垫宜选用具有良好弹性、遇水膨胀性、耐久性及耐水性的橡胶类材料，其外形应与沟槽相匹配。

④管片接缝密封垫应能被完全压入密封垫沟槽内，密封垫沟槽的截面积应为密封垫

截面积的 1~1.5 倍。

⑤管片接缝密封垫应满足在接缝最大张开量和估算的错位值下、埋深水头的 3 倍水压下不渗漏的技术要求；选用的接缝密封垫应进行一字缝或 T 字缝耐水压的检测。

⑥螺孔防水中，管片肋腔的螺孔口应设置锥形倒角的螺孔密封圈沟槽；螺孔密封圈的外形应与沟槽相匹配，并应有利于压密止水或膨胀止水；螺孔密封圈应为合成橡胶、遇水膨胀橡胶制品。

⑦嵌缝防水中，在管片内侧环向与纵向边沿应设置嵌缝槽，其深宽比应大于 2.5，槽深宜为 25~55mm，单面槽宽宜为 5~10mm。嵌缝材料应具有良好的不透水性、潮湿基面黏结性、耐久性、弹性和抗下坠性。应根据隧道使用功能及表 10-3 中的防水等级要求，确定嵌缝作业区范围，采取嵌填堵水、引排水措施。嵌缝防水施工应在千斤顶顶力影响范围外进行。同时，应根据盾构施工方法、隧道的稳定性确定嵌缝作业开始的时间。嵌缝作业应在接缝堵漏和无明显渗水后进行，嵌缝槽表面混凝土有缺损时，应采用聚合物水泥砂浆或特种水泥修补，强度应达到或超过混凝土本体的强度。嵌缝材料嵌填时，应先刷涂基层处理剂。嵌缝应密实、平整。

⑧复合式衬砌的内层衬砌混凝土浇筑前，应将外层管片的渗漏水引排或封堵。采用塑料防水板等夹层防水层的复合式衬砌，应根据隧道排水情况选用相应的缓冲层和防水板材料。

⑨管片外防水中，涂层应具有良好的耐化学腐蚀性、抗微生物侵蚀性和耐水性，并应无毒或低毒；涂层应能在盾构密封用钢丝刷与钢板挤压条件下不损伤、不渗水；在管片外弧面混凝土裂缝宽度达 0.2mm 时，涂层应能在最大埋深处水压或 0.8MPa 水压下不渗漏；涂层应涂刷在衬砌背面和环、纵缝橡胶密封垫外侧的混凝土上。

⑩竖井与隧道结合处，可采用刚性接头，但接缝宜采用柔性材料密封处理，并宜加固竖井洞圈周围土体。

(4) 沉管隧道衬砌结构防水措施

①沉管隧道应采用抗裂性和耐久性好的防水混凝土，可设置外防水层及相适应的保护层。外防水层应具有与基面混凝土结合力强、耐久、抗腐蚀等性能。防水混凝土抗渗等级不小于 P10，氯离子扩散系数不宜大于 $3 \times 10^{-12} m^2/s$。当结构处于侵蚀性介质中时，应采取相适应的防腐措施。

②沉管隧道管段接头宜采用吉那和欧米茄止水带组成双道防水。止水带应满足埋深水压及各种位移最不利组合条件下的长期密封止水的要求。

③沉管隧道管段施工缝中应埋设注浆管和设置遇水膨胀止水条（胶）。

10.7.13 明挖敞口放坡施工的地下结构和侧墙为复合墙的地下结构，应采用防水混凝土和全外包柔性防水层组成双道防线。

10.7.14 采用地下连续墙作为地下工程的围护结构时，应根据地下连续墙与主体结构墙的关系，分别采取不同的防水措施。

条文说明

围护结构采用地下连续墙时，主要的防水措施包括：

（1）地下连续墙作为单层墙主体结构时，应符合下列规定：

①连续墙墙体幅间接缝应采用经实践检验有效的防水接头。

②车站顶板迎水面宜设置柔性防水层，并应处理好柔、刚连接过渡区的密封。

③墙体幅间接缝如有渗漏，应采用注浆、嵌填弹性密封材料等进行堵漏。

④连续墙墙体应施作内防水层，内防水层宜为水泥基渗透结晶型防水材料、高渗透性改性环氧涂料或聚合物水泥防水砂浆等。

⑤对墙板连接施工缝宜用水泥基渗透结晶型防水材料或高渗透性改性环氧涂料做加强密封。

⑥地下连续墙施工时宜采用高分子泥浆护壁和水下抗分散混凝土浇筑。

（2）叠合墙结构防水应符合下列规定：

①围护结构为连续墙时，其支撑部位及墙体的裂缝、空洞等缺陷应采用防水混凝土或防水砂浆进行修补。墙体幅间接缝的渗漏，应采用注浆、嵌填聚合物防水砂浆等进行防水处理。

②车站结构顶板迎水面应设置柔性防水层，并应处理好刚、柔连接过渡区的密封。

③连续墙墙面清洗干净并进行防水处理后，再浇筑内衬防水混凝土。

（3）复合墙结构防水应符合下列规定：

①结构顶、底板迎水面防水层与侧墙防水层宜形成整体密封防水层，并根据不同部位设置与其相适应的保护层。

②车站主体与人行通道、通风道以及区间隧道等结合部位，应根据结构构造形式选择相匹配的防水措施。

③车站与区间隧道所选用的不同材料应能相互过渡黏结或焊接，应使其形成连续整体密封的防水体系。

10.7.15 防水层宜选用不易窜水的防水材料或防水系统。

10.7.16 变形缝处采取的防水措施应能满足接缝两端结构产生的差异沉降及纵向伸缩时的密封防水。

10.7.17 盾构法施工的隧道，宜采用钢筋混凝土管片、复合管片等装配式衬砌或现浇混凝土衬砌。衬砌管片应采用防水混凝土制作，其抗渗等级不得小于P10，氯离子扩散系数不宜大于$3 \times 10^{-12} m^2/s$。当隧道处于侵蚀性介质中时，应采用相应的耐侵蚀混凝土或在衬砌结构外表面涂刷耐侵蚀的防水涂层。

10.8 接口设计

10.8.1 隧道设计应考虑相关工程在隧道内设施的布置，应满足设备运输、安装及检修等功能要求。各种设施在隧道内的布置应综合考虑，减少设备洞室数量。

10.8.2 隧道与路基、桥梁工程接口设计应符合下列规定：
1 隧道洞口边坡防护应与路基边坡协调设计。
2 隧道洞内排水沟与路基排水沟应顺畅衔接，保证隧道内地下水能顺利排出。
3 隧道内的电缆槽向路基、桥梁范围的电缆槽过渡时其转弯半径应满足电缆铺设要求。
4 隧道与桥梁相连时，隧道内的救援通道或疏散通道与桥梁人行道应平顺连接。桥台背后隧道基础应回填密实，确保隧道基础稳固。

10.8.3 隧道与接触轨、通信、信号等工程的接口设计应符合下列规定：
1 隧道衬砌结构应考虑接触轨、综合接地等的安装要求。设备安装不应对隧道结构安全和防水效果产生不良影响。
2 隧道内过轨管应采用预埋方式，并宜埋入隧道底部混凝土内足够深度。

10.8.4 隧道内仰拱填充面或底板面应满足轨道高度要求，隧道底部结构应与承轨梁结合设计。

10.8.5 隧道与地下车站相接时，应根据地质、结构情况设置相应的构造措施，满足不同结构形式的沉降及变形要求，并针对接口情况采取对应的防水搭接措施。

11 车站结构

11.1 一般规定

11.1.1 本章适用于桥建合一和桥建分离的车站高架结构。

条文说明

车站采用地下结构时，应符合本规范第 10 章的相关规定。

11.1.2 结构设计应满足抗震、防水、防火、防护、防腐蚀及施工等要求，并应做到结构安全、耐久、技术先进、经济合理。

11.1.3 结构设计应根据车站所在地段的建设条件，通过技术、经济、工期、环境影响和使用效果等综合研究，在确保工程建设安全、可靠的条件下，合理选择结构形式和施工方法。

11.1.4 结构设计应减少施工和运营对环境造成的不利影响。

11.1.5 车站结构的净空尺寸应满足建筑限界、施工工艺及其他使用要求，并应考虑结构变形、施工误差、测量误差及后期沉降的影响。高架车站结构跨越城市道路时，车站结构的净空应满足相应的行车要求。

条文说明

建筑限界应符合本规范第 5.3 节的有关规定。高架车站跨越城市道路及公路时，建筑限界尚应符合现行行业标准《城市道路工程设计规范》（CJJ 37）的有关规定及地方规划的相关要求。

11.1.6 桥建合一车站结构的设计使用年限为 100 年；桥建分离车站结构的设计使用年限为 50 年。

条文说明

结合国家标准《工程结构可靠性设计统一标准》(GB 50153—2008) 附录 A 的规定，桥建合一车站结构宜按铁路桥涵结构，设计使用年限确定为 100 年，桥建分离结构体系中，建筑结构部分可按普通房屋，设计使用年限确定为 50 年。另外，目前建筑结构可靠度设计的设计基准期为 50 年，当结构设计使用年限为 100 年时，应根据使用年限调整地震作用、确定活荷载调整系数，同时耐久性设计应符合相关规范的要求。

11.1.7 车站结构构件安全等级应根据现行国家标准《工程结构可靠性设计统一标准》(GB 50153) 和《建筑结构可靠性设计统一标准》(GB 50068) 的有关规定进行确定，且结构安全等级不宜低于二级。

11.2 荷载

11.2.1 作用在结构上的荷载，应按表 11.2.1 的规定分类。荷载取值时，应符合现行国家标准《建筑结构荷载规范》(GB 50009) 的有关规定，并应考虑施工和使用年限内可能发生的变化，按可能出现的最不利组合情况进行设计计算。

表 11.2.1 荷载分类表

荷载分类	荷载名称
永久荷载	结构自重； 附属设备和附属建筑自重； 土压力、结构上部和破坏棱体范围内的设施及建筑物压力； 水压力及浮力； 混凝土收缩及徐变影响； 预加应力
可变荷载	地面车辆荷载及其动力作用； 地面车辆荷载引起的侧向土压力； 磁浮列车荷载及其动力作用； 人群荷载； 风、雪荷载； 楼面、屋面活载； 温度变化影响
偶然荷载	地震作用； 撞击力

注：1. 设计中要求计入的其他荷载，可根据其性质分别列入上述三类荷载中。
2. 本表中所列荷载未加说明时，可按国家现行有关标准或根据实际情况确定。

条文说明

在现行建筑结构设计规范中，结构设计采用基于可靠度的概率极限状态设计法，荷载组合中考虑了永久荷载与可变荷载的分项系数、组合系数等,通过抗力与荷载效应的比较进行设计;在现行桥梁结构设计规范中,钢筋混凝土结构设计采用容许应力法,荷载组合中不考虑永久荷载与可变荷载的分项系数、组合系数,而是根据不同的荷载组合,将材料基本容许应力和地基容许承载力乘以不同的提高系数。因此,荷载分类与组合根据结构设计分别按建筑结构设计规范和铁路桥梁设计规范有关规定执行。

11.2.2 车站结构中轨道梁及其支承结构的荷载分类与组合、磁浮列车荷载及其动力作用等均应符合本规范第8.2节的相关规定。

11.2.3 体型复杂的车站结构宜由风洞试验确定设计风荷载,站房轻型金属围护结构宜进行抗风揭试验。

11.2.4 车站站台和站厅公共区楼板、楼梯、通道、出入口等部位的人群均布荷载的标准值应采用4.0kN/m²。

条文说明

在国家标准《建筑结构荷载规范》(GB 50009—2012)中,车站可能出现人员密集情况的均布活荷载标准值均为3.5kN/m²。在国家标准《地铁设计规范》(GB 50157—2013)中,地下车站的人群均布活荷载标准值为4.0kN/m²。在行业标准《城市人行天桥与人行地道技术规范》(CJJ 69—1995)中,天桥桥面的人群均布活荷载标准值为5.0kN/m²。本规范参考国家标准《建筑结构荷载规范》(GB 50009—2012),将地上车站站台和站厅公共区楼板、楼梯、通道、出入口等部位的人群均布活荷载标准值取为4.0kN/m²。

11.2.5 设备用房楼板的计算荷载应根据设备重量、安装运输要求、检修和正常使用的实际情况(包括动力效应)确定,其标准值不得小于8.0kN/m²。其他用房的计算荷载标准值应符合现行国家标准《建筑结构荷载规范》(GB 50009)的有关规定。车站结构设计尚应考虑电梯、扶梯等设备重量、安装、检修和正常使用的影响。

11.3 工程材料

11.3.1 车站结构的工程材料应根据结构类型、受力条件、使用要求和所处环境,以及结合其可靠性、耐久性和经济性选用。主要受力结构宜采用钢筋混凝土结构,必要时可采用预应力钢筋混凝土、钢管混凝土结构、钢骨混凝土结构、型钢混凝土组合结构和钢结构等。

11.3.2 混凝土结构应根据结构设计使用年限、环境类别及作用等级进行耐久性设计,耐久性设计应包括以下内容:

1 确定结构所处的环境类别、作用等级。
2 提出对混凝土材料的耐久性基本要求。
3 确定构件中钢筋的混凝土保护层厚度。
4 不同环境条件下的耐久性技术措施。
5 提出结构使用阶段的监测与维护要求。

11.3.3 混凝土的原材料和配比、最低强度等级、最大水胶比和单方混凝土的胶凝材料最小用量等应符合耐久性要求，满足抗裂、抗渗、抗冻和抗侵蚀的需要。且应符合下列规定：
1 车站结构混凝土强度等级不应低于C30。
2 车站结构预应力混凝土强度等级不应低于C40。

11.3.4 混凝土结构的钢筋应按下列规定选用：
1 梁、柱纵向受力普通钢筋应采用HRB400、HRB500、HRBF400、HRBF500钢筋，其他纵向受力普通钢筋也可采用HPB300、RRB400钢筋。
2 箍筋宜采用HRB400、HRBF400、HPB300、HRB500、HRBF500钢筋。
3 预应力筋宜采用预应力钢丝、钢绞线和预应力螺纹钢筋。

条文说明

钢筋的选用主要参照现行国家标准《混凝土结构设计规范》(GB 50010) 的有关规定，结合《住房和城乡建设部—工业和信息化部关于加快应用高强钢筋的指导意见》(建标〔2012〕1号) 的文件精神，本规范不推荐使用HRB335钢筋。

根据现行国家标准《建筑抗震设计规范》(GB 50011) 的有关规定，对抗震等级为一级、二级、三级的框架和斜撑构件（含梯段）中的纵向受力钢筋应使用符合抗震性能指标的带"E"编号钢筋。其抗拉强度实测值与屈服强度实测值的比值不应小于1.25；屈服强度实测值与屈服强度标准值不应大于1.3，且钢筋在最大拉力下的总伸长率实测值不应小于9%。

11.3.5 钢结构钢材牌号和材性的选用应根据结构的重要性、荷载特性、结构形式、应力状态、连接方法、钢材厚度和工作环境等因素综合考虑。钢材宜选用Q235钢、Q355钢、Q390钢和Q420钢，其质量应符合现行国家标准《碳素结构钢》(GB/T 700) 和《低合金高强度结构钢》(GB/T 1591) 的相关规定。

条文说明

承重结构采用的钢材应具有抗拉强度、伸长率、屈服强度和硫、磷含量的合格保证，对焊接结构尚应具有碳含量的合格保证。焊接承重结构以及重要的非焊接承重结构采用的钢材还应具有冷弯试验的合格保证。

根据现行国家标准《建筑抗震设计规范》（GB 50011）的有关规定，钢结构的钢材应符合下列规定：

（1）钢材的屈服强度实测值与抗拉强度实测值的比值不应大于0.85。
（2）钢材应有明显的屈服台阶，且伸长率不应小于20%。
（3）钢材应有良好的焊接性和合格的冲击韧性。

11.4 结构设计

11.4.1 车站结构中，当轨道梁桥与车站结构完全分开布置，形成桥建分离结构体系时，轨道梁桥的结构设计应符合本规范第8章的有关规定；与轨道梁桥分离的车站结构设计应按国家现行建筑结构设计相关规范进行。

条文说明

车站高架结构中，当轨道梁桥与车站结构分开设置，形成桥建分离结构体系，此时轨道梁桥可作为区间高架结构的一部分考虑，其结构设计与区间高架结构应相同；与轨道梁桥分离的车站结构部分可作为普通房屋建筑考虑，其结构设计按现行建筑结构设计相关规范执行。

11.4.2 车站结构中，当轨道梁支承或刚接于车站结构，形成桥建合一结构体系时，轨道梁及其支承结构的结构设计除应按国家现行建筑结构设计相关规范进行外，尚应满足本规范第8章的相关规定。其余构件的结构设计均应按国家现行建筑结构设计相关规范进行。

条文说明

车站结构中，当轨道梁支承或刚接于车站结构，车站的构件可分为两大类：一类是直接受列车荷载影响的构件，如轨道梁及其支承结构（支承结构主要包括：支承轨道梁的框架横梁、支承框架横梁的框架柱及其柱下基础）；另一类是受列车影响较小甚至不受影响的房屋建筑结构构件。前者的结构受力特性更接近于桥梁结构，其设计宜同时满足国家现行桥梁结构及建筑结构设计规范的相关规定。

11.4.3 车站结构体系宜采用钢筋混凝土框架结构，框架宜采用两跨及多跨结构形式，亦可采用双柱（墩）单跨双悬挑结构形式，不应采用单柱（墩）双悬挑结构形式。

11.4.4 桥建分离车站结构可按现行国家标准《建筑抗震设计规范》（GB 50011）的有关规定进行抗震设计及设防。

11.4.5 横向两跨及多跨的桥建合一车站高架结构应按现行国家标准《建筑抗震设计规范》（GB 50011）的有关规定进行抗震设计及设防，抗震设防类别应为重点设防类（乙类）；横向双柱（墩）单跨双悬挑的桥建合一车站高架结构应按现行国家标准《铁路工程抗震设计规范》（GB 50111）的有关规定进行抗震设计及设防，抗震设防类别应为 B 类。

11.4.6 横向双柱（墩）单跨双悬挑的桥建合一结构体系，在恒载、列车荷载、人群荷载、预应力效应及风荷载最不利组合下，悬臂端计算挠度的限值应为 $L/600$，L 为悬臂构件的悬臂长度。

条文说明

第 11.4.3 条～第 11.4.6 条为了减少列车运行对车站结构引起的振动与噪声，满足旅客乘车的舒适度，车站高架结构不宜采用钢结构。同时从抗震性能的角度出发，推荐使用两跨及多跨框架结构结构形式，其抗震性能较好。然而实际工程中，受限于道路通行、规划等路中高架车站不可避免地采用双柱（墩）单跨双悬挑或单柱（墩）双悬挑结构形式。鉴于此，本规范建议双柱（墩）的桥建合一结构体系宜进行基于性能的抗震设计，同时对双悬挑结构悬臂端的挠度及竖向自振频率的限值进行从严控制。另外，单柱（墩）的高架车站结构应进行抗震专项论证。

11.4.7 混凝土的耐久性设计，宜符合现行国家标准《混凝土结构设计规范》（GB 50010）的相关规定，该规范未涵盖的内容可按现行国家标准《混凝土结构耐久性设计标准》（GB/T 50476）的相关规定。桥建合一结构体系中轨道梁及其支承结构的耐久性设计尚应满足现行行业标准《铁路混凝土结构耐久性设计规范》（TB 10005）的相关规定。

11.4.8 桥建合一结构体系的车站结构宜进行振动舒适性分析及安全性评价。

条文说明

振动舒适性分析可参考《建筑工程容许振动标准》（GB 50868），对于站台区，工作人员及乘客舒适性评价采用建筑物内人体舒适性的容许振动计权加速度级（dB）中办公室昼间标准；对于轨行区，工作人员的舒适性评价采用生产操作区容许振动计权加速度级（dB）中暴露时间 24h 对应的舒适性降低界限。安全性评价建议，采用交通振动对建筑结构影响在时域范围内的容许振动值。各限值见表 11-1。

表 11-1 站房结构振动舒适性及安全性评价控制指标

评价对象		评价指标	控制指标
舒适性评价	站台区	加速度振级（dB）	83
	轨行区	加速度振级（dB）	95
安全性评价		振动速度峰值（mm/s）	10.0

11.5 接口设计

11.5.1 车站结构应预留设备运输、安装及检修等条件，满足站台门、电扶梯、电力、通信、信号、综合接地等安装要求。

12 车站建筑

12.1 一般规定

12.1.1 车站建筑的选址应满足下列规定：
1 应符合运输要求并与城市规划相协调，根据地形条件、既有建筑物拆迁、土地资源开发和城市发展因素比选确定。
2 应与其他城市轨道交通系统相协调，方便旅客换乘。

12.1.2 车站总体布局应与城市规划、地形地质条件、环境保护和城市景观相协调，并处理好与地面建筑、城市道路、地下管线、地下构筑物及施工时交通组织之间的关系。

12.1.3 车站建筑的布置形式应根据线路形式、地形条件、城市规划、运营管理模式、换乘方式等特点综合确定。

条文说明

车站建筑根据站房与站场线路的相互关系，一般分为线侧、线下、高架、地下等布置形式。

12.1.4 车站建筑应结合车站的选址条件，充分利用地上和地下空间，集约利用土地资源。

条文说明

从集约利用土地资源的角度出发，线下式车站应充分利用线路下方的空间进行布局，地下站及其他形式车站宜充分利用地下空间。

12.1.5 车站设计应满足客流需求，并应保证乘降安全、疏导迅速、布置紧凑、便于管理，同时应具有良好的通风、照明、卫生和防灾等设施。

12.1.6 车站设计应满足系统功能要求，合理布置设备与管理用房，并宜采用标准化、模块化、集约化设计。

12.1.7 中低速磁浮交通各线路之间及与其他轨道交通线路的换乘站，换乘设施的通过能力应满足预测的远期换乘客流的需要。车站不能同步实施时，应预留接口。

12.1.8 车站建筑与其他建筑合建时，机电设备系统应根据运营管理需求采用合并或分开方式设置。

12.1.9 站台至站厅或其他安全区域的疏散楼梯、自动扶梯和疏散通道的通过能力，应保证在远期或客流控制期中超高峰小时最大客流量时，一列进站列车所载乘客及站台上的候车乘客能在4min内全部撤离站台，并应能在6min内全部疏散至站厅公共区或其他安全区域。

条文说明

本条根据国家标准《地铁设计防火标准》（GB 51298—2018）第5.1.1条相关规定。

12.1.10 乘客全部撤离站台的时间应按式（12.1.10）计算：

$$T = \frac{Q_1 + Q_2}{0.9[A_1(N-1) + A_2 B]} \leq 4(\min) \tag{12.1.10}$$

式中：Q_1——远期或客流控制期中超高峰小时最大客流量时一列进站列车载客人数（人）；

Q_2——远期或客流控制期中超高峰小时站台上的最大候车乘客数（人）；

A_1——一台自动扶梯通过能力 [人/（min·台）]；

A_2——单位宽度疏散楼梯通过能力 [人/（min·m）]；

N——用作疏散的自动扶梯数量（台）；

B——疏散楼梯的总宽度（m），每组楼梯的宽度应按0.55m的整倍数计算。

条文说明

式（12.1.10）是计算配置站台与站厅公共区或其他安全区域之间楼扶梯组数和总输送能力的公式，其中N为用作疏散的自动扶梯数量（台），在火灾工况时逆向运转的自动扶梯不能计入疏散用。

12.1.11 在公共区付费区与非付费区之间的栅栏上应设置平开疏散门。自动检票机和疏散门的通过能力应按式（12.1.11）计算：

$$A_3 + LA_4 \geq 0.9[A_1(N-1) + A_2 B] \tag{12.1.11}$$

式中：A_3——自动检票机门常开时的通过能力（人/min）；

A_4——单位宽度疏散门的通过能力 [人/（min·m）]；
L——疏散门的净宽度（m），按 0.55 的整数倍计算。

条文说明

本条规定旨在当站台发生火灾时，站厅付费区能接纳从站台上疏散来的人员不会滞留在付费区内。要求在非付费区与付费区之间设置的栏栅上开设一定数量的栏栅门，并配合进、出站自动检票机闸在火灾时全面打开，可使人员能够从付费区快速疏散到非付费区并通往安全地点。

12.1.12 站房、雨棚、天桥、地道等应易于检修和维护保养。

条文说明

一般民用建筑进行检修和维护保养时，可以暂停对功能的使用，利用移动设施进行，但中低速磁浮铁路站房、雨棚、天桥、地道不能因检修和维护保养而随意中断运营，有些部位在作业条件下进行检修和维护保养时安全风险较大，因此要求设置便于检修和维护保养的设施。检修和维护保养设施指检修通道、马道、爬梯、安全绳挂钩、登高车等。

12.1.13 车站应根据国家和地方关于绿色建筑评价标准的相关规定，确定星级目标。

12.1.14 车站无障碍设施的设计应符合现行国家标准《无障碍设计规范》（GB 50763）的规定。

12.1.15 车站节能设计应符合现行国家标准《公共建筑节能设计标准》（GB 50189）的规定。

12.1.16 车站建筑防火设计应执行现行国家标准《地铁设计防火标准》（GB 51298）的规定。

条文说明

由于磁浮轨道交通制式车站建筑与地铁和轻轨交通制式的车站建筑相类似，其防火设计可执行现行国家标准《地铁设计防火标准》（GB 51298）相关规定。

12.2 车站总体布置

12.2.1 车站总体布置应根据线路特征、运营要求、地上和地下周边环境等条件确定。站台可选用岛式、侧式或岛侧混合式等形式。

12.2.2 车站竖向布置应根据线路敷设方式、周边环境及城市景观等因素，可选取地下、地面、高架多层等形式。地下站埋设宜浅，高架站层数宜少，有条件的地下或高架站宜将站厅及设备、管理用房设于地面。

12.2.3 换乘车站应根据线网规划、线路敷设方式、周边环境、换乘量等因素，可选取同车站平行换乘、同站台平面换乘、站台上下平行换乘、站台间的"十"字形、"T"形、"L"形或"H"形等换乘及通道换乘形式。

12.2.4 车站出入口与风亭的位置，应根据周边的环境及城市规划要求进行布置。出入口位置应有利于吸引和疏散客流；风亭位置在满足功能要求的前提下，还应满足规划、环保、消防和城市景观的要求。

12.2.5 车站出入口附近宜考虑非机动车和机动车的停车场地与设施，有条件的应预留发展空间。

12.2.6 车站应设置公共卫生间和第三卫生间，且宜设置在非付费区。管理人员卫生间不宜与公共卫生间合用。

12.3 车站平面

12.3.1 站台计算长度应采用远期列车最大编组数的有效长度与停车允许偏差之和，有效长度和停车允许偏差应符合下列规定：

1 有效长度在无站台门的站台应为列车首末两节车辆司机室门外侧之间的长度；有站台门的站台应为列车首末两节车辆尽端客室门外侧之间的长度。

2 当无站台门时停车允许偏差应为 1~2m；当有站台门时停车允许偏差应为 ±0.3m 之内。

12.3.2 站台宽度应按下式计算：

岛式站台宽度： $$B_d = 2b + n \cdot z + t \tag{12.3.2-1}$$

侧式站台宽度： $$B_c = b + z + t \tag{12.3.2-2}$$

$$b = \frac{Q_上 \rho}{L} + b_a \tag{12.3.2-3}$$

$$b = \frac{Q_{上,下} \rho}{L} + M \tag{12.3.2-4}$$

式中：b——侧站台宽度（m），式（12.3.2-1）和式（12.3.2-2）中 b，应取

　　　　式（12.3.2-3）和式（12.3.2-4）计算结果的较大值；

　　n——横向柱数；

　　z——纵梁宽度（含装饰层厚度）（m）；

　　t——每组楼梯与自动扶梯宽度之和（含与纵梁间所留空隙）（m）；

　　$Q_上$——远期或客流控制期每列车超高峰小时单侧上车设计客流量（人）；

　　$Q_{上、下}$——远期或客流控制期每列车超高峰小时单侧上、下车设计客流量（人）；

　　ρ——站台上人流密度（m²/人），取 0.33~0.75m²/人；

　　L——站台计算长度（m）；

　　M——站台边缘至站台门立柱内侧距离（m），无站台门时，取值为 0；

　　b_a——站台安全防护带宽度（m），取 0.4m，采用站台门时用 M 替代 b_a 值。

条文说明

　　站台宽度计算式（12.3.2-3）、式（12.3.2-4）两者取较大者的含义是：

　　式（12.3.2-3）是指列车未到站时，上车等候乘客只能站立在安全区域内，此时侧站台计算宽度是上车乘客站立候车所需要的宽度加上安全区域宽度。

　　式（12.3.2-4）是指列车进站停靠后，上、下客进行交换中安全带宽度已被利用。

　　当站台采用站台门时式（12.3.2-3）的 b_a 值用站台边缘至站台门立柱内侧距离 M 替代，当不采用站台门时式（12.3.2-4）的 M 值为零。

　　最终侧站台计算宽度应按上者二种不同工况下取较大者。采用上述两种不同工况下算式对于客流潮汐现象比较大的车站，其结果差距明显。

　　在计算岛式站台宽度时的 b 值，应分别按上、下行线的上、下客计算，其值 b 一般不会相等，为了建筑布置适宜，宜按大值对称布置。

　　公式中的 $Q_上$、$Q_下$ 为远期或客流控制期每列车高峰小时单侧上车客流量和远期或客流控制期每列车高峰小时单侧上、下客流量。在计算中均应换算成远期或客流控制期高峰时段发车间隔内的客流量。

12.3.3 设置在站台层两端的设备与管理用房，必要时可伸入站台计算长度内，但伸入长度不应超过一节车辆的长度，与梯口或通道口的距离不应小于 8m，侵入处侧站台的计算宽度应符合本规范表 12.3.15-1 的规定。

条文说明

　　"连续长度不超过一节车厢长"对车站规模的控制可起到一定作用。

12.3.4 站台上的楼梯和自动扶梯宜纵向均匀设置，自动扶梯设置位置应避开结构缝。

12.3.5 当不设站台门时，距站台边缘400mm应设安全防护区域，并应在安全带内侧设不小于80mm宽的纵向醒目的安全标线。安全防护区域内应设防滑地面。

12.3.6 售票机前应留有购票乘客的聚集空间，聚集空间不应侵入人流通行区。出站检票口与出入口通道边缘的间距不宜小于5m，与楼梯的距离不宜小于5m，与自动扶梯基点的距离不宜小于8m。进站检票口与楼梯口的距离不宜小于4m，与自动扶梯基点的距离不宜小于7m。

12.3.7 车站的设备与管理用房布置应紧凑合理，主要管理用房应集中布置。

12.3.8 车站结构立柱、墙等与站台边缘的距离，应满足限界要求。

12.3.9 付费区与非付费区的分隔宜采用不低于1.1m的可透视隔断，并应设置向疏散方向开启的平开隔断门。

12.3.10 车站设备夹层、管线铺设通道等应考虑设置检修出入口。

12.3.11 当车站设备区与磁浮线路相邻布置时，在满足限界要求的前提下，将设备区（含检修通道）与轨行区采用物理隔断互相隔离。

条文说明

中低速磁浮交通在正常运营状态下，其轨道为带电工作状态，因此，不应借用轨行区作为设备检修通道进入设备区，设备布置区应尽量不与轨行区相邻布置，若无法避免，则应采用物理隔断进行隔离，对维修人员起到安全保护作用。

12.3.12 车站水管不应穿越强、弱电设备用房。

12.3.13 车站楼面、屋顶检修孔设置应便于使用与管理，同时应考虑安全、美观要求。

12.3.14 车站各部位的最大通过能力宜符合表12.3.14的规定。

表12.3.14 车站各部位的最大通过能力

部位名称		最大通过能力（人次/h）
1m宽楼梯	下行	4200
	上行	3700
	双向混行	3200

表12.3.14（续）

部 位 名 称		最大通过能力（人次/h）
1m宽通道	单向	5000
	双向混行	4000
1m宽自动扶梯	输送速度0.5m/s	6720
	输送速度0.65m/s	≤8190
0.65m宽自动扶梯	输送速度0.5m/s	4320
	输送速度0.65m/s	5265
人工售票口		1200
自动售票机		300
人工检票口		2600
自动检票机	三杆式　非接触IC卡	1200
	门扉式　非接触IC卡	1800
	双向门扉式　非接触IC卡	1500

注：自动售票机最大通过能力根据采用设备实测确定。

12.3.15 车站各部位的最小宽度和最小高度，应符合表12.3.15-1、表12.3.15-2的规定。

表12.3.15-1　车站各部位的最小宽度（单位：m）

名　称		最 小 宽 度
岛式站台		8.0
岛式站台的侧站台		2.5
侧式站台（长向范围内设梯）的侧站台		2.5
侧式站台（垂直于侧站台开通道口设梯）的侧站台		3.5
站台计算长度不超过100m且楼、扶梯不伸入站台计算长度	岛式站台	6.0
	侧式站台	4.0
通道或天桥		2.4
单向楼梯		1.8
双向楼梯		2.4
与上、下均设自动扶梯并列设置的楼梯（困难情况下）		1.2
消防专用楼梯		1.2
站台至轨道区的工作梯（兼疏散梯）		1.1

表12.3.15-2　车站各部位的最小高度（单位：m）

名　称	最 小 高 度
地下站厅公共区（地面装饰层面至吊顶面）	3
高架站站厅公共区（地面装饰层面至梁底面）	2.6

表 12.3.15-2（续）

名　　称	最 小 高 度
地下站站台公共区（地面装饰层面至吊顶面）	3
地面、高架站站台公共区（地面装饰层面至风雨棚底面）	2.6
站台、站厅管理用房（地面装饰层面至吊顶面）	2.4
通道或天桥（地面装饰层面至吊顶面）	2.4
公共区楼梯和自动扶梯（踏步面沿口至吊顶面）	2.3

12.3.16 站房、雨棚、天桥位于线路上方的构件应形式简洁、连接固定安全可靠，防止坠落。

12.3.17 站房、雨棚、天桥应考虑设置屋面、外墙等部位的检修维护设施。

12.3.18 站房开敞式站台、轨行区及其两侧防水等级应采用Ⅰ级标准。

12.3.19 车站室外场地完成面高程宜取值所在地百年防洪（涝）水位加500mm以上，暴雨重现期应采用50年。

12.4 车站环境设计

12.4.1 车站建筑设计应简洁、明快，充分体现结构空间形态。地面、高架站设计应因地制宜，宜减小体量。

12.4.2 车站装修应采用防火、防潮、防腐、耐久、易清洁的材料，同时应便于施工与维修。地面材料应防滑、耐磨。所有装修、广告灯箱、休息椅、售检票机等固定服务设施材料的火灾燃烧性能等级应满足现行国家标准《建筑内部装修设计防火规范》（GB 50222）的有关要求。

12.4.3 车站内应设置明确、清晰、醒目的导向、事故疏散、服务乘客等标志标识。与地铁、国铁、机场等换乘的车站，其标志标识系统样式、色彩宜考虑协调性与连贯性。公共区内广告牌、通信视频设施等位置、色彩不应干扰导向、事故疏散、服务乘客标志标识。

条文说明

为了方便乘客乘坐中低速磁浮列车，保证车站正常运营秩序，车站内应设置导向和服务乘客的标志；事故疏散标志是在灾害情况下保证乘客安全疏散的必要设施。

12.4.4 室内公共空间的墙面、柱面阳角宜采用圆角处理，墙面1.80m以下宜采用抗冲撞材料饰面，玻璃幕墙距地面0.10m处应设置防撞栏杆。

12.4.5 临空处栏板设置高度不应小于1.30m，扶手高度应为1.10m。采用玻璃栏板时，应采用钢化夹胶玻璃。

12.4.6 玻璃隔断应采用钢化夹胶玻璃，底部应设置防撞设施。

12.4.7 楼梯、扶梯栏杆以及栏板应安全、可靠，端部不应出现棱角。

12.4.8 装修材料与主体结构应采用安全可靠的连接措施。

12.4.9 车站导向、事故疏散、服务标志的设置应符合现行国家标准《城市轨道交通客运服务标志》（GB/T 18574）的规定。

12.4.10 有噪声源的房间，应采用隔声、吸声措施，房间门应采用隔声门。当有防火要求时，应采用防火隔声门。

12.5 建筑幕墙与金属屋面

12.5.1 车站幕墙设计应遵循安全、实用、美观的原则，并应便于制作、安装和维护。

12.5.2 玻璃幕墙应采用安全玻璃。易受撞击的幕墙部位应设置明显的警示标志和防撞设施。

条文说明

由于玻璃一般为透明体，极易发生人员或物体碰撞、挤压等现象，甚至可能造成旅客受伤和财产损失。因此，需要在玻璃幕墙的明显位置设置警示标识和防撞设施，以防止发生事故。

12.5.3 旅客主要通道以及轨行区上方不应采用全隐框玻璃幕墙，且不应采用倒挂（贴）石材、面砖等材料。

条文说明

全隐框玻璃幕墙没有用以夹持玻璃并承重的铝合金外框，完全依据结构胶将玻璃面板与背框黏结而成。暴露于空气中的胶料由于受风吹、日晒、雨淋会产生老化现象。一旦结构胶粘接失效会导致玻璃面板脱落。倒挂（贴）石材、面砖在自重作用下，也存在脱落的隐患。

12.5.4 金属屋面设计应根据风、雪荷载，结构，热工性能，屋面坡度等情况，采用相应的金属板及构造系统。

条文说明

金属屋面的性能与车站所在地区的地理位置、气候条件有关。如沿海或台风地区要求金属屋面具有良好的抗风压性能和水密性；风沙较大地区要求金属屋面具有良好的抗风压性能和气密性；寒冷和炎热地区要求金属屋面具有良好的保温、隔热性能。

12.5.5 金属屋面玻璃采光顶宜设置金属防坠网或其他防坠落装置，并应符合现行业标准《采光顶与金属屋面技术规程》（JGJ 255）的规定。

12.5.6 金属屋面雨水设计重现期宜采用 50 年，并根据相关标准的要求设置溢流设施。

12.5.7 金属屋面应设置直通屋面的检修设施，无女儿墙或女儿墙（含屋面上翻檐口）低于 500mm 的屋面，应设置防坠落构件。

条文说明

防坠落构件是安装在金属屋面屋脊附近的一组构件，构件顶部安装钢丝绳，检修人员在屋面上能够将安全带挂在上面，以保证其在屋面上能安全操作。

12.5.8 严寒地区金属屋面、采光顶檐口和集水、排水天沟处宜设置冰雪融化装置，且坡屋面和拱形屋面宜设置挡雪板或挡雪架。严寒和寒冷地区金属屋面应采取防止积雪融化后在屋面檐口处产生冰凌的措施。

条文说明

冰雪融化装置包括电热式融雪和除冰设备等。设挡雪板或挡雪架是为了避免屋面积雪大面积滑落。本条根据行业标准《采光顶与金属屋面技术规程》（JGJ 255—2012）第 4.3.7 条相关内容制定。

12.6 车站出入口

12.6.1 车站出入口的数量，应根据吸引与疏散客流的要求设置；站厅层公共区直通地面的出入口数量不得少于两个。每个出入口宽度应按远期或客流控制期分向设计客流量乘以不均匀系数1.1~1.25计算确定。

条文说明

每个出入口宽度应按远期分向设计客流量乘以不均匀系数1.1~1.25来设计，此系数与出入口数量有关，出入口多者应取上限值，出入口少者宜取下限值。

12.6.2 车站出入口布置应与主客流的方向相一致，且宜与过街天桥、过街地道、地下街、邻近公共建筑物、换乘车站的主要人流通道相结合或连通，统一规划，可同步或分期实施，并应采取夜间停运时的隔断措施。

12.6.3 设于道路两侧的出入口，与道路红线的间距，应按当地规划部门要求确定。当出入口朝向城市主干道时，应有一定面积的集散场地。

12.6.4 地下站出入口、消防专用出入口和无障碍电梯的地面高程应高于室外地面，并应满足当地防淹要求，当无法满足时，应设防淹设施。

条文说明

地下站出入口的地坪高程一般应取高出该处室外地坪300~450mm，建议取三踏步450mm为宜。当此高程未满足当地防淹高度时，应加设防淹闸槽，槽高可根据当地最高积水位而定。出地面的电梯等部位也应作同样考虑。

12.6.5 地下站地面出入口的建筑形式，应根据所处的具体位置和周边规划要求确定。地面出入口宜采用与地面建筑合建的形式，也可以独立设置。

12.6.6 地下出入口通道应力求短、直、通道的弯折不宜超过三处，弯折角度不宜小于90°。地下出入口通道长度不宜超过100m，当超过时应采取能满足消防疏散要求的措施。

12.7 风井与冷却塔

12.7.1 地下站应按通风、空调工艺要求设置进风亭、排风亭和活塞风亭。在满足功能的前提下，根据地面建筑的现状或规划要求，风亭可集中或分散布置。当风亭与地面建筑结合设置时，被结合建筑应满足风亭的技术要求。

12.7.2 当采用侧面开设风口的风亭时，应符合下列规定：

1 进风、排风、活塞风口部之间的水平净距不应小于5m，且进风与排风、进风与活塞风口部应错开方向布置或排风、活塞风口部高于进风口部5m；当风亭口部方向无法错开且高度相同时，风亭口部之间的距离应符合本规范第12.7.3条的规定。

2 风亭口部5m范围内不应有阻挡通风气流的障碍物。

3 风亭口部底边缘距地面的高度应满足防淹要求；当风亭设于路边时，其高度不应小于2m；当风亭设于绿地内时，其高度不应小于1m。

条文说明

规定风亭风口间距的主要目的是：在正常运行时，防止进、排风气流短路，影响进风品质；在火灾情况下，防止火灾排烟与进风短路，形成烟气倒灌。组合风亭、分散设置的高风亭以及与地面建筑结合设置的风亭通常在侧面开设风口。侧面开设风口是上述类型风亭区别于顶面开设风口的敞口低风亭的主要特征。侧面开设风口与顶面开设风口的风亭在外部气流流场分布特征方面有明显的区别，因此风口间距应分别进行规定。本规范第12.7.2条与第12.7.3条规定适用于在非火灾情况下使用的风亭，第12.7.4条则对排烟风亭进行规定。

风亭口部方向无法错开指风亭口部朝向同一方向或对向布置。当风亭口部方向无法错开且高度相同时，与顶面开设风口的风亭情形类似，因此需执行相同的规定。

为避免其他建筑物或构筑物对风亭风口遮挡，影响通风效果，规定风亭口部5m范围内不应有阻挡通风气流的障碍物，如冷却塔、电梯、其他建筑物等。

12.7.3 当采用顶面开设风口的风亭时，应符合下列规定：

1 进风与排风、进风与活塞风亭口部之间的水平净距不应小于10m。

2 活塞风亭口部之间、活塞风亭与排风亭口部之间的水平净距不应小于5m。

3 风亭四周应有宽度不小于3m宽的绿篱，风口最低高度应满足防淹要求，且不应小于1m。

4 风亭开口处应有安全防护装置，风井底部应有排水设施。

条文说明

顶面开设风口的风亭通常为敞口低风亭。这类风亭的不同性质风口朝向相同，与侧面开设风口的风亭相比较，更容易产生气流短路的现象。因此，规定加大了进风亭口部与其他风亭口部的距离。

顶面开设风口的风亭无上盖，风亭内部容易受到外部污染物的影响，既影响空气品质，又增加了运营维护难度。因此，不建议大量采用顶面开设风口的风亭。当地面条件受限而采用顶面开设风口的风亭时，应使其处于绿地中，并满足风口距地面最低的高度要求。

12.7.4 当风亭在事故工况下用于排烟时，排烟风亭口部与进风亭口部、出入口口部的直线距离宜大于 10m；当直线距离不足 10m 时，排烟风亭口部宜高于进风亭口部、出入口口部 5m。

条文说明

排烟风亭口部与进风亭口部距离的规定。参考现行国家标准《建筑设计防火规范》(GB 50016) 的有关规定，考虑地下车站火灾机械排烟量大的特点，口部之间的高差距离由 3m 增加到 5m。本条中的进风亭指火灾时需投入使用的进风亭，若火灾时不需投入使用，则可不执行本条规定。

火灾发生时，出入口既是人员疏散的路径，也是机械排烟的补风路径。如果与排烟风亭口部距离过近，会影响人员疏散或发生烟气倒灌进车站的情况。因此，出入口口部与排烟风亭口部的距离应执行与进风亭口部相同的标准。

12.7.5 风亭口部与其他建筑物口部之间的距离应满足防火及环保要求。

12.7.6 地下站设在地上的冷却塔，其造型、色彩、位置应符合城市规划、景观及环保要求。

12.7.7 对于有特殊要求的地段，冷却塔可采用下沉式或全地下式，但应满足工艺要求。

12.8 楼梯、自动扶梯、电梯、站台门

12.8.1 乘客使用的楼梯宜采用 26°34′ 倾角，当宽度大于 3.6m 时，应设置中间扶手。楼梯宽度应符合人流股数。每个梯段不超过 18 步，且不应少于 3 级。休息平台长度宜为 1.2~1.8m。

12.8.2 车站出入口、站台至站厅应设上、下行自动扶梯，在设置双向自动扶梯困难且提升高度不大于 10m 时，可仅设上行自动扶梯。每座车站应至少有一个出入口设上、下行自动扶梯；站台至站厅应至少设一处上、下行自动扶梯。

12.8.3 自动扶梯扶手带外缘与平行墙装饰面或楼板开口边缘装饰面的水平距离不得小于 80mm，相邻交叉或平行设置的两梯（道）之间扶手带的外缘水平距离不应小于 160mm。当扶手带外缘与任何障碍物的距离小于 400mm 时，则应设置防碰撞安全装置。

12.8.4 两台相对布置的自动扶梯工作点间距不得小于 16m，自动扶梯工作点至前面影响通行的障碍物间距不得小于 8m；自动扶梯与楼梯相对布置时，自动扶梯工作点至

楼梯第一级踏步的间距不得小于12m。

12.8.5 车站主要管理区的站厅与站台层间宜设内部楼梯。

12.9 车站无障碍设施

12.9.1 车站为乘客服务的各类设施，均应满足无障碍通行要求，并应符合现行国家标准《无障碍设计规范》（GB 50763）的有关规定。

12.9.2 车站应设置无障碍电梯，满足残障人士进出站及乘车需求。

12.9.3 检票口应满足无障碍通行需要。

12.9.4 无障碍电梯门前等候区深度不宜小于1.8m。

12.9.5 无障碍电梯井出地面部分应采取防淹措施。电梯平台与室外地面高差处应设置坡道，并应符合现行国家标准《无障碍设计规范》（GB 50763）的有关规定。

12.9.6 车站内设置的无障碍通道应与城市无障碍通道衔接。

12.9.7 车站内应设置无障碍卫生间，可与第三卫生间合并设置。

13 通风、空调与供暖

13.1 一般规定

13.1.1 通风、空调与供暖系统应为安全运营、改善生产作业条件、提升服务水平提供必要的条件；系统制式应结合项目特点、生产工艺、当地的气候条件、环境保护、节约能源及运营维护管理等因素进行综合技术经济比较确定。

条文说明

　　中低速磁浮交通工程宜用在城市轨道交通、市域、城际及旅游观光线等交通工程，以更好地提升交通服务水平，因此在确定通风、空气与供暖系统制式时应充分考虑这一特点，在经济合理、技术可靠的前提下适当提高服务水平与标准，适当采用新技术方案、新工艺设备与材料也是可行的。

13.1.2 中低速磁浮交通工程的内部空气环境范围应包括车站站厅、站台、出入口通道、车站内的设备及管理用房、区间隧道和车辆基地、控制中心及主变电所等其他辅助建筑。

13.1.3 通风、空调与供暖系统功能应符合现行国家标准《城市轨道交通技术规范》（GB 50490）的规定。

13.1.4 建筑物的防烟、排烟应按现行国家标准《地铁设计防火标准》（GB 51298）的有关规定执行。

13.1.5 地下线路的通风、空调与供暖系统的确定应符合下列规定：
 1 应设置通风系统。
 2 夏季最热月的平均温度超过25℃时应采用空调系统，全年平均温度超过15℃时宜采用空调系统。
 3 严寒地区地下车站与室外相通部位应采取可靠有效的冷风阻挡措施。

13.1.6 高架和地面车站通风、空调与供暖系统的确定应符合下列规定：

1 高架和地面车站宜采用自然通风方式。
2 封闭站厅公共区无自然通风条件时，可设置机械通风或空调系统。
3 最冷月份室外平均温度低于-10℃的严寒地区，车站的站台可不设供暖装置，站厅宜设供暖系统。
4 供暖地区的车站管理用房应设置供暖装置，设备用房的供暖应根据工艺要求确定。

13.1.7 供暖、空调冷热源方案应根据建筑规模、用途、冷热负荷分布特点，所在地区气象条件、能源结构、价格及环保政策等情况，经技术经济比较确定。

13.1.8 大型设备和管道应根据需要预留运输通道及安装、维修用空间，并应预留装设起吊设施的条件；通风、空调与供暖系统的设备和管道安装完成后，当存在影响人员安全通行或检修等可能伤及人体的情况时，应采取安全防护措施。

13.1.9 通风、空调与供暖系统的节能设计应符合现行国家标准《公共建筑节能设计标准》（GB 50189）的规定，冷热源以及输配系统的风机、水泵等用能设备应满足节能要求，宜选用国家1级能效等级的产品或设备。

条文说明
供暖通风与空气调节系统冷热源以及输配系统在运营阶段的能耗占比较大。因此，应采用符合国家节能评价等级的节能产品或设备，推荐选择达到国家1级能效等级的产品或设备。

13.1.10 通风、空调与供暖系统的设备选型应符合安全可靠、技术先进、经济合理的原则；管材及保温材料、消声材料应采用A级不燃材料，当局部部位采用A级不燃材料有困难时，可采用B_1级难燃材料；管材及保温材料应具有防潮、防腐、防蛀、耐老化及无毒的性能。

13.2 地下线段的供暖通风与空气调节

13.2.1 地下线供暖通风与空气调节的室外空气计算参数，应符合下列规定：
1 在计算隧道通风量时，夏季室外空气计算温度，应采用近20年最热月月平均温度的平均值，冬季室外空气计算温度应采用近20年最冷月月平均温度的平均值。
2 地下车站公共区的夏季空调室外空气计算干球温度，应采用近20年夏季磁浮交通晚高峰负荷时平均每年不保证30h的干球温度。
3 地下车站公共区的夏季空调室外空气计算湿球温度，应采用近20年夏季磁浮交通晚高峰负荷时平均每年不保证30h的湿球温度。

4 地下车站公共区的夏季通风室外空气计算温度，应采用近20年最热月月平均温度的平均值。

5 地下车站公共区的冬季通风室外空气计算温度，应采用近20年最冷月月平均温度的平均值。

6 地下车站设备管理用房的室外空气计算参数，应按现行国家标准《民用建筑供暖通风与空气调节设计规范》（GB 50736）中的相关要求执行。

13.2.2 地下线供暖通风与空气调节室内空气计算参数应符合下列规定：

1 车站站台边缘不设置全封闭站台门时，地下区间隧道内空气夏季的最高温度不得高于35℃；车站设置全封闭站台门时，地下区间隧道内空气夏季的最高温度不得高于40℃。

2 地下区间隧道内空气冬季的平均温度应低于当地地层的自然温度，但最低温度不应低于5℃。

3 当车站采用通风系统时，车站公共区夏季室内空气计算温度不宜高于室外空气计算温度5℃，且不应超过30℃。

4 当车站采用空调系统时，车站站厅公共区的空气计算温度应低于空调室外空气计算干球温度2~3℃，且不应超过30℃；车站站台公共区的空气计算温度应低于站厅的空气计算干球温度1~2℃，相对湿度均应为40%~70%。

5 地下车站公共区冬季室内空气计算温度应低于当地地层的自然温度，但最低温度不宜低于12℃。

6 当地下车站内的长通道需通风或空调降温时，与站厅衔接的长通道的内部空气计算温度宜与站厅空气计算温度相同，与站台衔接的长通道的内部空气计算温度宜与站台空气计算温度相同；相对湿度均不应大于70%。

7 当出入口通道需采取通风或空调降温措施时，其内部空气计算温度可高于站厅空气计算温度2℃。

8 地下车站内的设备与管理用房的室内空气计算温度、相对湿度和换气次数，可按现行国家标准《地铁设计规范》（GB 50157）的有关规定执行。

13.2.3 地下线通风、空调与供暖系统新鲜空气供应量应符合下列规定：

1 区间隧道内每个乘客每小时需供应的新鲜空气量不应少于12.6m³。

2 当采用通风系统开式运行时，每个乘客每小时需供应的新鲜空气量不应少于30m³；当采用闭式运行时，其新鲜空气量不应少于12.6m³，且系统的新风量不应少于系统总送风量的10%。

3 当采用空调系统时，每个乘客每小时需供应的新鲜空气量不应少于20m³，且系统的新风量不应少于系统总送风量的10%。

4 设备与管理用房内每个工作人员每小时需供应的新鲜空气量不应少于30m³，且系统的新风量不应少于系统总送风量的10%。

条文说明

国家标准《民用建筑供暖通风与空气调节设计规范》（GB 50736—2012）中对于公共交通等候室等高密度人群建筑每人所需的最小新风量不低于15m³/h，行业标准《公共场所集中空调通风系统卫生规范》（WS 394—2012）中对于候车（机、船）室及公共交通工具等场所规定的每人所需的最小新风量不低于20m³/h，为保证人员的最低卫生标准需求，故本条采用每人的新风量不应少于20m³/h。

13.2.4 地面进风风亭应设在空气洁净的位置，并宜设在排风亭的上风侧，排风亭口部的设置宜避开当地年最多的风向。

13.2.5 土建通风道和风井的风速不宜大于8m/s；高风亭侧面百叶风口的迎面风速不宜大于4m/s，敞口风亭顶面格栅风口处的断面风速不宜大于6m/s。

13.2.6 地下区间隧道通风应符合下列规定：
1 地下线区间隧道正常通风应采用活塞通风，当活塞通风不能满足排除余热要求或布置活塞通风道有困难时，应设置机械通风系统。
2 地下线区间隧道通风系统的进风应直接采自大气，排风应直接排出地面。
3 当计算排除余热所需的风量时，应计算隧道内的散热量和传至地层周围土壤的传热量。
4 列车阻塞在区间隧道时的送排风量，应按区间隧道断面风速不小于2m/s计算，并应按控制列车顶部最不利点处隧道内空气的最高温度低于45℃校核确定，但风速不得大于11m/s。
5 地下区间的排烟宜采用纵向通风控制方式，采用纵向通风方式确有困难的区段，可采用排烟道（管）进行排烟。
6 两座车站之间正常同时存在两列或两列以上列车同向运行的地下区间，排烟时应能使非着火列车处于无烟区。
7 当隧道内空气总的压力变化值超过700Pa时，密封指数低于0.5s的非密闭车辆内压力变化率应小于415Pa/s。

13.2.7 车站公共区供暖通风与空气调节应符合下列规定：
1 地下车站公共区应设置通风系统，当条件符合本规范第13.1.5条第2项时，应采用空调系统。
2 地下车站公共区通风与空调系统应采取保证系统某一局部失效时，站厅和站台的温度不高于35℃的措施。
3 当活塞风对车站有明显影响时，应在车站的两端设置活塞风泄流风井或活塞风迂回风道。

4 车站公共区夏季空调冷负荷不仅应计入各空调区的冷负荷，还应计入新风冷负荷、风机电机温升等引起的其他附加冷负荷。

5 地下车站的出入口通道或长通道连续长度大于60m时，应采取通风或空调降温措施。

13.2.8 车站设备管理用房供暖通风与空气调节应符合下列规定：

1 地下车站的各类用房应根据其使用要求设置通风系统，必要时可设置空调系统；进风应直接采自大气，排风应直接排出地面。

2 地下牵引变电所、降压变电所等室内散热量较大的设备用房应按排除余热量设置机械通风系统，当采用机械通风系统技术经济不合理时，可设置冷风降温系统。

3 车站设备用房与管理用房的空调系统应分别独立设置，空调区使用时间不同、室内空气参数要求不同、噪声控制标准不同时，宜分别设置空调系统。

4 厕所应设置独立的机械排风、自然进风系统，所排出的气体应直接排出地面。

5 设置气体灭火的房间应设置机械通风系统，所排除的气体应直接排出地面。

6 车站设备用房的通风与空气调节系统应满足运营设备24h运转的功能需求。

7 设备用房内的空调送风口、阀门等有凝结水隐患的部位应避开电气设备正上方布置，且水平距离应大于250mm，风管宜避开电气设备上方布置。

13.2.9 下列场所应设置排烟设施：

1 地下或封闭车站的站厅、站台公共区。

2 同一防火分区内总建筑面积大于200m^2的地下车站设备管理区，地下单个建筑面积大于50m^2且经常有人停留或可燃物较多的房间。

3 连续长度大于一列列车长度的地下区间和全封闭车道。

4 车站设备管理区内长度大于20m的内走道，长度大于60m的地下换乘通道、连接通道和出入口通道。

13.2.10 车辆基地地下的停车库、列检库、停车列检库、运用库、联合检修库、镟轮库、工程车库等场所应设置排烟系统。

13.2.11 机械排烟系统可与正常通风系统合用，合用的通风系统应符合排烟系统的要求，且该系统由正常运转模式转为排烟运转模式的时间不大于180s。

13.3 高架、地面线段的供暖通风与空气调节

13.3.1 供暖通风与空气调节的室外空气计算温度、相对湿度应采用当地现行的地面建筑的设计指标，并应符合现行国家标准《民用建筑供暖通风与空气调节设计规范》（GB 50736）、《工业建筑供暖通风与空气调节设计规范》（GB 50019）的规定。

13.3.2 机械通风系统室外计算参数应符合下列规定：
1 计算冬季通风耗热量应采用冬季供暖室外计算温度。
2 计算冬季消除余热、余湿通风量应采用冬季通风室外计算温度。
3 计算夏季消除余热通风量或计算通风系统新风冷却量，宜采用夏季通风室外计算温度；当室内最高温度限值有严格要求时，可采用夏季空气调节室外计算温度。
4 计算夏季消除室内余湿通风量，宜采用夏季通风室外计算干球温度和夏季通风室外计算相对湿度；当室内最高湿度限制有严格要求，可采用夏季空气调节室外计算干球温度和夏季空气调节室外计算湿球温度。

13.3.3 供暖通风与空气调节的室内空气计算参数应符合下列规定：
1 当站厅公共区采用通风系统时，站厅内的夏季计算温度不应超过室外计算温度3℃，且最高不应超过35℃；当站厅公共区需设置空调系统时，站厅内的夏季计算温度应为29~30℃，相对湿度不应大于70%；当设置供暖系统时，站厅内的设计温度应为12℃。
2 车站设备与管理用房的室内空气计算温度、相对湿度和换气次数，可按现行国家标准《地铁设计规范》（GB 50157）的相关规定执行。
3 车辆基地的停车库、列检库、洗车库、月检库等运用和检修生产设施库室冬季供暖室内设计温度应不低于12℃；夏季采用机械通风时，小时换气次数不宜小于1次，当房间高度大于6m时，按6m计算。

13.3.4 车站公共区供暖通风与空气调节应符合下列规定：
1 车站公共区宜采用自然通风方式，当需设机械全面通风时，通风机宜设于专用机房内，通风量应满足排除余热、换气次数的要求。
2 站台公共区设局部通风降温时，可采用喷雾风扇或蒸发式冷气机的通风降温方式。
3 站厅公共区设空调通风时，空调制冷冷源应经经济技术综合比较确定，宜采用自然冷源。
4 车站设供暖时，供暖热源宜采用周边市政集中供热，无条件时应采用符合当地政策的清洁能源。
5 车站站厅公共区设空调系统时，连接站厅的出入口、室外门厅和站厅通向站台的楼梯口、扶梯口应设自然风幕；车站设供暖系统时，连接站厅的出入口、室外门厅和站厅通向站台的楼梯口、扶梯口应设热风幕。

13.3.5 车站设备管理用房供暖通风与空气调节应符合下列规定：
1 车站设备管理用房应根据使用要求及当地气候条件设置供暖通风与空气调节系统，设备管理用房与公共区的通风空调与供暖系统宜分开设置。
2 地面变电所用房宜采用自然通风降温；当自然通风不能达到设备对环境要求时，可采用机械排风、自然进风的方式，通风量按排除余热量计算；当采用机械通风不能满足要求或不经济时，可设置机械通风与冷风降温复合式系统。

3 设备用房采用自然进风时,自然进风口应设置滤尘装置,严寒及寒冷地区设于外墙上的自然进风口处应采用具备风量调节功能的保温阀门。

13.3.6 车辆基地的供暖通风与空气调节应符合下列规定:

1 车辆基地内的办公楼空调系统的选择应根据建筑物的用途、空间形态、规模、使用特点、负荷变化情况与参数要求、所在地区气象条件与能源状况等,经技术经济比较确定。

2 车辆基地的停车库、列检库、洗车库、月检库等运用和检修生产设施库室宜采用自然通风,当不具备自然通风条件时,可设置机械通风系统。

3 供暖地区作业库在非工作时间或中断使用的时间内,应按保证室内温度5℃设置值班供暖。设置值班供暖时,辅助供暖宜采用热风供暖等升温快速的供暖系统。

4 列车作业库供暖负荷应按式(13.3.6)计算磁浮列车入库冷车体吸热耗热量,当全线以地下线为主,列车在高架线或地面线行驶距离较短时,可不计算入库冷车体吸热耗热量。

$$Q = \frac{0.5 \cdot n \cdot W \cdot c_p \left[t_n - (t_w + 10) \right]}{3600} \tag{13.3.6}$$

式中:Q——车体吸热耗热量(kW);

W——车体重量(kg);

c_p——车体材质的比热(kJ/kg℃);

t_w——供暖室外计算温度(℃);

t_n——供暖室内计算温度(℃);

n——列车车体数量,采用作业时间段内小时平均值。

5 乘务员公寓、待乘室、司机间休室应根据所在地区的气候条件设置舒适的空调系统,宜采用多联机空调系统或房间空气调节器,房间室内设备运行噪声应满足人员安静舒适休息的要求。

6 严寒地区的列车进出作业库大门和开启频繁或开启时间较长的车间外门宜设热空气幕,寒冷地区的列车进出作业库大门和开启频繁或开启时间较长的车间外门可设自然空气幕。

7 供暖热源应采用周边市政集中供热或工业余热,无条件时宜采用符合当地政策的清洁能源,或技术经济合理时可自建锅炉房供热。

条文说明

列车作业库指整列车的列检、停车等作业时间短、列车进出频繁的生产厂房,此类厂房车体吸热量多,对库内温度影响大。因此,供暖热负荷计算需要考虑车体吸热量。车体吸热耗热量在实际工程中一般按第1h吸热强度,根据式(13.3.6)进行计算。

与行车有关人员休息房屋是专为乘务人员服务的生产附属用房,室内须经常保持适宜的温度,为保证员工有良好的生活和工作环境,夏季较热地区的房屋也须考虑设置空调设施。

13.3.7 地上车站宜采用自然排烟方式，其中不符合自然排烟要求的场所应设置机械排烟设施。设置隔声罩的地上区间和路堑式地下区间的排烟应采用自然排烟方式。

13.4 接口设计

13.4.1 通风、空调与供暖系统应充分考虑与相关系统、市政接口、相关工程之间的接口设计与接口要求。

条文说明

通风、空调与供暖系统设计时应做好与土建、低压配电及 FAS、BAS、市政热力管网、燃气管网、配套商业开发等之间的接口设计与协调。

13.4.2 通风、空调与供暖系统应向土建专业提供以下配置需求：用房需求及定员配置，设备位置、安装方式、设备运输路径、荷载、基础及安装预埋件要求，起吊设施、登高检修爬梯、清洗水槽及排水沟等。

条文说明

通风、空调与供暖系统用房需求包括车站内的设备机房、风道布置、运营工班用房及车辆基地内的管理办公用房、维修与备件存放用房等，设于车站内的工班用房宜单独考虑，设于车辆基地内的生产办公用房可与其他机电设备专业合用，统筹考虑。

当设计阶段工程项目组织架构要求尚未明确时，车站定员人数可按地下每两座车站、高架或地面站每三至四座车站配备4人考虑，设面积不小于$15m^2$的工班用房一处；控制中心、车辆基地内通风空调系统技术管理与维修定员配置应结合线路、车站敷设情况、系统规模等综合考虑，当有地下线路或车站时控制中心定员可按2人考虑、车辆基地内可按8~10人考虑。

设备荷载包括总重量与运转荷载。安装于屋面或隧道上方且需频繁巡检的设备、设施应设置进入屋面或登高检修的设施。

13.4.3 通风、空调与供暖系统应向低压配电专业提供设备的用电负荷等级、负荷容量、电压等级、用电点位置及设备运行时间需求、控制要求等。

13.4.4 通风、空调与供暖系统应向环境与设备监控系统（BAS）、火灾自动报警系统（FAS）提出需监控设备的位置与数量、接口类型、监控信息点表、控制模式要求等。

条文说明

控制模式应包括正常运营工况模式与事故工况模式，还应包括设备与阀门的联动或连锁控制要求；监控信息点表包括监视与控制，根据设备类型至少应包括启、停、故障、手动/自动等状态及启、停控制；接口类型包括通信接口和硬线接口，硬线接口是指无缘电信号接点，通信接口采用 RS 48 通信接口，通信协议应采用开放的通信协议。另外电动防烟防火阀等阀门设备若需由 FAS 提供电源的，应向 FAS 提供其用电容量需求。

13.4.5 通风、空调与供暖系统应向给排水专业提供设备的用水点位置、用水量、排水量及排水水质等。

13.4.6 供暖通风与空气调节应向车辆基地室外综合管线提供车辆基地范围内的室外供热及燃气供应管道布设路径及敷设方式。

13.5 其他

13.5.1 通风、空调与供暖系统的设备选型应符合下列规定：
1 供暖通风与空气调节系统应选用可靠性高、节能性好、低噪声、运转平稳、模块化、小型化、紧凑型的设备，并应便于安装、维护、维修。
2 通风、空调与供暖系统主要设备的电动机能源效率不应低于现行国家标准《中小型三相异步电动机能效限定值及能效等级》（GB 18613）中的节能评价值。
3 同一工程项目的设备系列和型号、主要材料选用宜统一。

条文说明

设备型号繁多，零配件不能互换，会增加备品、备件数量，不便于维修管理。因此，对于同一工程项目的正线车站及车辆基地等地面建筑的设备系列和型号、主要材料选用宜统一。

13.5.2 通风、空调与供暖系统运行控制应符合下列规定：
1 通风、空调与供暖系统应根据当地气候条件、系统的冷（热）负荷情况及变化规律，制定科学、合理的系统运行模式，以满足人员正常需要和设备正常运转的要求，并充分实现系统的运营高效节能。
2 当通风、空调与供暖系统设备具有多项目标功能时，应保证其正常使用工况下的运转效率最高。
3 地下车站设备与管理用房、高架线和地面线车站的通风与空调系统宜设车站控制和就地控制的两级控制，区间隧道通风系统、地下车站公共区通风与空调系统宜设就地控制、车站控制和中央控制三级控制。

13.5.3 通风、空调与供暖系统消声与隔振应符合下列规定：
1 选择消声设备时，应根据系统所需消声量、噪声源频率特性和消声设备的声学性能及空气动力特性等因素，经技术经济比较确定。消声设备的布置应考虑管道内气流对消声能力的影响。

2 当通风、空调、制冷装置以及水泵等设备的振动靠自然衰减不能达标时，应设置隔振器或采取其他隔振措施，受设备振动影响的管道应采用弹性支吊架。

13.5.4 通风、空调与供暖系统的调节、监测、控制和计量装置应设置在便于操作和观察的地点，并应根据需要设置操作平台等设施。

14 给水与排水

14.1 一般规定

14.1.1 中低速磁浮交通工程给水系统应满足生产、生活和消防用水对水量、水压和水质的要求，并坚持综合利用、节约用水的原则。

14.1.2 给水设计应按现行国家标准《建筑给水排水设计规范》（GB 50015）的有关规定采取防水质污染措施。

14.1.3 中低速磁浮交通工程的各类污、废水及雨水的排放应符合国家现行有关排水标准和排水制度的规定，同时应满足工程环评的有关要求。

条文说明

根据《中华人民共和国水污染防治法》，省、自治区、直辖市人民政府对国家水污染物排放标准中未作规定的项目，可以制定地方水污染物排放标准；对国家水污染物排放标准中已作规定的项目，可以制定严于国家水污染物排放标准的地方水污染物排放标准。凡是向已有地方污染物排放标准的水体排放污染物的，应当执行地方污染物排放标准。

14.1.4 给水与排水系统宜按自动化管理设计。

14.1.5 给水排水设计应按现行国家标准《民用建筑节水设计标准》（GB 50555）的有关规定采取节水、节能措施，应采用节能、环保型设备，并应便于维修。

14.1.6 给水排水工程尚应满足现行国家标准《室外给水设计规范》（GB 50013）、《室外排水设计规范》（GB 50014）、《建筑给水排水设计规范》（GB 50015）、《地铁设计规范》（GB 50157）、《地铁设计防火标准》（GB 51298）、《建筑设计防火规范》（GB 50016）和《民用建筑节水设计标准》（GB 50555）的规定。

14.2 给水

14.2.1 中低速磁浮交通工程水源宜采用城市自来水；当沿线无城市自来水时，应采用其他可靠的供水水源，其水质应符合现行国家标准《生活饮用水卫生标准》（GB 5749）的有关规定。

条文说明

为降低工程造价、供水可靠、保证水质，各城市修建中低速磁浮交通工程时应优先选用城市自来水，建设时车站及车辆基地附近无城市自来水时，应和当地规划部门协商，可以打井自备水源，也可以新增设自来水或采取可靠的地面水源，但水质应符合要求。

14.2.2 给水系统用水量定额应符合下列规定：
1 生活用水量应符合现行国家标准《建筑给水排水设计规范》（GB 50015）、《地铁设计规范》（GB 50157）的有关规定。
2 车站公共厕所用水量应按照器具小时用水量计算。
3 生产用水量应按工艺要求确定。
4 路面洒水、绿化、汽车冲洗用水、管网漏失及未预见水量，应符合现行国家标准《室外给水设计规范》（GB 50013）和《建筑给水排水设计规范》（GB 50015）等的有关规定。

14.2.3 给水系统水压应符合下列规定：
1 生活用水设备和卫生器具的水压，应符合现行国家标准《建筑给水排水设计规范》（GB 50015）等的有关规定。
2 生产用水的水压按工艺要求确定。

14.2.4 当城市自来水的供水量或供水压力不满足车站、车辆基地的生产、生活给水系统的要求时，应设置蓄水池或给水加压设施，给水加压设备宜采用变频调速设备。

14.2.5 管道布置和敷设应符合下列规定，并应符合现行国家标准《室外给水设计规范》（GB 50013）、《建筑给水排水设计规范》（GB 50015）和《地铁设计规范》（GB 50157）的有关规定：
1 城市自来水引入管应设置倒流防止器或其他防止倒流污染的装置。
2 给水管道不应穿越遇水会损坏设备和引发事故的房间，并应避免在生产设备、配电柜上方通过。敷设在室外或有可能结冻的房间、地下室及管井、管沟等处的给水管道及设施应有防冻措施。
3 给水管道穿越低置结构时，宜设管道防护涵，管道防护涵外顶部距钢轨轨底距离不宜小于1.2m，至路基面的距离不得小于0.7m，其断面尺寸应符合表14.2.5的规定。

表 14.2.5 防护涵断面尺寸（单位：mm）

管道直径 DN	圆涵	矩形涵	
	内径 D	最小净宽 B	最小净高 h
100 < DN ≤ 300	1500	1250	1800
300 < DN ≤ 800	2000	1500	1800

条文说明

给水管道如果直接敷设在路基中，管道一旦出现漏水则会危及路基和行车安全，也不便于修复，所以管道穿越线路时设置管道防护涵。

为避免多种管线多处穿越线路引起工程投资和维护费用的增加，管道设计要统筹考虑，采用防护涵集中通过。

14.2.6 管材及附件的设置应符合下列规定：

1 室内生产、生活给水宜采用塑料管、钢塑复合管或薄壁不锈钢管等符合国家有关规定及生活饮用水卫生标准的管材。

2 敷设在垫层内的给水管道宜采用钢塑复合管，给水管道的外壁应采取防腐措施。

14.3 排水

14.3.1 污废水和雨水排放的受纳水体应选用市政排水系统。污废水应处理并达到当地环保部门要求的标准后排放。

14.3.2 排水量标准应符合下列规定：

1 生活排水系统定额按生活用水量的95%计算，小时变化系数应为2.0～2.5。
2 生产排水量应按工艺要求确定。
3 冲洗和消防废水量和用水量应相同。
4 地面车站、高架车站、车辆基地运用库及检修库、高层建筑屋面雨水管道的排水设计重现期应按当地10年一遇的暴雨强度计算，设计降雨历时应按5min计算，排水工程与溢流设施的总排水能力不应小于50年重现期的雨水量；车辆基地其他建筑屋面雨水应按2～5年一遇暴雨强度进行计算，排水工程与溢流设施的总排水量不应小于10年一遇暴雨重现期的雨水量。
5 高架区间、敞开出入口、敞开风井及隧道洞口的雨水泵站、排水沟及排水管渠的排水能力，应按当地50年一遇的暴雨强度计算，设计降雨历时按计算确定。

条文说明

高架区间、敞开出入口、敞开风井及隧道口易遭受雨水倾入，应根据当地的暴雨强度计算排水量，合理确定排水泵站规模和排水设备性能及排水管道的管径。排雨水量按当地50年一遇的暴雨强度计算，设计降雨历时按计算确定。

14.3.3 排水系统设计应符合下列规定：
1 排水系统应采用雨、污分流制，污水和雨废水应分质收集和处理。
2 地面或高架车站及车辆基地的排水应按重力流方式排放；地下车站的排水宜分类集中，当不能按重力流方式排放时，应设提升泵站。

14.3.4 地下车站和区间排水泵站（房）的设置应符合下列规定：
1 区间隧道主排水泵站应设在线路实际坡度最低点。
2 洞口的雨水不能自流排放到洞口外时，应在洞口适当位置设置截水沟和排水泵站。

14.3.5 其他排水设施的布置和敷设应符合下列规定：
1 沿地下车站站厅、设备用房边墙，每隔30~50m宜设一个$DN50$mm~$DN100$mm的地漏，排水立管应接入线路排水沟。在地面进入站厅的人行通道和站厅层相接部分应设横截沟并在沟内设排水立管，排水立管应接入站台层线路排水沟。
2 当地下及高架车站站台设有站台门时，站台每隔50m宜设一个$DN50$mm~$DN100$mm的地漏，排水立管应接入线路排水沟。
3 地面车站、停车场、列检库、检修库、试车线的低洼处应设置排水设施。

14.3.6 局部污水处理设施应符合下列规定：
1 当城市无污水排水系统时，车站、车辆基地内部的生产污水、生活污水应进行处理。
2 生活污水处理设施前应设调节池，调节池的有效容积应经过计算确定，或采用4~6h的生活污水量。
3 车辆基地洗车库的废水应经过处理后重复利用；其他含油废水，应经过处理达到标准后排放。

14.3.7 管材的选型应符合下列规定：
1 重力流排水管宜采用阻燃型硬聚氯乙烯排水管及管件，或柔性接口机制排水铸铁管及管件。
2 压力排水管宜采用热镀锌钢管或钢塑复合管。
3 虹吸压力流排水管宜采用承压塑料管或不锈钢管。
4 室外埋地排水管宜采用埋地塑料管。

14.4 消防给水

14.4.1 消火栓给水系统设计流量应符合下列规定：
1 地下车站（含换乘车站）不应小于20L/s。
2 地下车站出入口通道、折返线及地下区间隧道不应小于10L/s。
3 其他应满足现行国家标准《消防给水及消火栓系统技术规范》（GB 50974）和《地铁设计防火标准》（GB 51298）的相关要求。

14.4.2 消防给水系统应结合给水水源等因素确定，除应符合下列要求外，尚应满足现行国家标准《消防给水及消火栓系统技术规范》（GB 50974）和《地铁设计防火标准》（GB 51298）的相关要求：
1 当城市自来水的供水量能满足消防的要求，而供水压力不能满足消防要求时，应设置消防水泵。当地消防和市政部门许可时，可不设消防水池，从市政管网直接引水，并应在消防进水管的起端设置倒流防止器或其他能防止倒流污染的装置。
2 当城市自来水的供水量不能满足消防要求或城市自来水管网为枝状管网时，应设消防水泵、稳压装置和消防水池。
3 地面车站、高架车站采用消防水泵加压供水的消火栓给水系统时，应设置消防给水稳压设备，可不设置高位水箱。

14.4.3 消防给水管道的设置应符合下列要求：
1 车站和地下区间的消火栓给水系统应为环状管网，地下区间上、下行线应各设置一根消防给水引入管，并宜在区间中部连通，且在地下车站端部和车站环状管网应相接。
2 消防给水管道上的阀门应保持常开状态，并应有明显的启闭标志。
3 在寒冷和严寒地区，站厅与室外连通部分的明露消防给水管道应采取防冻措施或采用干式系统。

条文说明

1 地下区间消火栓给水水源由相邻地下车站供给，并在区间联络通道（兼区间疏散通道）内将区间上、下行线内的消防给水管联通形成环网，能最大限度地保证消防供水的可靠性。
2 消防管道上为了抢修与维修关启方便，一般采用蝶阀，在进入区间的管道前安装手动和电动两用蝶阀，在区间中部连通管上安装手动蝶阀，阀门保持常开。

14.4.4 消火栓的设置应符合下列规定：
1 室内消火栓口径应为$DN65$mm，水枪喷嘴直径应为19mm，每根水龙带长度应为25m，栓口距地面或操作基本面应为1.1m。

2 室内消火栓的布置应保证每个防火分区同层有两只水枪的充实水柱同时到达室内任何部位，水枪充实水柱不应小于10m。室内消火栓的间距应按计算确定，且单口单阀消火栓不应超过30m，双口双阀消火栓不应超过50m。地下区间及配线区内消火栓的间距不应超过50m。人行通道内消火栓间距不应超过20m。室外消火栓的间距不宜大于120m。

14.4.5 管材及附件的设置应符合下列规定，除应满足下列要求外，尚应满足现行国家标准《消防给水及消火栓系统技术规范》（GB 50974）和《地铁设计防火标准》（GB 51298）的有关要求：

1 消防给水管宜采用球墨铸铁给水管、热镀锌钢管或经国家固定灭火系统质量监督检验测试中心检测合格的其他管材。

2 室外埋地给水管道宜采用球墨铸铁给水管。

3 当消防给水管道接口采用柔性连接方式明装敷设时，应在转弯处设置固定设施或采用法兰接口。

14.4.6 消防设备的监控应符合下列规定：

1 消火栓泵组应在车站控制室显示消防水泵的运行状态、手/自动状态、故障状态，在车站控制室应能控制消防泵的启停，消防泵应采用自动启动及车站控制室远程启动的启动方式。

2 自动灭火系统应具备自动控制、手动控制及紧急机械操作三种启动功能。

14.5 接口设计

14.5.1 给水排水管道穿越低置结构时，站场、桥梁等专业应满足给排水管道敷设及防护的设置要求。

14.5.2 给排水设备的运行、手/自动及故障状态信息应集中到的环境与设备监控系统（BAS），消防给水系统的监控应集中到火灾自动报警系统（FAS）。

15 供电

15.1 一般规定

15.1.1 供电系统应包括外部电源、电源开闭所（或主变电所）、中压供电网络、牵引供电系统、动力照明供电系统、电力监控系统和综合接地系统。其中牵引供电系统包括牵引变电所与牵引网，动力照明供电系统包括降压变电所与动力照明配电系统。

条文说明

供电系统是通过沿线各变电所对所有负荷供电的一个完整的供电网络。

15.1.2 电源由城市公共电网提供，应满足一级负荷供电要求并进行资源共享；可采用集中式供电、分散式供电或混合式供电；具体外部电源供电方案应根据技术经济综合比较来确定。

条文说明

供电系统的外部电源供电方案可采用集中供电方式、分散供电方式。集中供电方式是由专门设置的主变电所（或电源开闭所）集中为牵引变电所和降压变电所供电的外部供电方式；分散供电方式是由分散引入的城市中压电源直接为牵引变电所和降压变电所供电的外部供电方式。

15.1.3 供电系统应满足供电安全可靠、节能环保、技术先进、经济适用的要求，其规模和容量应按远期高峰小时的用电负荷要求进行设计，可一次建成或分期建设。

15.1.4 集中供电时，主变电所外部电源电压等级宜采用110kV，中压环网电压等级宜采用35kV；分散式供电时，外部电源及中压环网电压等级应与向其供电的城市电网相一致。

条文说明

根据牵引变电所及降压变电所的容量，其合理的供电电压在10~35kV，10kV供电设备较经济，但线路损耗大，35kV供电线路损耗小，设备投资大，10kV和35kV是我国标准且常用的输配电电压等级，20kV 是目前国内部分地区推行的电压等级，在一定容量范围内具有设备经济、线路损耗小的特点。

15.1.5 牵引负荷应为一级负荷；动力照明负荷按用电负荷性质可分为一级负荷、二级负荷和三级负荷。

条文说明

电力负荷应根据对供电可靠性的要求及中断供电在政治、经济上所造成损失或影响的程度进行分级。根据国家标准《供配电系统设计规范》（GB 50052—2009）的条文说明 3.0.1 条，"重要交通枢纽、重要通信枢纽、重要宾馆、大型体育场馆、经常用于重要活动的大量人员集中的公共场所等由于电源突然中断造成正常秩序严重混乱的用电负荷为一级负荷。"因牵引、通信、信号和消防等用电的中断将直接影响列车运行和安全，故将牵引、消防等用电负荷规定为一级负荷；而动力照明等用电负荷可根据其重要性不同分为一级负荷、二级负荷和三级负荷。

15.1.6 应急电源宜采用蓄电池。

条文说明

根据国家标准《供配电系统设计规范》（GB 50052—2009）的第 3.0.4 条，应急电源可以采用：
（1）独立于正常电源的发电机组。
（2）供电网络中独立于正常电源的专用的馈电线路。
（3）蓄电池。而目前轨道交通中一般采用蓄电池作为变电所应急电源，故推荐中低速磁浮线路变电所优先选用蓄电池作为应急电源。

15.1.7 供电系统中的各类变电所均应有两路独立电源，其中电源开闭所或主变电所应至少有一路电源为专线。每路电源的容量应满足变电所所负担的全部一级、二级负荷的供电需求。在正常运行方式下，两路电源应同时运行，互为备用。主变电所和/或开闭所在两座及以上时，在一座主变电所/开闭所解列时（中压母线无故障），应在切除三级负荷的前提下能够进行互相支援供电。

15.1.8 中压网络应按列车运行的远期通过能力设计，两回线路应互为备用，即当任一回线路故障时，由另一回线路负担其一级、二级负荷的供电，中压网络末端的电压偏差应按现行国家标准《电能质量 供电电压允许偏差》（GB 12325）的有关规定执行，同时考虑线路延伸条件。

条文说明

供电系统的中压供电网络一般采用电缆,为保证供电可靠性,中压电缆线路平时采用互为备用的方案,以确保第一次线路故障后的用电需要。中压电缆线路在正常运行时属轻载,绝缘老化慢、使用寿命长,而分阶段敷设既不经济也不方便。考虑城市轨道交通线网扩充、发展较快以及网络化供电的发展,在设计中应结合具体情况,适度为线路延伸预留条件。

15.1.9 牵引负荷应根据线路资料、运营高峰小时的列车运行交路、行车密度、车辆编组和车辆性能等计算确定;牵引变电所的分布、数量应满足远期线路的系统能力,安装容量宜按照远期高峰小时运营的需求设计。

条文说明

在每天上下班高峰期间,行车密度最大,牵引用电负荷最大,因而牵引负荷计算应以此高峰小时的运行情况为依据。由于客流预测一般存在不确定性,为应对可能出现的客流快速增长现象,建议牵引整流机组容量按照远期负荷确定;当具体工程中近期、远期牵引负荷差别较大,按远期负荷选择牵引整流机组容量不经济时,也可按近期负荷选择。

15.1.10 牵引网供电方式应满足下列要求:
1 正常情况下正线接触轨应采用由相邻两座牵引变电所构成的双边供电方式。
2 当正线中间的牵引变电所退出运行时,应由相邻的两座牵引变电所实现大双边供电。
3 车辆基地或停车场内的接触轨应由车辆基地或停车场牵引变电所单独供电。在正常供电条件下,车辆基地或停车场内的牵引变电所不宜向正线供电;在特殊情况下,可根据需要由车辆段对正线进行支援供电。

条文说明

磁浮一般采用专设回流轨的供电方案,回流轨采用与授电轨相同等级的绝缘安装方案,因此正线和段场均已基本不存在杂散电流泄露问题,必要时可考虑车辆基地或停车场牵引变电所对正线供电。

15.1.11 牵引网电压的标称值宜采用直流 1500V,其容许的极限值应按国家标准《轨道交通 牵引供电系统电压》(GB/T 1402—2010)有关规定执行;低压配电电压采用 220V/380V。

条文说明

牵引网电压的标称值应符合行业标准《中低速磁浮交通车辆通用技术条件》(CJ/T

375—2011）的第 4.3.2 条确定。采用 DC1500V 电压等级，有利于提高供电质量，减少牵引所布点。中低速磁浮运营线路 DC1500V 接触轨系统采用侧部安装方式，人员不易触碰，安全性大大提高。DC3000V 电压等级因目前尚未形成建设、施工、运营及设备制造等方面的标准，且没有实际的中低速磁浮工程案例，故本规范中暂未纳入。

15.1.12 直流牵引供电系统及非线性用电设备所产生的谐波引起的电网电压正弦波形畸变率应予以控制，并应符合现行国家标准《电能质量　公用电网谐波》（GB/T 14549）的有关规定。

条文说明

　　谐波对电力系统的危害一般包括：

（1）谐波使公用电网中的元件（感应电机、同步电机）产生了附加的谐波损耗，降低了发电、输电及用电设备的效率。

（2）谐波影响各种电气设备的正常工作。谐波对电机的影响除引起附加损耗外，还会产生机械振动、噪声和过电压，使变压器局部严重过热，使电容器、电缆等设备过热、绝缘老化、寿命缩短，以至损坏。

（3）谐波会引起公用电网中局部的并联谐振和串联谐振，从而使谐波放大，这就使上述（1）和（2）的危害大大增加，甚至引起严重事故。

（4）谐波会导致继电保护和自动装置的误动作或拒动，并会使电气测量仪表计量不准确。

（5）谐波会对邻近的通信系统产生干扰，轻者产生噪声，降低通信质量；重者导致信息丢失，使通信系统无法正常工作。

　　为了减少谐波的上述危害，对直流牵引系统及非线性用电设备所产生的谐波引起的电网电压正弦波形畸变率应予以控制，具体指标按现行国家标准《电能质量　公用电网谐波》（GB/T 14549）的有关规定执行。

15.1.13 供电系统中应设置再生制动能量回馈或吸收装置，设计方案应通过技术经济综合比较后确定。

15.1.14 无功补偿应按整体平衡的原则进行设计，具体方案应根据供电系统实际情况经技术经济比较后确定。

15.1.15 在车辆基地应设置供电车间，正线宜设置供电工区；供电工区位置宜结合主变电所或开闭所进行设置，并设置配套的电力监控复示系统。

15.1.16 在地下使用的材料应选用无卤、低烟的阻燃或耐火产品。

条文说明

本规定的目的是火灾时减少有害烟气对人身的伤害，并保证重要负荷（如消防设备等）的供电。

15.1.17 供电系统及其设备的功能性接地、保护接地与防雷接地应采用综合接地系统。

条文说明

综合接地系统是由接地装置和等电位连接网络组成。当建筑物设有防雷时，防雷装置与各种金属物体之间的安全距离不可能得到保证。为防止防雷装置与邻近金属物体之间出现高电位反击，减小其间的电位差，除了将建筑物内的金属物体做好等电位连接外，应将供电系统及其设备的其他接地共用一组接地装置。但防雷接地在接地体上的接地点与其他接地的接地点之间的距离宜大于15m。

15.2 变电所

15.2.1 变电所可分为主变电所、电源开闭所、牵引变电所、降压变电所，牵引变电所与降压变电所所址邻近时，宜合建成牵引降压混合变电所。

条文说明

变电所合建减少辅助设施，降低建设费用，方便维护管理。

15.2.2 牵引变电所的数量、容量及其在线路上的分布应经计算分析比选后确定。车辆基地和停车场应设牵引变电所。

条文说明

中低速磁浮交通中变电所的分布是综合各项因素的体现，应结合中低速磁浮线路的各种实际工况进行模拟仿真，既要满足各项技术要求，注意经济合理性，又要考虑供电系统的远期需要，同时重视运营管理、环境协调和交通便利等因素。

15.2.3 牵引变电所宜设在车站内，当不具备条件时，牵引变电所可设在车站附近或区间。车站降压变电所应设在重负荷端，可分层布置；当技术经济条件合理时可设置跟随式的降压变电所。

条文说明

牵引变电所的占地面积，在中低速磁浮线路设备用房中占有较大的比重，当车站中不具备设置条件时，可将牵引变电所设在车站附近的地面；当按照车站设置牵引变电所，牵引供电能力不满足要求时，可在区间设置牵引所。

为减少低压配电线路损耗，降低建设投资与运营费用，降压变电所应设在动力照明负荷集中、容量较大的车站一端。

15.2.4 车站内部变电所不应设在冷冻机房等场所的经常积水区的正下方，不宜与厕所、泵房等场所相贴邻。

15.2.5 区间变电所选址应符合下列要求：
1 应便于电缆引入、引出。
2 应便于设备运输。
3 应便于变电所及其设备的巡视维护。
4 场坪高程应高于历史最高内涝水位。
5 宜靠近中低速磁浮线路，并应与城市规划相协调。

15.2.6 采用集中供电时，主变压器的数量与容量应根据近、远期负荷计算确定，并宜分期实施，变电所土建应按远期需求预留。当一台主变压器退出运行时，另一台主变压器应能负担供电范围内的一级、二级负荷。

条文说明

为节省工程初期投资及降低运营成本，主变电所的主变压器台数与容量可按近期负荷确定，但主变电所的相关土建设计应按根据远期负荷确定的主变压器数量与容量进行。

15.2.7 牵引变电所应设置两套牵引整流机组，提供二十四脉波直流牵引电源，其供电能力应满足在一座牵引变电所退出运行时，相邻牵引变电所能分担其供电区域的牵引负荷的要求。当一套牵引整流机组退出运行，另一套整流机组具备运行条件时宜继续运行。

条文说明

运行条件包括：机组过负荷满足要求；谐波含量满足要求；不影响故障机组的检修。如果这些条件能满足，那么一套整流机组维持运行，将有利于提高牵引网电压水平、减少能耗。

15.2.8 牵引整流机组的工作条件和主要设备参数应符合现行国家标准《轨道交通 地面装置 变电所用电力电子变流器》（GB/T 32593）的相关规定，其中的负荷特性要求应符合表 15.2.8 的规定。

表 15.2.8 牵引整流机组的负荷特性

负荷	100%额定电流	150%额定电流	300%额定电流
持续时间	连续	2h	1min

15.2.9 变电所内设置两台配电变压器,配电变压器的容量选择应满足一台配电变压器退出运行时另一台配电变压器能负担供电范围内的远期一级、二级负荷。

条文说明

该规定针对不同负荷的供电要求,既能满足中低速磁浮线路重要设备的供电可靠性,确保磁浮运行安全,又可降低一次性投资,并提高了平时配电变压器的负荷率,运营更为经济。该规定是对配电变压器供电能力的基本要求。若不能满足本要求,将造成二级负荷甚至一部分一级负荷停电,或者会引起配电变压器过载而导致全部用电负荷供电停电,磁浮线路运营瘫痪。

15.2.10 直流牵引配电装置的馈线回路,应设置能分断最大短路电流和感性小电流的直流快速断路器。

15.2.11 直流牵引馈线及回流回路应设置用于检修隔离的隔离开关。

条文说明

中低速磁浮线路直流供电系统为不接地系统,一般采用专设回流轨供电方案,且回流轨采用与授电轨相同绝缘等级的安装方案,为保证检修安全,有必要在回流系统的相关位置设置检修隔离开关。

15.2.12 变电所布置应符合现行国家标准《3~110kV高压配电装置设计规范》(GB 50060)或《20kV及以下变电所设计规范》(GB 50053)的有关规定。直流牵引配电装置应满足中压开关设备的布置要求,非封闭式干式变压器应设于独立房间。

15.2.13 变电所的设备布置应设置操作通道、检修维护通道、设备运输通道等,并满足运营巡视维护方便和电缆敷设路径顺畅的要求。当变电所内设备不能由室外道路直接到达时,应设置设备运输通道和吊装孔,预留吊装设施。

15.2.14 控制室各屏间及通道最小距离,宜符合表15.2.14的规定。

表 15.2.14 控制室各屏间及通道最小距离(单位:mm)

屏正面—屏正面	屏正面—屏背面	屏背面—墙	屏边—墙	屏正面—墙
1800	1500	800	800	1500(3000)

注:括号内数值适用于有人值守情况。

条文说明

当变电所控制室设备布置确有困难时，有人值守情况下的距离要求可适当减小。

15.2.15 变电所交流电源屏的电源，应接自变电所的两台配电变压器的馈线侧，直流电源屏的电源宜引自交流电源的馈线侧。

15.2.16 变电所直流操作电源采用成套装置，正常运行时蓄电池处于浮充状态，蓄电池容量应满足交流停电情况下连续供电 2h 的要求。

条文说明

依据现行行业标准《电力工程直流电源系统设计技术规程》（DL/T 5044）的有关规定，按照值班条件的不同，对直流操作电源的供电时间提出了不同的要求，为结合磁浮变电所多采用无人值班方式，直流操作电源供电时间为 2h。

15.2.17 变电所的中压继电保护设置应符合现行国家标准《电力装置的继电保护和自动装置设计规范》（GB/T 50062）的有关规定。

15.2.18 对牵引整流机组的下列故障及异常运行，应设置下列基本保护：
1 内部短路；
2 元件故障；
3 元件温升超过限定值；
4 外部短路。

15.2.19 对直流牵引馈线的短路故障及异常运行，应设置下列基本保护：
1 大电流短路断路器直接跳闸；
2 过电流保护；
3 电流变化率及其增量保护；
4 双边联跳保护；
5 直流接地漏电保护。

15.2.20 直流牵引供电设备应绝缘安装，并按现行国家标准《轨道交通 地面装置 直流开关设备》（GB/T 25890.1）的有关规定执行，设置外壳和框架接地保护。

15.2.21 直流牵引馈线开关应具有在线检测的自动重合闸功能。

条文说明

牵引网的非永久性故障和牵引负荷特性引起的短时过负荷情况，在保护启动中所占概率较大，采用自动重合闸装置能减少不必要的停电。

15.2.22 地上牵引变电所及与地上相邻的地下牵引变电所，每路直流馈线及负母线应设置雷电过电压吸收装置。

15.2.23 地上变电所配电变压器高、低压侧应设置过电压吸收装置。

15.2.24 主变电所宜按无人值班有人值守设计；车辆基地牵引变电所宜按无人值班初期有人值守设计；其余变电所应按无人值班无人值守设计。

15.3 牵引网

15.3.1 中低速磁浮交通工程牵引网应符合以下规定：
1 牵引网应由正极接触轨和负极接触轨组成，安装位置根据车辆受流器位置确定，同一工程中正负极的相对位置应统一。正极接触轨和负极接触轨应分别通过上网电缆和回流电缆与牵引变电所相连。
2 牵引网应满足中低速磁浮交通车辆运行、线路、桥梁和车辆限界等技术条件的要求。
3 正负极接触轨的规格型号应保持一致。接触轨应采用侧部授流方式，接触轨类型宜采用钢铝复合轨，接触轨截面形状应适应车辆运行条件。
4 接触轨的材料及截面的选择应满足远期高峰小时牵引所故障运行模式下载流量和最低网压要求。

15.3.2 接触轨安装应符合下列要求：
1 正负极接触轨应绝缘安装在轨道梁两侧。
2 接触轨的安装位置及安装误差应满足车辆设备限界和轨靴匹配受流的要求。
3 接触轨的支持部件应满足机械强度和绝缘耐压的要求，支持部件的结构宜在垂直线路方向、仰俯角具备调节功能。
4 接触轨应能在温度变化情况下自由伸缩。

15.3.3 接触轨的平面布置应符合下列要求：
1 接触轨的平面布置应以适应受流器的平顺通过和均匀磨耗为原则，与 F 型导轨保持固定的空间位置关系，其数值应根据接触轨安装形式及车辆技术条件确定。接触轨支点的跨距应根据接触轨参数和轨靴受流匹配要求进行计算或仿真后确定。
2 接触轨的锚段长度应根据环境温度、最大载流温升、材料线胀系数、膨胀接头补偿量等因素确定，锚段长度按式（15.3.3）计算：

$$L = \frac{l}{k(40 + T_r - T)} \tag{15.3.3}$$

式中：L——接触轨锚段长度（m）；

l——膨胀接头补偿量；

k——材料线胀系数；

T_r——最大载流温升（℃）；

T——最低环境温度（℃）。

3　道岔处的接触轨应独立设置，正线和道岔接触轨通过机械分段实现过渡衔接。

4　每个锚段中部应设置中心锚结。

5　锚段间采用膨胀接头，接触轨末端宜设置端部弯头。

15.3.4　接触轨的电分段应在下列各处：

1　有牵引变电所的车站范围内，宜在进站侧。

2　正线与配线及车辆基地、停车场线路的衔接处。

3　正线上下行渡线之间。

4　车辆基地及停车场内不同功能线路衔接处。

15.3.5　接触轨电分段形式可采用分段绝缘器或断口方式。

15.3.6　牵引变电所直流断路器和负极轨至正、负极接触轨之间设置双极电动隔离开关；正线相邻分区之间设置越区隔离开关。

15.3.7　当终端车站后面的正线区段作折返线时，其接触轨宜单独分段，并通过双极电动隔离开关柜与正线连接。

15.3.8　在折返线处接触轨供电应有主、备两路电源，并应分别接自上、下行的正线接触轨，并通过双极电动隔离开关柜连接。隔离开关柜之间设置闭锁，不应同时合闸。

15.3.9　运用库和检修库的直流牵引电源宜由牵引变电所直接馈电。每条库线接触轨应设置带接地刀闸的手动隔离开关柜。

15.3.10　接触轨带电部分和轨道梁之间（含车体和结构体）的静态最小净距不小于150mm，动态最小净距不小于100mm，有条件时应适当加大。

15.3.11　在地面及高架区段馈线上网处、隧道口正负极接触轨上均应设置避雷器，避雷器的工频接地电阻不应大于10Ω。

15.3.12　接触轨受流面的硬度应大于低速磁浮列车受流器与接触轨接触部分的材料硬度。

15.4 电缆

15.4.1 地下线路应采用无卤、低烟的阻燃电线和电缆；地上线路可采用低卤、低烟的阻燃电线和电缆。

条文说明

为防止地下线路的电线、电缆燃烧危及系统正常工作，以及燃烧时产生的有害气体危害人身健康、危及安全，电线电缆应采用无卤、低烟的阻燃材料。

15.4.2 火灾时需要保证供电的配电线路应采用耐火铜芯电缆或矿物绝缘耐火铜芯电缆。

15.4.3 供电系统中压网络采用10kV电压等级时，宜采用三芯电缆。

15.4.4 供电系统电缆在车站、区间敷设时应满足限界要求。

条文说明

本条主要是为保证车辆和设备安全而制定的。

15.4.5 车站或区间的接地干线应与每个金属支架、吊架、桥架进行可靠电气连接，其两端应与车站、变电所的接地网连接。

15.4.6 电缆在区间及车站内敷设时，各相关尺寸及距离应符合表15.4.6的规定。电缆在车辆段及控制中心建筑物内敷设时，应符合国家现行标准《电力工程电缆设计规范》（GB 50217）和《民用建筑电气设计规范》（JGJ 16）的有关规定。

表15.4.6 电缆敷设的各相关尺寸及距离（单位：mm）

名称		电缆通道		电缆沟	
		水平	垂直	水平	垂直
两侧设支架的通道净宽		≥1000	—	≥300	—
一侧设支架的通道净宽		≥900	—	≥300	—
电缆支架层间的距离	电力电缆	—	≥150（200）	—	≥200（250）
	控制电缆	—	≥100	—	120
电缆支架之间的距离	电力电缆	1000	1500	1000	—
	控制电缆	800	1000	800	—

表15.4.6（续）

名称		电缆通道		电缆沟	
		水平	垂直	水平	垂直
车站站台板下电缆通道净高	人通行部分	—	≥1900	—	—
	电缆敷设部分	—	≥1300	—	—
变电所所内电缆通道净高		—	≥1900	—	—
电力电缆之间的净距		≥35	—	≥35	—

注：1. 表中括号内数字为35kV电缆标准。
　　2. 电力电缆与控制电缆混敷时，电缆支架之间的距离宜采用控制电缆标准。
　　3. 当确有困难时，车站站台板下电缆通道人通行部分的净高可适当降低，但不得低于1300mm。

15.4.7 电缆敷设应符合下列规定：

1 同一回路的单芯中压电力电缆宜采用品字形布置，直流电力电缆宜采用一字形布置，控制、信号等弱电电缆可采取紧靠或多层叠置方式。

2 电缆位于同侧多层支架敷设时，排列顺序应全线统一；宜按电压等级由高至低的电力电缆、强电至弱电控制电缆由上而下的顺序排列；当条件受限时，也可按自下而上的顺序排列。

3 对同侧的多层支架敷设，当支架层数受空间大小限制时，1kV以及下的电力电缆可与控制电缆敷设于同一层支架上。

4 同一重要回路的工作与备用电缆，宜布置在不同侧电缆支架上，困难时可布置在同一支架不同层上。

条文说明

电缆采用顺序排列，主要是考虑到便于运营维护管理，有利于降低弱电电缆回路的电气干扰强度。

15.4.8 电力电缆与控制电缆沿线路敷设时，应敷设在电缆支架上或电缆沟槽内。

15.4.9 电缆在地上线路采用电缆支架敷设时，宜采取罩、盖等遮阳措施。

15.4.10 中压电缆的中间接头不应设在车站范围内。

15.4.11 电缆敷设时应按照现行国家标准《电力工程电缆设计标准》（GB 50217）的有关规定执行，进行防火封堵。

15.5 动力与照明

15.5.1 动力与照明系统应采用220V/380V三相四线制系统。

15.5.2 动力与照明用电设备的负荷分级应符合下列规定：

1 一级负荷：变电所操作电源、应急照明、通信系统设备、信号系统设备、自动售检票系统设备、火灾自动报警系统及自动灭火系统设备、防火卷帘、电力监控系统设备、环境与设备监控系统设备、门禁系统设备、站台门、消防系统设备、排烟系统用风机和电动阀门、消防电梯、排雨泵、消防电梯、用于疏散的自动扶梯、道岔系统、地下站厅站台公共区照明、安防设施等。其中变电所操作电源、应急照明、火灾自动报警系统设备、环境与设备监控系统设备、专用通信系统设备、信号系统设备为一级负荷中特别重要负荷。

2 二级负荷：地上站厅站台等公共区照明、乘客信息系统、附属房间照明、普通风机、排污泵、非消防电梯、非消防疏散用自动扶梯、人行步道、变电所检修电源等。

3 三级负荷：空调制冷及水系统设备、广告照明、清洁设备、电热设备、区间维修设备、附属房间插座、培训及模拟系统设备等。

4 车辆基地、控制中心大楼内建筑电气设备的负荷等级，应符合现行行业标准《民用建筑电气设计规范》（JGJ 16）的有关规定。

15.5.3 动力与照明配电应符合下列规定：

1 消防及其他防灾用电设备应采用专用的供电回路，消防配电设备应采用红色文字标识。

2 配电变压器二次侧至用电设备之间的低压配电级数不宜超过三级。

3 各级配电开关设备宜预留备用回路。

4 动力与照明配电设备宜集中布置，车站应设动力照明配电室，车辆基地的单体建筑内用电设备容量较大且在该建筑物内没有降压变电所时，应设置配电室。

5 负荷性质重要或者用电负荷容量较大的集中设备应采用放射式配电。

6 中小容量动力设备宜采用树干式配电。用电点集中且容量较小的次要用电设备可采用链式配电，链接的设备不宜超过5台，其总容量不应超过10kW。

7 电缆通道应设置照明，其电压不应超过36V。

8 动力设备及照明的控制可采用就地控制和远方控制。

9 插座回路应具有漏电保护功能。

10 地下区间和岔道区应设置维修用移动电器的电源设施；车站站厅和站台宜设置清扫用移动电器的安全型电源插座。

条文说明

中低速磁浮交通道岔结构复杂，在道岔区需设置维修电源。

15.5.4 车站照明种类可分为正常照明、应急照明、值班照明和过渡照明。

15.5.5 应急照明可包括备用照明和疏散照明，其设置应符合下列规定：

1 当正常照明失电后，对需要确保正常工作或活动继续进行的场所应设置备用照明。
2 当正常照明因故障熄灭或火灾情况下正常照明断电时，对需要确保人员安全疏散的场所应设置疏散照明。

15.5.6 车站的站厅、站台照明宜采用节能型荧光灯或 LED 光源。建筑内设置的消防疏散指示标志和消防应急照明灯具，应符合现行国家标准《消防应急照明和疏散指示系统技术标准》（GB 51309）的相关规定。

15.5.7 当正常交流电源全部退出，地下线路应急照明连续供电时间不应小于 60min；地上线路及建筑的应急照明供电时间，应符合现行国家标准《建筑防火设计规范》（GB 50016）的有关规定。

15.5.8 照明照度标准应符合现行国家标准《城市轨道交通照明》（GB/T 16275）和《建筑照明设计标准》（GB 50034）的有关规定。

15.5.9 地面车站、车辆基地的建筑物及其他户外设施的防雷设计应符合现行国家标准《建筑物防雷设计规范》（GB 50057）和《建筑物电子信息系统防雷技术规范》（GB 50343）的有关规定。

15.5.10 车辆基地的场区和高架区间应采取防雷措施。当利用高架区间金属构件作为接闪器时，金属构件间应做电气贯通连接，并应与桥墩处的防雷接地点可靠连接，高架区间和道岔区接地装置宜采用桥梁结构内的钢筋作为自然接地体。

15.5.11 当电气装置采用接地故障保护时，车站、区间、控制中心、车辆基地内的单体建筑等应设置包括建筑物或构筑物结构钢筋在内的总等电位联结。

15.5.12 动力与照明的其他设计要求，应符合国家现行标准《低压配电设计规范》（GB 50054）、《通用用电设备配电设计规范》（GB 50055）和《民用建筑电气设计规范》（JGJ 16）的有关规定。

15.6 电力监控系统

15.6.1 电力监控系统构成、监控对象、功能要求，应根据供电系统的特点、运营要求、通道条件确定。

条文说明

目前，自动化系统发展很快，为适应这种发展，电力监控系统在设计时，在设备选型、系统融合功能配置方面应充分考虑发展的需要。

15.6.2 电力监控系统应包括电力调度系统、变电所综合自动化系统及联系二者的专用数据传输通道和复示系统。

15.6.3 电力监控系统应满足实时性、可靠性、可维护性和可扩展性的要求。

15.6.4 电力监控系统的设备选型、系统容量和功能配置，应满足系统稳定与发展的需要。

15.6.5 当设有综合监控系统时，电力调度系统应集成到综合监控系统中。

15.6.6 电力监控系统的传输通道设计，应包括通道的结构形式、主/备通道的配置方式、远动信息传输通道的接口形式和通道的性能要求等。

15.6.7 电力监控系统的功能应满足变电所无人值班的运行要求。

15.6.8 电力监控系统宜采用通信系统的标准时钟信号。

15.6.9 电力监控系统功能应包括遥控、遥信、遥测、遥调，并应具备数据传输及处理、报警处理及统计报表、用户画面、自检、维护和扩展、信息查询、安全管理、系统组态、在线检测、时钟同步、培训等功能。

15.6.10 遥控对象应包括下列基本内容：
1 变电所中压及以上电压等级的断路器、电动负荷开关及系统用电动隔离开关。
2 牵引供电系统直流快速断路器、电动隔离开关。
3 低压配电系统需要远方控制的断路器。
4 跳闸等动作的远动复归、保护及自动装置的投/退。

15.6.11 遥信对象应包括下列基本内容：
1 遥控对象的位置信号。
2 故障报警及断路器跳闸信号。
3 变电所中压进线电源带电显示信号。
4 所用交、直流设备的电源故障信号。
5 断路器手车信号。
6 控制转换开关位置信号。

15.6.12 遥测对象应包括下列基本内容：
1　电源进线电压、电流、有功电度、无功电度。
2　变电所中压母线电压。
3　变电所中压环网进、出线电流。
4　牵引直流母线电压。
5　变电所交流馈线电流、有功电度、无功电度、有功功率。
6　所用直流操作电源的母线电压。
7　各种保护动作的幅值。
8　直流进线电流、负极回流电流、馈线电流。
9　400V进线电流、功率因数；
10　再生制动能量回馈装置吸收电流、牵引网网压。

15.6.13 遥调对象应包括下列基本内容：
1　有载调压变压器的调压开关。
2　中压和直流牵引继电保护整定值组。

15.6.14 电力监控系统应具备下列基本功能：
1　遥控可分为选点式、选站式、选线式控制。
2　对供电系统的设备运行状态的实时监视和故障报警。
3　对供电系统中主要运行参数的遥测。
4　采用中文的屏幕画面显示、模拟盘显示或其他方式显示。
5　对供电系统故障记录等的日报、月报制表打印。
6　系统自检及自动维护功能。
7　主/备通道的切换功能。

15.6.15 电力调度系统设备应按双冗余系统的原则进行配置，包括下列主要设备：
1　计算机设备与计算机网络。
2　人机接口设备。
3　打印记录设备和屏幕拷贝设备。
4　通信处理设备。
5　不间断电源设备（UPS）。
6　调试终端设备及打印设备。

15.6.16 变电所综合自动化系统设备应具备下列基本功能：
1　远动控制输出。
2　包括数字量、模拟量、脉冲量等现场数据采集量。
3　远动数据传输。

4　可脱离主站独立运行。

15.6.17　变电所综合自动化系统设备的通信规约应对用户完全开放。

15.6.18　远动数据通道宜采用通信系统的数据通道。

15.6.19　电力监控系统的主要技术指标应符合下列规定：
　　1　遥控命令传送时间不应大于3s。
　　2　遥信变位传送时间不应大于3s。
　　3　遥控正确率不应低于100%。
　　4　遥信正确率不应低于99.9%。
　　5　遥信分辨率（子站）不应大于10ms。
　　6　遥测综合误差不应大于1.5%。
　　7　站间事件顺序记录（SOE）分辨率不应大于15ms。
　　8　双机自动切换时间不应大于30s。
　　9　画面调用响应时间不应大于3s。
　　10　服务器负荷率不大于50%。
　　11　网络负荷率不大于30%。
　　12　数据传输通道通信传输速率不应低于100Mbps。
　　13　设备平均无故障工作时间不应低于20000h。
　　14　设备平均修复时间不应多于1h。
　　15　可用率不小于99.98%。

条文说明

　　主要技术指标为基本要求，设计可在设备招标时根据产品发展情况具体确定。

15.7　接地

15.7.1　每座车站应设置一套综合接地装置，每座单体变电所应设置一套专用接地装置。沿线应设置贯通接地扁钢或利用其他可接地的金属导体，并与各接地装置连接，形成贯通全线的综合接地装置。

条文说明

　　"变电所"包含主变电所、电源开闭所、牵引变电所、降压变电所。

15.7.2　主变电所中主变压器的二次侧中性点宜采用小电阻接地方式，降压变电所中配电变压器的二次侧中性点应直接接地，低压动力照明系统宜采用TN-S系统接地形式，直流牵引供电系统应为不接地系统。

条文说明

中低速磁浮线路内部中压网络采用电缆，且数量较大，电缆对地电容电流较大，因此在采用集中供电时，主变压器低压侧宜采用小电阻接地方式；当采用分散供电时，应在系统接入方案研究阶段与供电部门协商确定系统接地方式，必要的情况下可设置隔离变压器。

15.7.3 供电系统中电气装置与设施的外露可导电部分，除有特殊规定外均应接地。

15.7.4 当供电系统与其他系统共用接地装置时，其接地电阻不应大于接入设备中的要求的最小值。

15.7.5 接地装置应能符合现行国家标准《交流电气装置的接地设计规范》（GB/T 50065）和《轨道交通 地面装置 电气安全、接地和回流》（GB/T 28026）等有关标准的规定。

15.7.6 接地装置应利用车站结构钢筋或变电所结构基础钢筋等自然接地极作为接地装置，并宜敷设以水平接地极为主的人工接地网。自然接地装置与人工接地网间应采用不少于两根导体在不同地点相连接。自然接地极与人工接地网的接地电阻值应能分别测量。

条文说明

由于人身安全需要，车站及变电所结构主体钢筋应作为等电位联结内容，而在满足相关条件的情况下，利用车站及变电所结构钢筋等自然接地极作为接地装置能够减少工程投资并有利于保持接地电阻的稳定性。

15.7.7 接地装置至变电所的接地线的截面，不应小于系统中保护地线截面的最大值。

15.7.8 轨排应考虑防雷接地，防雷接地的接地引下线应就近引入接地体，若与其他接地共用接地体，则其接地点与其他接地的接地点之间的间距宜大于15m。不得利用沿线设置的强、弱电贯通地线实现轨排防雷接地。

条文说明

轨排的防雷接地利用沿线贯通敷设的接地扁钢时不利于雷电流的尽快泄放，且易在贯通地线的入地点形成较高的电位，可能对连接在同一地网的其他设备造成反击，因此要求轨排应沿线路设置直接防雷接地泄放通道。

15.7.9 在车站线路、车辆基地、故障停留线等有人员上下车区段的负极轨侧，应设置安全接地板。接地板应采取温度补偿措施。接地板应可靠接地，并与人员上下车区域形成可靠的等电位连接。

条文说明

磁浮车辆内部电气回路正、负极均与车体绝缘，当发生绝缘泄漏，车体即为带电体，如故障不能及时清除，在车辆进入车站，乘客跨越站台和车体时可能发生电击，因此需在车站、车辆基地、故障停留线等处设置接地板，当车辆进入该区域后，通过车辆自带的接地刷自动接地，将车体与站台形成等电位，确保乘客安全。

15.8 供电维修

15.8.1 供电设备的保养与维护应采取预防与维修相结合的方式，实行周期检测与计划维修，逐步推进状态维修。

15.8.2 维修作业应做到巡检与周期检测、重点抽检相结合。电气设备的检测、试验、修理应以现场为主，供电车间为辅。

15.8.3 供电车间隶属综合维修基地，宜设于车辆基地或综合维修中心；在供电车间下设技术、调度、运行、检修室等；运行室和检修室下设备专业运行、检修、巡视检查等工区。

15.8.4 供电车间的规模应满足供电设备中小修的要求，供电设备大修宜委托专业工厂完成。

15.8.5 供电车间生产生活房屋应包括办公房屋、生活房屋、检修房屋、车库、材料库及辅助房屋，并应在有条件时与同类房屋合并设置。沿线车站宜根据需要设置接触轨抢修值守用房、变配电专业工班驻点用房、检修室/储藏室等。

15.8.6 供电车间的检修、试验设备及仪器、仪表按满足本线中、小修需要配置。对部分使用率较低的设备，可考虑与其他线路供电车间共用。

15.8.7 供电车间应配备接触轨维修工程车、供电设备维修所需的设备工器具。供电车间的机加工工作由综合基地统一安排机电车间完成。

15.8.8 供电车间定员应结合供电设备维修作业性质及供电设备沿线分散设置的特点进行配置，满足供电设备故障时及时、准确抢修的要求。

16 通信

16.1 一般规定

16.1.1 中低速磁浮交通的通信系统设计应适应运输效率、保证行车安全，符合运营管理中的语音、数据和图像等通信业务要求，采用数字化、宽带化、智能化、集约化的先进成熟技术。

条文说明

可利用大数据、云计算、物联网、人工智能等先进技术，对磁浮交通运营管理中的语音、数据和图像进行全面采集、集中分析，建设智能化、集约化的通信网络。

16.1.2 通信系统设计应遵循全程全网、互联互通、资源共享的原则，并与已建成线路及规划中线路的通信系统合理衔接。

16.1.3 通信系统设计宜包含通信线路、传输、电话交换、无线通信、视频监控、广播、时钟、乘客信息、办公自动化、集中告警、电源设备、设备防雷及接地、运行环境、公安通信和民用通信引入等内容。

16.1.4 通信系统可根据需要设置专有云计算平台实现各通信子系统的数据存储及网络管理，云计算平台也可为除通信系统以外的其他系统提供统一的存储、计算、网络管理等服务。

16.1.5 公安通信系统应满足公安部门的通信要求，并在突发事件发生时为公安部门提供应急调度指挥通信；民用通信引入系统应预留电信运营商移动通信网络引入条件。

16.1.6 通信系统设计选用的电气装置、电子设备应符合电磁兼容性的要求，具有抗电气干扰性能，并满足国家现行有关过电压、过电流指标及端口抗扰度试验标准的规定。

16.1.7 通信设施设置位置及方式应符合设备限界和车辆限界的要求。

条文说明

为确保车辆行驶的安全和设备设施的安全，中低速磁浮设置了严格的设备限界和车辆限界要求。

16.2 通信线路

16.2.1 通信线路设计应根据需要优先选择光缆。

16.2.2 光缆的数量、容量应根据业务需求确定，并应结合远期发展预留余量。

16.2.3 光缆应结合中低速磁浮交通线路条件合理选择敷设方式。在区间隧道内宜采用沿墙架设方式；在高架区段宜敷设在槽道内或桥梁疏散通道下方的电缆支架上；在路基区段宜敷设在管道或槽道内；在车站等建筑物中宜敷设在电缆槽或电缆桥架内。管道顶部的埋深不宜小于0.8m，特殊地段不应小于表16.2.3-1要求，且与其他地下管道及建筑物的净距不应小于16.2.3-2要求。

表16.2.3-1 特殊地段管道顶部至路面的埋深（单位：m）

管道种类	路面至管顶的最小深度		路面（基面）至管顶的最小深度	
	人行道下	车行道下	电车轨道下	铁路下
混凝土管或塑料管	0.5	0.7	1.0	1.3
钢管	0.2	0.4	0.7（加绝缘层）	0.8

表16.2.3-2 管道和其他地下管线及建筑物间的最小净距（单位：m）

设施名称		最小净距	
		平行时	交叉时
电力电缆	电压<35kV	0.5	0.5
	电压≥35kV	2.0	0.5
其他通信电缆		0.75	0.25
给水管	管径<0.3m	0.5	0.15
	管径≥0.3m	1.0	0.15
燃气管	压力≤300kPa	1.0	0.3
	300kPa<压力<800kPa	2.0	0.3
市外大树		2.0	—
市内大树		0.75	
热水管、排水管		1.0	0.15
排水沟		0.8	0.5
房屋建筑红线（或基础）		1.0	—

16.2.4 主干光缆的外护套应采用无卤、低烟、阻燃、抗电气化干扰的材料；高架区间的光缆外护套应具有防阳光辐射的功能。

条文说明

光缆外护套无卤、低烟、阻燃，是为了在火灾情况下，能够尽量避免线缆产生对人身有害的物质，并能有效地防止燃烧。

16.2.5 光缆不应设置屏蔽地线，接头两侧的金属护套及金属加强件应相互绝缘；光缆引入室内前应做绝缘接头，使室内外的金属护套及金属加强件彼此绝缘。

条文说明

为保证金属加强及金属护套上的纵向感应电势不积累，光缆接头两侧的金属护套和金属加强件应相互绝缘。为保证感应电流不进入通信机房影响设备及人身安全，光缆引入时，应做绝缘接头。

16.3 传输

16.3.1 传输系统应满足通信各子系统以及信号、综合监控、电力监控、防灾、环境与设备监控和自动售检票等相关系统对通道类型、业务接口类型和带宽的需求。

16.3.2 传输系统应采用宽带光数字传输技术。

16.3.3 传输系统应为所承载的业务提供网络保护、通道迂回保护。

16.3.4 传输系统的传输速率、系统容量应根据业务量、网络冗余和网络保护方式进行选择和配置，并预留发展条件。

16.3.5 传输设备业务接口板应根据接口类型和用途配置，业务接口数量应考虑预留。

16.4 电话交换

16.4.1 电话交换系统应满足中低速磁浮交通运营管理中的电话业务需求，提供车站、车辆段、停车场的值班员电话和控制中心调度员组织指挥行车及运营管理的专用电话，以及内部用户之间、内部用户与公共交换电话网用户之间的公务电话。

条文说明

按照通信系统集约化、节省工程投资的原则，中低速磁浮交通宜统筹设置一套电话交换系统实现专用电话和公务电话业务。

16.4.2 电话交换系统的电话交换机宜采用软交换技术。

16.4.3 电话交换系统与公用网本地电话局的连接方式宜采用全自动呼出、呼入中继方式，纳入本地公用网统一编号，并宜设置计费管理系统。中继线的数量，应根据话务量大小和国家的有关规定确定。

16.4.4 控制中心调度台宜设置在控制中心调度大厅内。行车调度电话分机应设置在各车站行车值班员、车辆基地信号楼行车值班员所在处所；电力调度电话分机应设置在电力值班人员所在处所；防灾环控调度电话分机应设置在防灾环控值班人员所在处所。

16.4.5 调度电话终端应能选呼、组呼和全呼分机，任何情况下均不应发生阻塞；调度电话分机可对调度电话终端进行一般呼叫和紧急呼叫；控制中心调度电话终端之间应有台间联络等功能；调度电话系统应具有录音功能。

16.4.6 车站专用直通电话应提供行车值班员或站长与本站内运营业务有关人员进行通话联络。站区管辖内的道岔处可设置与车站值班员的直通电话。车辆基地专用电话可设置行车指挥电话、乘务运转电话、段内调度指挥电话、车辆检修电话。

16.4.7 站间行车电话应为相邻车站值班员间提供办理有关行车业务联系。站间行车电话应设在车站值班员所在处所。

条文说明

16.4.4～16.4.7 根据国家标准《地铁设计规范》（GB 50157—2013）第 16.5 节。

16.5 无线通信

16.5.1 无线通信系统应根据中低速磁浮运营需要，提供选呼、组呼、全呼、紧急呼叫等调度通信业务，提供列车自动控制系统车地通信、车载视频监控、车载乘客信息等数据业务。

16.5.2 无线通信系统的无线电频率使用应符合国家无线电管理的有关规定，电磁辐射值应满足现行国家标准《电磁环境控制限值》（GB 8702）的要求。

条文说明

根据国家标准《电磁环境控制限值》（GB 8702—2014）中第 4.1 条对电场、磁场、电磁场的公众曝露控制限值进行了规定。

16.5.3 无线通信系统应根据无线电管理部门许可的频率资源选择技术体制，可采用数字集群和 LTE 等技术。采用其他技术时，应充分考虑系统的可靠性、可用性、可维护性和安全性要求。

条文说明

无线通信系统选用数字集群技术，需要向无线电管理部门申请 806～821 MHz（上行）、851～866 MHz（下行）频率使用许可；选用 LTE-M 技术，需要向无线电管理部门申请 1785～1805 MHz 频率使用许可。根据实际情况，也可选用工作于其他频段的无线通信技术。

16.5.4 无线通信系统应包括核心网、无线子系统、无线终端、运行维护与系统支撑等。

16.5.5 无线通信系统应综合考虑电波传播特性和服务质量要求，合理布设基站。

16.5.6 无线杆塔的选址、抗震、防风、防雷等应符合相关标准的规定。

16.6 视频监控

16.6.1 视频监控系统应为控制中心调度员、各车站值班员、列车司机等提供有关列车运行、防灾、救灾及乘客疏导等方面的视觉信息。

16.6.2 视频监控系统应由中心控制设备、车站控制设备、图像摄取、图像显示、录像及视频信号传输等设备组成。

16.6.3 视频监控系统应在售检票大厅、票务室、乘客集散厅、上下行站台、疏散通道、自动扶梯、道岔区、变电设备房、设备区走廊、线路区间、区间防护栅栏等场所设置摄像机。摄像机宜采用高清网络摄像机。

16.6.4 视频监控系统应在控制中心行车调度员、防灾调度员、车站行车值班员、车站防灾值班员等所在场所设置控制、监视装置。在站台停车位或司机室配置司机监视装置。

16.6.5 室外摄像机应设全天候防护罩，并应适应最低 0.2 lx 的照度；室内摄像机应适应最低 1lx 的照度。

条文说明

16.6.1~16.6.5 根据国家标准《地铁设计规范》（GB 50157—2013）第 16.6 节的相关规定。

16.6.6 视频监控系统应具备监视、控制优先级、循环显示、任意定格与锁闭、图像选择、随时录像、摄像范围控制、字符叠加、远程电源控制等功能。

16.6.7 所有摄像机摄取的实时录像应能保存，保存时间应符合有关技术标准的规定。控制中心和车站可调取录像。

16.6.8 应根据公安部门的要求为公安监控中心提供车站公共区域的监视图像。

16.7 广播

16.7.1 广播系统应由正线运营广播系统、车辆基地广播系统组成。

16.7.2 正线运营广播系统在控制中心和车站均应设置行车和防灾广播控制台，控制中心广播控制台可对全线选站、选路广播，车站广播控制台可对本站管区内选路广播。

16.7.3 正线运营广播系统行车和防灾广播的区域应统一设置。防灾广播应优先于行车广播。

16.7.4 列车进站时，车站可自动广播乘客导乘信息，列车进站信息宜由信号系统提供。

16.7.5 正线运营广播系统宜提供客运服务人员通过无线手持台随时加入本站广播系统作定向广播的功能，其系统车站负荷区宜按站台层、站厅层、出入口通道，与行车直接有关的办公区域、区间等进行划分，且各点的广播声音应清晰、稳定。

16.7.6 车辆基地广播系统应能提供车辆基地内行车调度人员向与行车直接有关生产人员发布作业命令及有关安全信息。车辆基地广播系统可接入运营广播系统。

16.7.7 广播系统功放设备总容量应按所有广播负荷区额定功率总和及线路衰耗确定。功率放大器应按 $N+1$ 的方式热备用，系统应有功放自动检测倒换功能。

16.7.8 列车广播设备应与车辆配套设置。列车广播设备应兼有自动和人工播音方式。同时可接受控制中心调度员通过无线通信系统对运行列车中的乘客的语音广播。

条文说明

16.7.1～16.7.8　根据国家标准《地铁设计规范》(GB 50157—2013) 第 16.7 节的相关规定。

16.8　时钟

16.8.1　时钟系统应能为运营提供统一的标准时间信息，为其他各系统提供统一的时间信号。时钟系统应由一级母钟、二级母钟、子钟组成。

16.8.2　一级母钟应设置在控制中心，并应满足到多条线路的共享；二级母钟应设置在各车站和车辆段；子钟应设置在中心调度室、车站综合控制室、牵引变电所值班室、站厅、站台层及其他与行车直接有关的办公室等处所。

16.8.3　一级母钟应能接收外部全球卫星定位系统 (GPS) 和北斗卫星定位系统基准信号校准；一级母钟定时向二级母钟发送时间编码信号用以校准；二级母钟产生时间信号提供给本站的子钟。

16.8.4　一级母钟自走时精度应在 10^{-7} 以上，二级母钟精度应在 10^{-6} 以上。

16.8.5　一级母钟、二级母钟应配置数字式及指针式多路输出接口，一级母钟应配置数据接口，并可向其他各系统提供定时信号。

条文说明

16.8.1～16.8.5 根据国家标准《地铁设计规范》(GB 50157—2013) 第 16.8 节的相关规定。

16.9　乘客信息

16.9.1　乘客信息系统宜具有乘客被动式多媒体导乘信息获取的服务功能。

16.9.2　乘客信息系统除应提供与运营相关信息外，宜提供新闻、天气预报、道路交通等公共信息及公益广告等信息。

16.9.3　乘客信息系统应具备全数字传输功能，信息采集、传播、显示宜采用全数字方式。

16.9.4 乘客信息系统应支持数据传送及数据显示的优先级别定义功能，对定义级别高的数据应优先处理。

16.9.5 对需同时显示多类信息的终端显示器设备，应具有每个区域可独立控制的多区域屏幕分割功能，并应具备单独播出列表功能。

16.9.6 乘客信息系统宜分为控制中心子系统、车站子系统、车载子系统、网络子系统、广告管理子系统。

16.9.7 中心子系统宜配置中心服务器、视频服务器、咨询服务器、操作员工作站、网管工作站、播出控制工作站、音视频切换矩阵、视频编码器/解码器、播出版式预览装置等设备。

16.9.8 车站子系统宜配备数据服务器、操作员工作站及各类终端显示设备。终端显示设备配置应满足运营需求。

16.9.9 车载子系统宜配置车载控制器、车载无线客户端、图像存储设备、网络设备和客室终端显示屏。

16.9.10 乘客信息系统宜设置与时钟系统、信号系统、综合监控系统等内部专业系统的接口，并宜设置与数字电视、无线电视、有线电视等外部信息的接口。

16.9.11 乘客信息系统的数据线应采用无卤、低烟的阻燃电缆。

16.9.12 乘客信息系统的数据线与电源线不应共用电缆，并不应敷设在同一金属管内。

16.10 办公自动化

16.10.1 办公自动化系统应为运营和管理提供电子办公、信息发布、日常运作和管理、资源管理、人员交流的信息平台。

16.10.2 办公自动化软件平台建设宜根据运营单位的需求，统一规划和实施。

16.10.3 办公自动化系统可在各线路控制中心、车站、车辆基地设置数据网络设备，在与运营相关办公场所应设置用户终端设备。

16.10.4 办公自动化系统宜利用传输系统作为主干传输网络，用户终端设备可通过综合布线系统接入网络设备。

16.10.5 办公自动化系统应设置网络安全措施。

条文说明

16.10.1～16.10.5 根据国家标准《地铁设计规范》（GB 50157—2013）第 16.9 节的相关规定。

16.11 集中告警

16.11.1 中低速磁浮交通宜设置集中告警系统。

16.11.2 集中告警设备宜设置于控制中心，实现故障监测、安全管理等功能。

16.11.3 集中告警系统与通信各子系统的网络管理系统间应采用标准、通用的硬件接口和通信协议。

16.11.4 集中告警系统应利用通信各子系统具有的自诊断功能，采集通信各子系统的设备故障信息，并应进行记录和告警。

16.12 电源设备

16.12.1 通信电源应为通信设备提供稳定、可靠的供电。当外供交流电源为两路时，通信电源设备应具备自动切换功能。

条文说明

双电源切换功能由通信电源设备完成，有利于通信系统维护管理。

16.12.2 通信电源设备包括交流供电设备和直流供电设备。其中，交流供电设备包括交流配电设备、不间断电源（UPS）和蓄电池组；直流供电设备包括高频开关电源设备和蓄电池组。

16.12.3 高频开关电源设备、UPS 设备的容量应按近期负荷配置并留有余量。

16.12.4 高频开关电源设备宜配置 2 组蓄电池组，UPS 设备宜配置 1 组蓄电池组。蓄电池组备用时间不应低于 2h，并可根据需要适当延长。

16.12.5 蓄电池组应采用在线式、低压恒压、全浮充方式充电，宜设置蓄电池组在线均衡系统。

条文说明

全浮充工作方式下的蓄电池，充放电循环次数少，自放电和深放电的容量又能及时补足，使用寿命长。

16.12.6 交流电源线的截面积应符合导线允许载流量要求，并考虑电压损失、机械强度等因素；直流电源线的截面积应符合通信设备满配负荷需求，并可采用电流矩法、固定压降分配法和最小金属用量法等方法计算。

16.13 设备防雷及接地

16.13.1 按照分区、分级防护的原则，在雷电防护区界面处应合理设置浪涌保护器（SPD），对可能受到雷电感应影响的通信设备进行防护。

条文说明

（1）雷电侵入通信设备的主要途径包括：雷电直接击中通信设备所在建筑物防雷装置，引起防雷装置各部位（引下线、接地装置）瞬态电位的急剧升高，导致对通信设备的反击；雷电产生的瞬态过电压通过电源输入线侵入通信系统；雷电产生的瞬态过电压通过传输信号的线缆侵入通信系统。

（2）SPD作用包括：泄流（把入侵的雷电流分流入地，让雷电的大部分能量泄入大地）、限压（通过泄放雷电感应的能量，逐渐减低浪涌电压，使SPD两端残压限制在设备耐冲击电压额定值以下，使电子设备受到保护）。

分区是将需要保护的空间按照局站建筑物内外，通信设备房屋及被保护设备所处环境的不同，由外到内划分为不同的防雷区（LPZ），以规定各部分空间不同的雷击电磁脉冲的严重程度和指明各区交界处的等电位连接点的位置。在线路由一个分区进入另外一个分区时，按照不同分区的防雷要求安装相应等级的浪涌保护器。

分级是根据各区雷电的冲击负荷及设备抗过电压、过电流的能力设置相应的防雷保护装置，组成系统多级防雷，层层泄放雷电感应的能量，逐级减低浪涌电压，使残压低于被保护设备的耐压水平，从而保护用户端设备。

因此，根据雷电瞬间电位升高的侵袭通道，按照分区分级的原则，分别在分界面处，多级设置各种防雷单元形成瞬态等电位系统，是通信设备雷电防护的有效手段。

16.13.2 室内信号传输线SPD的设置应符合现行国家标准《通信局（站）防雷与接地工程设计规范》（GB 50689）等技术标准的有关规定。

条文说明

根据国家标准《通信局（站）防雷与接地工程设计规范》（GB 50689—2011）中第 9.5.8 条对信号传输线用 SPD 的设置要求进行了规定。

16.13.3 通信设备的接地系统设计应符合人身安全要求和设备的正常运行要求。

16.13.4 通信设备宜采用综合接地，接地电阻不应大于1Ω。

16.13.5 分设接地方式应由接地体、接地引入线、地线盘及室内接地配线组成。

16.13.6 按分设接地方式设置的不同接地体间的距离均应大于 20m。

16.14 运行环境

16.14.1 外供交流电源应可靠、不间断，通信设备应按一级负荷供电。

16.14.2 外供交流电源功率应与通信电源设备容量相匹配。

16.14.3 通信设备房屋应按远期需求确定机房及生产辅助用房的面积，并应根据需要提供公安通信系统和民用通信引入系统的设备用房。

16.14.4 通信设备房屋应根据通信设备安装及布线的要求，合理预留沟、槽、管、洞。

16.14.5 通信设备房屋的温度、相对湿度及防震、防尘、防潮、防火、防鼠等应符合现行国家标准《数据中心设计规范》（GB 50174）等有关技术标准的规定。

条文说明

现行国家标准《数据中心设计规范》（GB 50174）对不同等级的电子信息系统机房的相关技术要求进行了规定。

16.15 公安通信

16.15.1 公安通信系统宜由公安视频监控系统、公安无线通信引入系统、公安数据网络、电源系统等组成。

16.15.2 公安视频监控系统应满足公安部门对车站范围监视的要求，可在公安轨道交通分局、轨道交通派出所及车站公安值班室进行监视。公安视频监控系统宜与专用通信视频监控系统合设。

16.15.3 公安无线通信引入系统应覆盖中低速磁浮交通的车站和线路区间。

16.15.4 公安无线通信引入系统应实现与既有城市公安无线通信系统的兼容及互连互通。

16.15.5 公安数据网络应满足城市轨道交通公安分局、派出所及车站公安值班室间的数据传输的要求，并可接入城市公安数据网络。

16.15.6 公安电源系统应满足公安视频监控系统、公安无线通信引入系统、公安数据网络等设备的供电要求。

16.16 民用通信引入

民用通信引入系统应预留电信运营商的光电缆引入站内机房的条件，并应预留站内及区间设备安装和线缆布设等系统运行条件。

17 信号

17.1 一般规定

17.1.1 信号系统应满足中低速磁浮行车组织和运营管理的需求，满足中低速磁浮列车控制需求，保证列车运行安全，提高行车效率。

17.1.2 信号系统应具有高可靠性、高可用性、高安全性和高可维护性。

17.1.3 涉及行车安全的系统、设备及电路应符合故障导向安全原则，采用的安全系统、设备应通过独立第三方的安全认证。

17.1.4 信号系统应采用列车自动控制（ATC）系统；根据工程需要，可选择符合互联互通相关标准的 ATC 系统。

17.1.5 信号系统应为线路双方向运行提供安全防护，安全防护应符合下列规定：
  1 在采用移动闭塞系统时，正方向运行应采用移动闭塞方式追踪运行，反方向应具备 ATP 防护功能。
  2 在采用准移动闭塞或固定闭塞系统时，双线区段正方向应按准移动闭塞追踪运行，反向可按进路闭塞运行。
  3 单线区段应按双方向追踪运行设计。

条文说明

考虑中低速磁浮交通运营的灵活性，信号系统按双方向运行设计。针对基于通信的列车自动控制（CBTC）系统，反向可采用与正向相同的移动闭塞方式，但受地面设备限制，反向一般不要求列车自动运行（ATO）功能。对于非 CBTC 系统，反向一般采用进路闭塞方式。

17.1.6 信号系统应能适应中低速磁浮电磁环境。

条文说明

中低速磁浮列车由于采用电磁铁悬浮和直线电机牵引，列车底部及周围电磁环境较常规轮轨系统更加复杂。信号车载设备和轨旁设备需充分考虑中低速磁浮的电磁环境，系统设备应用前需进行必要的试验和测试，进行必要的适应性改造，以使其能够抵御干扰、适应周围电磁环境。

17.1.7 信号系统应遵循国家相关信息安全等级保护规定。

17.1.8 信号系统应满足现代化维护管理的需求，信号设备应便于维护、测试与更换。

17.1.9 信号系统的车载设备不应超出车辆限界，地面设备不应侵入设备限界。

17.1.10 计算机、电子类控制设备宜集中设置在室内，对于受控制距离限制的控制设备可布置在轨旁。

17.1.11 设于高架或者低置线路旁的信号设备应适应中低速磁浮交通的特点，信号设备应便于施工、维护和运营管理。

条文说明

中低速磁浮交通多数采用高架线路和低置结构线路，轨旁设备的安装条件与常规城市轨道交通有着较大区别。信号轨旁设备安装需针对中低速磁浮交通的特点，以便于施工安装、运营维护为原则，做适应性的设计、调整，不宜简单沿用常规城市轨道交通轨旁设备的安装原则。

17.2 系统要求

17.2.1 信号系统应包括正线 ATC 系统及车辆基地信号系统。

17.2.2 正线 ATC 系统应由列车自动监控（ATS）子系统、列车自动防护（ATP）子系统、列车自动运行（ATO）子系统、计算机联锁（CI）子系统、数据通信（DCS）子系统、维护监测（MSS）子系统和电源设备构成。

条文说明

本文根据实际工程实施情况，将计算机联锁、数据通信、维护监测均按独立的子系统进行描述和要求。

17.2.3 车辆基地信号系统构成应符合下列规定：
1 车辆基地信号系统应由 CI 子系统、ATS 子系统、ATP 子系统、DCS 子系统、

MSS 子系统、电源设备、信号日常维修和检测设备构成。
   2 设有试车线的工程应配置试车线子系统。
   3 根据运营需要、资源共享原则可选择配置信号培训子系统。
   4 根据工程情况可选择配置 ATO 子系统。

条文说明

配置 ATO 子系统的车辆基地通常称为自动化车辆基地。对于非自动化车辆基地，ATP 子系统主要指车辆基地道岔安全防护系统设备。

17.2.4 ATC 系统控制模式符合下列规定：
   1 系统应具备中央 ATS 和车站本地两级控制模式。
   2 中央 ATS 控制应包括控制中心自动控制和控制中心人工控制。
   3 车站本地控制应包括车站自动控制和车站人工控制动，车站自动控制应包括 ATS 自动控制和联锁自动控制。
   4 人工控制优先级应高于自动控制。

17.2.5 列车驾驶模式应包括列车自动运行（AM）、列车自动防护（CM）、限制人工驾驶（RM）、车辆基地限制人工驾驶（DRM）和非限制人工驾驶（EUM）模式。

条文说明

DRM 是中低速磁浮交通车辆段/停车场内专有的一种驾驶模式。中低速磁浮交通道岔为轨道梁整体移动方式，非开通侧轨道会形成断轨形式，如列车冒进信号，存在列车掉道的风险。因此，要求在车辆段/停车场切换至 RM 模式时，对具有道岔防护性质的信号机，系统具有冒进防护功能。通常是在 RM 模式基础上扩展实现，对具有道岔防护性质的列车或调车信号机配置应答器和 LEU，列车通过有源应答器时，车载 ATP 收到的地面信号机状态报文，采取相应防护措施。道岔区安全防护功能也可采用配置连续车地通信设备和 ZC 系统设备的方式实现。

17.2.6 ATC 系统控制区域与非 ATC 系统控制区域的分界处应设驾驶模式转换区，转换区长度宜大于最大编组列车长度，宜设置在平坡或者缓坡区段。转换区应配置与正线信号系统一致的相关设备。

条文说明

驾驶模式转换区域（转换轨）通常设置在正线监控范围，但根据工程条件、系统制式、接口方案，也可以将转换轨纳入车辆基地监控范围。

17.2.7 ATC系统应能降级运用。对于CBTC系统，可根据工程情况选择配置点式ATP后备系统。

条文说明

系统降级运用，主要是降低设备故障后对运营的影响程度。对于不同的系统配置方案，系统可运行级别也有所区别。对于CBTC系统，可根据工程项目定位、工程投资、CBTC系统稳定性、运营需求综合考虑，选择配置点式ATP后备系统。中低速磁浮交通和常规城市轨道交通中都有CBTC系统未配置点式ATP后备系统的工程案例。

17.2.8 ATC系统的设计能力应符合下列规定：
1 ATC系统追踪运行间隔应满足远期行车需求，并应留有不小于10%的余量，折返能力、出入段能力与正线行车能力相匹配。
2 ATC系统监控和管理的列车数量应按远期行车交路内以最小追踪间隔运营所需列车数量设计，并应留有不小于30%的余量。

17.2.9 新建线路设计车载信号设备配备数量，宜按初期配属列车数量计列。

17.2.10 ATC系统设备集中站设置和控制范围应符合下列要求：
1 设备集中站区域控制范围应根据车站配线、线路长度、行车作业性质、系统设备控制能力、系统性能指标、故障影响范围及维修管理体制等因素确定。
2 折返站、与车辆基地衔接站宜设置为设备集中站。

17.3 列车自动监控系统

17.3.1 ATS系统构成应符合下列要求：
1 ATS系统应包括控制中心、车站和车辆基地设备。
2 控制中心ATS应包括服务器、工作站、接口设备、打印机和网络设备等，工作站应包括调度员工作站、调度长工作站、时刻表编辑工作站、维护工作站等。
3 控制中心ATS应配置培训/演示设备，宜包括培训模拟服务器、培训/演示工作站、学员培训工作站等。
4 设备集中站ATS应包括服务器、现地工作站、网络设备、发车计时器等设备；非设备集中站ATS应包括现地工作站、发车计时器和网络设备等。车站控制室ATS现地工作站宜与联锁系统终端合设。
5 车站司机轮乘室应设置ATS监视工作站。
6 车辆基地ATS应包括服务器、现地工作站、派班工作站、网络设备等。

17.3.2 正线ATS系统应具有下列功能：

1 列车自动识别、运行监视和车次号显示。
2 列车运行图/时刻表的编制及管理。
3 列车进路的控制。
4 列车运行的调整。
5 列车扣车、跳停控制。
6 临时限速设置。
7 操作和运营数据记录、回放、输出及统计。
8 系统设备状态监视和报警功能。
9 培训和运行模拟。

17.3.3 ATS 系统应符合下列要求：
1 主要服务器应采用双机热备方式。当主备机切换时，系统功能应保持完整，各种显示应连续、正确。
2 中央调度工作站的数量应根据在线列车对数、线路长度和车站数量等因素合理配置；各调度工作站应互为备用，调度工作站的多个显示器输出控制应相对独立。
3 运营线路上的车站、区间、停车线、折返线、车辆基地出入线等均应纳入 ATS 系统监控范围。涉及行车安全的应急控制宜由车站办理。
4 车辆基地应纳入 ATS 监视范围，自动化车辆基地应纳入 ATS 监控范围。
5 系统应满足列车运行交路的需要，凡具有折返条件的车站均应按具有折返作业处理。
6 列车进路控制应以联锁表为依据，根据运行时刻表和列车识别号等条件实现控制。
7 系统故障或车站作业需要时，应能进行站控与遥控转换；在紧急情况下，车站值班员应能强行办理站控作业。站控与遥控转换过程中，不应影响列车运行。
8 道岔集中控制和现地操纵模式转换时，不改变 ATS 控制模式。

17.3.4 ATS 系统应与电力监控系统、控制中心大屏幕显示系统、无线通信系统、时钟系统、乘客信息系统、广播系统等接口，实现相关功能。

条文说明

中低速磁浮交通一般以高架线路为主，从工程投资和实际需求考虑，一般较少配置综合监控系统，此时信号 ATS 系统需要分别与各系统接口实现相关功能。对于采用综合监控系统的项目，ATS 与电力监控系统、乘客信息系统、广播系统接口将纳入 ATS 与综合监控系统接口范围。

17.4 列车自动防护系统

17.4.1 ATP 系统应由地面设备和车载设备构成。

17.4.2 ATP地面设备应包括ATP计算机设备、应答器设备等。

17.4.3 ATP车载设备应包括车载计算机设备、测速定位设备、操作显示设备和相关接口设备等。

17.4.4 ATP核心计算机设备应采用"二乘二取二或三取二"硬件冗余结构，系统安全性应满足安全完整性等级（SIL）4级标准。

17.4.5 运营列车首尾两端宜各设一套ATP车载设备且相互冗余。

17.4.6 ATP系统应具有下列主要功能：
1 列车测速和定位。
2 列车间隔控制。
3 列车超速防护和制动保障。
4 列车倒退保护和零速度检测。
5 轨道末端的安全防护。
6 车门及站台门的安全监控。
7 站台区紧急停车。
8 道岔区安全防护。
9 红灯前停车防护。
10 临时限速。
11 列车完整性监督。
12 车载信号设备状态检查和操作记录。

17.4.7 ATP系统应符合下列要求：
1 ATP系统应采用目标—距离控制模式，列车控制信息传输可基于连续式通信方式、点式通信方式，或者点式和局部连续式通信相结合的方式。
2 在安全防护预定停车地点的前方应设置安全防护距离或防护区段，安全防护距离应根据安全制动模式和车辆、线路参数等综合确定。
3 对于停车线、折返线，ATP安全防护距离不宜大于50m。
4 ATP系统应具有道岔区安全防护功能，应能防止列车冒进磁浮道岔。
5 系统在连续通信运行级别时，线路正、反方向运行均应具备临时限速防护功能，临时限速按可按5km/h一级进行分多级设置。

条文说明

根据工程项目定位、工程投资、运输能力、运营需求综合考虑ATP系统制式。在采用非CBTC系统的情况下，通常单纯的点式ATP系统一般难以满足运营需求，需要在车站区域、道岔区域、转换轨区域局部设置连续车地通信设备，构成点—连结合的ATP系统，以实现相关安全防护功能。

预定停车点外方设置物理保护区段的方式，除为ATP提供在最不利条件下制动安全防护外，还可在联锁条件下为冒进红灯的列车提供缓冲防护。在车站，发车信号机和计轴一般都靠近有效站台端部布置，列车进站停车点靠近信号机。为实现接车功能，接车进路需采用进路外方设置物理保护区段；在区间，列车都属于临时停车，可与信号机保持一定的距离，采用进路内方设置防护距离的方式可减少计轴设备的数量，一定程度上降低造价。

ATP道岔区安全防护功能，正线和车辆基地通常采用不同的实现方式。正线采用连续通信模式下闯红色防护功能来实现；而车辆基地可采用对具有道岔防护性质的信号机设置相应应答器、LEU设备，通过DRM运行模式实现冒进信号防护功能，或者采用配置连续车地通信设备和ZC系统设备的方式实现

17.4.8 列车测速定位应符合下列规定：

1 列车测速定位技术应能适应中低速磁浮交通的特点，应采用无接触检测方式，应能实时获得列车在线路上的确切位置、列车运行速度和列车运行方向信息。

2 列车测速定位技术可采用钢轨枕涡流传感器、感应环线等方式，宜辅以应答器、加速度传感器、多普勒雷达等方式对测速误差进行校准和修正。

3 列车测速定位系统测量精度、延时应能满足列车运行控制需求。

4 列车测速定位系统应采取冗余措施，速度信息的输出应相互校验，应具备测速传感器失效检查功能。

5 车站站台区的定位精度应满足精确对位停车需求，站台区应采取提高测速、定位精度的措施，宜设置列车停车位置检测设备。

条文说明

在中低速磁浮交通系统中，测速和定位是其区别于传统轮轨系统的关键技术，也是保证行车安全、运行稳定的重要因素。由于测速方案的不同，测速精度也会有所区别，但测速精度应满足ATP、ATO控制需求。中低速磁浮系统的测速精度、测速延迟都大于传统轮轨系统。在列车进站停车过程中，经常会发生因列车定位误差较大，而导致超出ATP允许范围停车；或者列车实际停在允许误差范围内，ATP检测结果却超出范围，从而造成列车门和站台门无法联动，影响运营效率。因此，有必要在站台区设置提高测速精度的设备和停车位置物理检测设备，以减小测速定位误差对运营造成的影响。列车停车位置检测设备是指列车在站台区精确对位停车后，地面ATP用于检测列车是否在允许停车误差范围内的设备。

17.4.9 ATP车载设备应符合下列要求：

1 ATP系统应以导致列车停车为最高安全准则。连续通信区域内车地连续通信中

断、列车完整性信号丢失、列车超速、列车的非预期移动、车载设备重要故障等均应导致列车紧急制动。

  2 ATP车载设备信号应为行车的主体信号。车载信号应包括列车允许速度、列车实际运行速度、列车运行前方的目标距离等信息。

  3 ATP速度控制曲线应满足平稳驾驶的需求，应避免列车频繁加、减速运行。

  4 在不超过车辆构造速度和道岔构造速度的前提下，ATP制动模型应合理设置顶棚速度，使ATO速度接近或达到线路速度。

  5 ATP执行紧急制动控制时应切断列车牵引，列车停车过程不得中途缓解。

  6 列车在站台区开门前，ATP应检查列车的停车对位状态。列车对位停车精度宜为±0.5m，超出偏差范围，ATP应禁止列车车门打开。

  7 列车处于停车且开门的状态下，车载设备应防止列车错误启动和非预期的移动。

  8 ATP系统宜与车辆悬浮控制系统接口，根据悬浮系统工况确定安全防护策略。

条文说明

  基于ATP安全制动模型，列车超速防护需经过速度上升、牵引力切除、紧急制动加载、列车制动至停止的过程，列车减速前达到的最高速度要高于列车正常运行允许速度，可达到的最高速度取决于线路速度、超速前列车运行速度、车载设备响应时间、牵引制动系统响应时间、加速度特性等参数。如将线路速度作为ATP顶棚速度，根据安全制动模型和各项参数计算得出列车运行允许速度会远低于线路速度，很大程度上降低了线路整体能力。根据《城市轨道交通工程项目建设标准》（建标104—2008）中第四十三条规定：列车在正线上最高运行速度应与车辆设计最高速度相符合，并允许瞬间超速5 km/h。工程中车辆设计最高速度与线路等级速度一致，对于安全制动过程中的小幅度瞬间超速，在线路直线段不影响行车安全；在曲线段和道岔侧向段，会引起未被平衡的横向加速度瞬间增加，对乘坐舒适性略有影响，但不至于导致脱轨。要求ATO子系统目标速度尽量接近或达到线路速度，可有效提高列车旅行速度，减少因信号系统对整条线路性能的影响。要实现此目标，除信号车载系统配合外，还需要车辆的构造速度与之相匹配。实际工程中，在车辆构造速度高于线路等级速度10km/h条件下，ATO最高运行速度一般可做到低于线路等级速度2～3 km/h。

17.4.10 列车在运行过程中如车辆提供的车门关闭信息丢失，车载ATP系统宜采取紧急制动防护措施。根据需要，ATP对列车门安全防护也可根据针对车门锁闭信息和车门关闭信息而分别采取不同防护策略的方式。

条文说明

  车载ATP对列车门状态监测、防护功能的目的是进一步保障行车安全。多数项目车辆与信号接口，一般仅提供"车门关闭且锁闭"信息，如果列车在运行过程中丢失该信息，车载ATP将采取紧急制动措施。但在实际运营过程中，由于列车振动、门检测元件工作不稳定等原因，会出现车门状态误报情况，引起不必要的紧急制动。为避免车门状态误报对正常运营的影响，部分轨道交通项目（如上海申通地铁集团有限公司项目）要求车辆分别提供"车门关闭""车门锁闭"两个状态信息。车门打开过程中"车门锁闭"先于"车门关闭"信息丢失。车载ATP根据不同的车门状态信息，采取不同的安全防护策略，可降低车门故障引起紧急制动对运营的影响。中低速磁浮列车运行过程中的振动远小于轮轨列车，车门系统工作稳定性较高，是否需要车辆分别提供车门锁闭信息和车门关闭信息接口条件，还需根据运营数据进一步评估。

17.4.11 基于点式通信的ATP地面设备应符合下列要求：
1 点式通信设备宜采用有源应答器。
2 LEU设备宜集中设置在车站设备室。在控制距离不能满足要求时，可设置在区间变电所相关用房内。
3 在距离信号机前方一定距离应设置预告应答器，预告应答器距信号机的距离应大于列车制动距离。

17.5 列车自动运行系统

17.5.1 ATO系统应由地面设备和车载设备构成。

17.5.2 ATO系统可与ATP系统共用轨旁设备，但不应影响ATP系统的安全性。

17.5.3 ATO车载设备应包括ATO车载计算机及相关接口等设备。

17.5.4 ATO系统应具有下列主要功能：
1 自动、合理控制列车运行。
2 车站精确对位停车。
3 车门及站台门控制。
4 有人或无人驾驶自动折返。

17.5.5 ATO系统应符合下列要求：
1 ATO应满足舒适度、快捷及正点的要求。
2 ATO应根据ATP、ATS等系统提供的线路条件、道岔状态、列车位置等信息及速度调整命令，实现列车的速度控制。
3 ATO定点停车允许偏差宜为±0.3m。
4 ATO系统宜与车辆悬浮控制系统接口，根据悬浮系统工况确定牵引控制策略。

条文说明

ATO 定点停车精度与测速定位精度、列车制动性能、控制算法有关，影响到站台门宽设计和列车进站停车作业效率。从工程实施和运营角度考虑，本规范 ATO 定点停车精度要求与常规城市轨道交通一致。

中低速磁浮交通的磁浮系统是列车稳定运行的核心系统，每节车采用多组电磁铁、多点控制。对应磁浮系统不同的故障状态，列车可采取不同的限速策略。ATP/ATO 系统与悬浮控制系统接口，可实现更为完善的 ATO 控制策略和 ATP 防护功能。

17.6 计算机联锁系统

17.6.1 计算机联锁系统应由室内设备和轨旁基础信号设备构成。

17.6.2 计算机联锁系统室内设备应包括计算机联锁主机、控显终端、维护工作站、继电器组合、区段占用检查系统设备等。

17.6.3 计算机联锁轨旁基础设备应包括区段占用检查轨旁设备、信号机等。

17.6.4 计算机联锁应采用"二乘二取二或三取二"硬件冗余结构，系统安全性应满足安全完整性等级（SIL）4级标准。

17.6.5 计算机联锁系统应具有下列主要功能：
1 进路的设置、锁闭、解锁和取消。
2 信号机关闭和开放。
3 道岔操纵、锁闭及道岔模式控制。
4 引导进路。
5 对道岔、信号机、轨道区段等信号控制元素实施封锁。
6 系统自诊断能力。

17.6.6 计算机联锁系统应符合下列要求：
1 计算机联锁系统应正确实现进路上道岔、信号机和区段间的联锁。在联锁条件不符时，不应开通进路。敌对进路应相互照查和锁闭，不得同时开通。
2 进路应采用分段解锁方式，锁闭的进路应能随列车正常运行自动解锁；进路可人工取消；已经接近锁闭的进路应延时解锁，延时解锁时间应满足行车安全需求。

17.6.7 联锁系统应负责站台紧急停车和取消按钮、站台自动折返按钮、站台门控制相关接口及状态信息传递。站台紧急停车按钮电路应符合故障导向安全原则。

17.6.8 联锁系统与道岔系统控制接口应符合下列要求：

1 渡线道岔宜采用每组道岔单独控制方式，但对于影响行车效率的渡线道岔或防护道岔应采取同步控制方式。

2 道岔接口控制应具有信号联锁集中控制、道岔现地控制和现地强控三种模式。

3 道岔处于现地操纵模式时，联锁系统不能操纵道岔和使用该道岔办理进路；未经现地人员操作，车站值班员或调度应不能单方撤销现地控制模式。

4 根据运营需要，选择在综合后备（IBP）盘设置道岔紧急控制功能。

5 联锁挤岔报警时间应与道岔转辙时间相匹配。

6 联锁系统与道岔系统接口需满足相关技术条件。

条文说明

中低速磁浮轨道梁道岔自身设有道岔控制系统，联锁系统与道岔控制系统接口，来实现对磁浮道岔的监督、控制及模式转换。双方接口信息主要包括：道岔动作命令、道岔位置信息、道岔故障信息、道岔现地操作请求、道岔现地操作允许信息等。

城市轨道交通为了提高系统在故障情况下的可用性，通常按每组道岔单独控制考虑。中低速磁浮道岔动作时间较长（单开15s，三开25s），对于渡线道岔，如果排列进路时不能同时动作，一个道岔转辙到位后另一个道岔才开始动作，将极大影响行车效率。所以要求每组道岔按单独控制设计，但排列进路时要求相关渡线道岔或防护道岔同时动作。道岔现地控制模式是指通过联系电路实现控制权转换后的现场操纵道岔模式，需由现地操作人员办理申请、经过车站或中心调度员同意后实现控制权转换。道岔现地强控模式指通过转动现场控制盘上强控钥匙实现控制权转换的现场操纵道岔模式，控制权转换无须经过车站或中心调度员同意。中低速磁浮道岔控制过程较为复杂，一旦发生故障，对行车影响较大。根据需要可在车控室IBP上设置道岔应急控制按钮，紧急情况下可通过此按钮操作，越过联锁系统直接控制道岔。

联锁系统与道岔系统接口技术条件详见中国铁建企业标准《中低速磁浮交通信号系统技术规范》（Q/CRCC 33802）。

17.6.9 轨道区段占用检查应符合下列规定：

1 轨道区段占用检查宜采用模拟轮计轴方式。

2 轨旁计轴磁头的形式和安装应与轨道、渡线道岔的形式相匹配。

3 计轴系统设备的安全性应满足安全完整性等级（SIL）4级标准。

条文说明

中低速磁浮列车没有轮对，传统轮轨交通信号系统采用的轨道电路、计轴等方式不适用于磁浮交通系统，目前可采用技术主要包括：模拟轮计轴和列车检测环线等方式。模拟轮计轴方式是通过在磁浮列车上安装一定数量、计轴磁头可以检测的金属板，来模拟传统轮轨交通的计轴方式实现区段占用检测。国内长沙磁浮快线、北京S1磁浮线均采用模拟轮计轴区段占用检测方式。列车检测环线（TD环线）是日本单轨交通、磁浮交通采用的一种区段占用检查方式。系统主要由车载发送单元、发送天线、地面环线、发送接收设备等构成。主要原理是通过车载设备主动发送"进入""离开"信号，地面设备通过环线接收信号，根据接收到信号的次序，判断轨道区段列车占用情况，并驱动轨道继电器的吸起和落下。国内重庆跨座式单轨2号线即引进日本该技术。考虑国内尚不掌握TD环线技术，工程应用也有一定局限性，本规范暂不考虑该技术，区段占用检查建议优先采用模拟计轴技术。

17.6.10 正线信号机的设置应符合下列要求：

1 在ATC控制区域的线路上应设置出站信号机、道岔防护信号机；宜根据闭塞制式和行车需要设置区间信号机和反向出站信号机。

2 设有配线的车站均应满足应急情况下的折返需求，并应配置折返所需的信号机。

3 具有接车性质的信号机应设引导信号，其他信号机引导信号可根据需要设置。

4 信号机原则上应设置在列车运行方向的右侧；在受条件限制、安装、维护困难情况下也可设于行车方向左侧；宜全线统一设置原则。

5 对于CBTC系统，连续通信级别下轨旁信号机宜采用常态灭灯模式；在系统降级运行在点式通信级别或者联锁级别时，轨旁信号机恢复点灯状态。

6 正线信号机显示含义应符合表17.6.10的规定。

表17.6.10 正线信号机显示含义

信号机性质	信号显示	显示含义
正线信号机	红灯	禁止通行，列车在信号机前停车
	绿灯	允许通行，进路中的所有道岔开通直向
	黄灯	允许通行，进路中至少有一组道岔开通侧向
	红灯+黄灯	引导信号，允许列车以不大于25km/h速度越过信号机，并随时准备停车

7 信号机不应出现不符合规定的信号显示；在组合灯光开放和关闭时，应同时点灯或灭灯；应避免因灯丝故障导致信号显示升级。

条文说明

城市轨道交通根据行车组织需要和为精简轨旁设备，通常较少单独设置反向出站信号机，仅利用间隔3~4站、有配线车站的反向道岔防护信号机兼作反向出站信号机，用于应急情况下反向排列进路。但对于中低速磁浮线路，通常车站少、站间距较大，仅利用反向道岔防护信号兼作反向出站信号机可能难以满足应急情况下反向排列进路的需求，所以需要根据线路情况、运营行车组织需求综合考虑设置单独的反向出站信号机。城市轨道交通采用右侧行车原则，信号机通常设置在行车方向的右侧。但中低速磁浮系统多数以高架线路、简支梁形式为主，信号机设置的方向还需结合高架线路条件、安装条件、维修条件综合考虑。长沙磁浮快线项目即采用轨旁信号机设置在行车方向左侧的原则。

17.7 数据通信系统

17.7.1 数据通信系统应由连接车站、控制中心、车辆基地各节点的有线通信网、车地无线通信网和网络管理设备构成。

17.7.2 有线通信网络应包括网络节点路传输设备、接入交换机设备、光电转换设备和光电缆。

17.7.3 车地通信网络构成应符合下列规定：
1 采用WLAN技术的车地通信网络应包括无线服务器、无线接入交换机、轨旁无线接入单元、天线或漏泄电缆和车载通信设备。
2 采用LTE技术的车地通信网络应包括核心网、基带处理单元、射频远程单元、天线或漏泄电缆和车载通信设备。

17.7.4 网络管理设备包括有线传输网管设备和无线传输网管设备。有线传输网管设备和无线传输网管设备可合并设置。

17.7.5 数据通信系统应采用符合国家标准或国际标准的标准协议和接口，有线网络宜采用IEEE 802.3以太网标准，无线车地通信网络可采用IEEE 802.11系列、LTE标准或其他专有通信方式。

17.7.6 信号有线骨干网宜独立组网，应采取冗余配置，不同类型的数据传输通道应相对独立或采用经由不同的虚拟局域网（VLAN）进行传输，不应与外界网络发生直接关联。

17.7.7 车地通信网应符合下列要求：
1 车地通信宜采用无线通信方式。
2 在条件具备时，宜选择信号与通信系统共用车地无线通信网络的多业务综合承载方式。
3 车地无线通信应为双网冗余设计，两个无线网络之间应完全隔离，两个无线网络应分别使用相互独立的信道频带，应实现双频冗余覆盖设计。
4 列车运行时车地通信的漫游切换，应不影响列车控制的连续性。
5 车地通信系统无线场强覆盖可采用天线、漏缆等方式，也可根据现场条件混合使用。
6 车地通信系统应具备网络加密、认证、识别和防火墙等信息安全防护功能。
7 车地通信设备的设置和安装应与中低速磁浮交通线路形式相匹配，应满足信号覆盖要求，应便于运营维护和检修。

条文说明

在无线频点带宽满足需求且确保信号车地传输信息的安全的条件下，信号与通信系统共用车地无线通信网络，多业务综合承载，可实现资源共享、优化轨旁设备、降低工程造价。基于交叉感应环线的CBTC在互联互通、工程实施方面存在局限性，本规范不建议采用基于交叉感应环线的车地通信方案。

17.7.8 对于采用局部连续式通信的ATC系统，连续通信覆盖范围应包括站台区及其接近/离去区域、道岔区及其接近/离去区域和转换轨区及其接近区域。覆盖区域的范围应根据车载系统、无线系统特性参数、ATP防护原则经计算确定。

17.8 信号维护监测系统

17.8.1 正线车站、车辆基地应设置信号维护监测系统。

17.8.2 信号维护监测系统应由车站采集机、车站工作站、采集传感器、中央服务器、监测终端等构成。

17.8.3 维护监测系统网络应与信号其他子系统网络采取安全隔离措施。

17.8.4 信号维护监测系统应具有下列功能：
1 联锁系统开关量和运行状态监测。
2 信号机状态、主灯丝断丝、断路器报警等监测。
3 信号与其他系统接口关键开关量采集。
4 电缆绝缘状态监测。
5 电源漏流检测。
6 电源屏、UPS关键信息监测。
7 ATS、ATP关键运行状态检测。
8 相关数据应能进行存储、回放和分析。

17.8.5 维护监测系统应与道岔控制系统接口，将道岔控制系统监测信息纳入信号维护监测范围，道岔控制系统监测信息应具有独立的查询界面。

条文说明

磁浮道岔具有独立的控制和监测系统，通常在轨旁道岔控制柜内设有PLC监测单元，对道岔控制的关键开关量和模拟量进行采集、监测，但通常道岔系统并无上位机设备。通过接口，将道岔监测信息统一纳入信号维护监测系统，便于道岔状态信息的集中管理和故障分析、处理。运营部门也通常将道岔控制系统纳入通号车间的维护范围。

17.8.6 信号与道岔、安全门等系统接口电路中与故障判断相关的关键继电器状态应进行采集监测。

17.9 车辆基地信号系统

17.9.1 车辆基地信号系统应符合下列要求：
1 车辆基地设进、出基地列车信号机，根据列车调转需要设调车信号机；进、出基地信号机、调车信号机应以显示禁止信号为定位。
2 非自动化车辆基地联锁系统应单独控制，ATS系统可监视车辆基地作业情况；自动化车辆基地联锁系统应纳入ATS监控范围。
3 列车出入基地宜为列车信号，根据需要也可采用调车信号。
4 车辆基地咽喉区接发车能力应满足运营需求，应核算列车出入段能力。当能力不能满足需求时，系统宜按咽喉区多车追踪运行方式接发车。
5 车辆基地内信号系统应具有道岔区安全防护功能，配置相应ATP设备。
6 车辆基地的停车列检库应实现无线覆盖。

条文说明

列车出、入段/场车采用列车信号符合传统信号设计规范，也在多数轨道交通项目中采用。但也有部分运营部门从灵活、能力角度考虑，更愿意出、入段/场及段/场内作业均采用调车信号方式，如北京地铁部分项目、长沙磁浮快线项目均采用此种方式。

工程中需根据行车能力需求和车辆基地站场形式，通过列车运行仿真分析等手段核实出入车辆基地的能力。通常车辆基地采用咽喉区单一列车进路方式接发车，在咽喉区较长时会限制出入基地能力。在能力不能满足需求时，通过在车辆基地咽喉区设置接发车信号机，实现进路分割，允许多车追踪运行，可有效提高出入段能力。

车辆基地的停车列检库实现无线覆盖后，可满足车载设备上电自检，以及运营检修维护需要。

17.9.2 车辆基地信号机显示含义应符合表17.9.2的规定：

表17.9.2 车辆基地信号机显示含义

信号机性质	信号显示	显示含义
入车辆基地信号机	红灯	禁止通行，指示列车在信号机外方停车
	黄灯	允许通行，指示列车进入车辆段/停车场场内准备停车
	红灯+黄灯	引导信号，允许列车以不大于25km/h速度越过信号机，并随时准备停车

表17.9.2（续）

信号机性质	信号显示	显示含义
出车辆基地信号机	红灯	禁止通行，指示列车在信号机外方停车
	黄灯	允许通行，指示列车出车辆段/停车场
	白灯	允许通行，指示列车在车辆段/停车场内调车
调车信号机	蓝灯	禁止调车通行
	白灯	允许调车通行

17.9.3 试车线信号系统应符合下列要求：

1 试车线信号地面设备的配置应与正线ATC系统设备保持一致，应满足信号车载设备功能的动态测试和双方向试车的需要。

2 试车作业时，试车线控制室应与车辆段控制室值班员通过终端设备进行控制权交接。试车线系统与车辆段系统的接口设计应保证试车作业的安全，且与车辆段作业互不影响。

3 试车线上区段占用检查宜由车辆段联锁系统统一设置，也可由试车线系统单独设置。

4 试车线道岔、调车信号机应纳入车辆段联锁控制。试车线上的进路安全防护应遵循铁路信号非进路调车设计原则。

条文说明

试车线采用由车辆段联锁系统统一设置区段占用检查设备，一是可减少设备数量，节约投资；二是车辆段与试车线工作站显示列车位置一致，便于对试车状态的监控。

17.9.4 培训设备应符合下列要求：

1 培训设备应能提供运行环境模拟、故障设定及仿真功能。

2 培训设备应包含ATC系统主要类型的实物设备，可适当简化冗余结构、UPS设备、维护监测系统等配置。

条文说明

（1）工程中可根据工程情况和需要选择配置信号培训系统设备。

（2）培训系统是运营人员业务培训辅助设备，非行车直接相关核心系统设备，故从工程建设经济性考虑，可不设置UPS设备、维护监测系统设备，联锁、ATP双系冗余系统也可以简化为单系，不影响运营培训效果。

17.9.5 日常维修、检测设备、备品备件符合下列要求：

1 日常维修和检测设备包括通用工器具、专用维修工具和交通工具。

2 专用维修工具和设备应满足本线所配置 ATC 系统维修需求。

3 通用工器具和交通工具应与维修体制相匹配,满足日常工区维护、检修和基地维修的需要。

4 备品备件配置宜根据系统设备的易损程度和运营需求进行配置。

17.10 全自动驾驶技术要求

17.10.1 应根据工程情况和运营需求综合选择无司机自动运行(DTO)模式或无人自动运行(UTO)模式标准。

条文说明

根据国家标准《轨道交通 自动化的城市轨道交通(AUGT) 安全要求 第 1 部分 总则》(GB/T 32588.1—2016)中"1 范围"的相关规定,全自动驾驶系统的 DTO 模式对应 GOA3 级标准,UTO 模式对应 GOA4 级标准。

17.10.2 信号关键子系统设备应采取冗余配置。

17.10.3 ATS 系统可纳入 TIAS 系统。

17.10.4 车辆基地应统一纳入 ATC 控制范围,车辆段根据站场形式和功能要求分为自动化区和非自动化区。

17.10.5 DTO 模式的全自动驾驶信号系统在常规 CBTC 基础上还应具备下列功能:
1 站台门列车门故障隔离功能。
2 运营人员安全防护功能。
3 列车悬浮状态监督和防护功能。

17.10.6 UTO 等级的全自动驾驶信号系统在常规 CBTC 基础上还应具备下列功能:
1 列车上电综合自检功能。
2 列车休眠、唤醒功能。
3 列车列检库内静态定位。
4 站台门列车门故障隔离功能。
5 折返站、终点站清客功能。
6 列车进站对位停车停准自动调整功能。
7 车载系统远程复位功能。
8 列车设备远程控制功能,包括列车开关门、鸣笛、制动和缓解、驾驶转换等。
9 车辆段无人自动洗车功能。

10 运营人员安全防护功能。
11 列车悬浮状态监督和防护功能。
12 列车工况监督和管理功能。

17.10.7 DTO 模式下系统在常规 CBTC 基础上还应具备列车全自动驾驶（FAM）模式。

17.10.8 UTO 模式下系统在常规 CBTC 基础上还应具备列车 FAM 模式和蠕动（CAM）模式。

17.10.9 信号系统应增加或增强与车辆、综合监控、通信、站台门、洗车机、车库门、运营人员安全防护开关等系统设备的接口，满足相应全自动驾驶等级功能需求。

条文说明

全自动驾驶是需要多专业共同配合完成的技术，并非车辆、信号单一专业可以完成。全自动驾驶信号相关功能也是在 CBTC 系统基础上扩展实现，通常一个功能需要信号多个子系统共同完成，也非某一子系统单独实现。

17.11 其他

17.11.1 信号系统用电负荷等级应为一级负荷，维修车间检测设备用电负荷可为三级负荷。

17.11.2 电源引入应设置防雷开关箱，防雷开关箱内断路器容量应与低压配电箱内断路器容量相匹配。

条文说明

工程设计过程信号专业应与低压配电专业配合，一是避免出现低压配电箱已配置防雷功能，信号又重复配置电源防雷的情况；二是避免低压配电箱中的前级断路器容量小于信号防雷箱中后级断路器容量的情况。

17.11.3 信号电源设备应由电源屏、UPS 及蓄电池构成。

17.11.4 信号电源屏应符合下列要求：
1 信号电源屏应为模块化、冗余化，具有自诊断、监测报警和联网功能的信号专用智能电源屏。

2 用于集中供电的电源屏对不同类别、用途的电源应相互隔离或设专用电源供电。
3 信号电源屏中的断路器应能对设备进行分级防护，断路器特性参数应满足动作的选择性和灵敏度的要求。

17.11.5 UPS 和蓄电池应符合下列要求：
1 应选用在线式 UPS 和免维护、密闭式蓄电池设备。
2 信号设备集中站应单独设置 UPS 设备，UPS 设备宜采用冗余配置。
3 非设备集中站可单独设置电源屏和 UPS 设备，也可与其他系统合设 UPS 设备。
4 全线信号系统的 UPS 电池后备时间不宜小于 30min。

17.11.6 电源屏、UPS 状态信息应纳入信号维护监测系统集中管理。

17.11.7 信号机显示距离宜满足下列要求：
1 正线行车信号和道岔防护信号机显示距离不宜小于 400m。
2 场段调车信号机显示距离不宜小于 200m。
3 特殊地段应根据列车最高运行速度、制动距离、司机反应时间等因素核算信号显示距离需求。

17.11.8 信号系统电线路应符合下列要求：
1 地下区间和车站、控制中心和车辆基地建筑物应内采用无卤、低烟、阻燃电缆和电线。
2 电缆敷设应符合下列规定：
（1）车站内电缆应采用隐蔽方式敷设。
（2）地面电缆根据工况可采用电缆槽、管道或直埋方式。
（3）高架线路的电缆宜用与疏散设施相结合铺设，或者桥上设电缆槽方式敷设。
3 在高架或低置地段电缆采用托架明铺方式时，电缆外护套应具有抗紫外线老化特性。
4 信号电线路应与电力线路分开敷设，敷设间距应符合相关规范；在铺设间距不能满足要求时，应采取防护措施。
5 电缆芯线或芯对应有备用量，其中普通信号电缆的备用芯线数应符合下列规定：
（1）9 芯以下电缆备用 1 芯。
（2）12~21 芯电缆备用 2 芯。
（3）24~30 芯电缆备用 3 芯。
（4）33~48 芯电缆备用 4 芯。
6 音频电缆应成对备用芯线。当电缆芯线被完全使用时，应根据电缆使用数量和特点备用整根同类型电缆。
7 电缆贯穿隔墙、楼板的孔洞处应实施阻火封堵。

17.11.9 信号维修机构设置应符合下列要求：

1 信号维修机构应由通号维修部机关和下属信号工区构成，其中信号工区宜包括控制中心工区、正线工区、车辆段/停车场工区、车载工区和综合维修工区。

2 信号正线工区管辖范围宜不超过 2 个联锁区。

3 信号一线维修工区宜按"三班二运转"维修机制配置维修人员。

条文说明

根据运营公司组织架构，通常通信和信号为一个维修部或者车间。维修部机关职能部门设置通常为通信信号合设，分别配置相关专业人员。

17.11.10 信号用房应包括维修机构机关用房、系统设备用房和维修工区用房，并符合下列规定：

1 信号维修机关用房应根据运营需求进行设置，主要包括主任室、办公室、调度室、技术室、资料室、材料室等。

2 信号设备用房应包括信号设备室、电缆引入室，电缆引入室宜与通信专业合设。

3 信号维修工区用房应包括工区办公室、值班室和材料室。

4 在未设置正线维修工区的设备集中站，应在设置信号值班室，值班室宜靠近信号设备用房布置。

条文说明

工程设计除考虑系统设备用房外，还应根据运营组织架构合理设置维修部机关用房和维修工区等用房，并与通信专业沟通协调，避免重复设置管理用房。

17.11.11 信号系统设备用房应符合下列要求：

1 信号机房面积应留有适当余量。

2 信号机房环境应满足设备运用的要求。

3 信号电源宜布置在信号设备室。

4 信号设备室内布置间距应符合表 17.11.11 的规定。

表 17.11.11 信号设备室内布置距离

名称	设备间隔对象	间距要求
机柜间	走道	≥1.2
控制台、机柜与墙	主走道 次走道	≥1.5 ≥1.0
电源屏与电源屏或者机柜	—	≥1.5
电源屏与墙	—	≥1.2

条文说明

信号系统设备用房面积的设计应依据运行控制系统的结构、配置等因素来确定。室内信号设备的布置应尽量做到合理紧凑，设备房面积须留有适当余量，以满足将来设备增加、更新倒换需求。

根据目前信号电源屏、UPS和电池设备技术状况，电源设备可与其他信号设备一起布置在信号设备室，无须单独设置信号电源室，这样可节约系统设备用房面积，便于线缆连接和维护。

17.11.12 信号设备的接地应符合下列要求：

1 室内系统应采用综合接地方式，信号设备室内应设与综合接地弱电母排相连接的接地端子，接地电阻应不大于1Ω。

2 正线区间应设置防护用贯通接地体，贯通接地体宜与其他系统合设，贯通接地体任意一点处接地电阻应不大于4Ω。

3 车辆基地室外设备宜采用分散接地方式，保护地接地电阻不应大于4Ω，防雷地接地电阻不应大于10Ω。

4 信号室外信号设备的箱、盒壳体、信号机、立杆、爬梯等金属物均应接地，室内设备柜体应接地。

5 进出信号设备室的电缆、光缆铠装层和屏蔽层均应接地处理。

6 车载信号设备的地线应经车辆接地装置接地。

17.11.13 信号设备防雷应符合下列要求：

1 轨旁防雷地线与保护地线应分开设置、连接。

2 防雷元器件的选择应将雷电感应过电压抑制在被防护设备的冲击耐压水平之下。

3 防雷元器件的设置不应影响被防护设备的正常工作。

4 防雷元器件与被防护设备之间的连接线应最短，防护电路的配线应与其他配线分开，其他设备不应借用防雷元器件的端子。

5 高架和地面线轨旁高柱安装的无线天线等设备应采取雷电防护措施。

6 出入信号设备室的电缆应经防雷分线柜进行雷电、浪涌防护。

7 信号设备用房宜设置法拉第笼实施电磁屏蔽。

8 防雷与接地的其他标准应按现行国家标准《建筑物电子信息系统防雷技术规范》（GB 50343）的有关规定执行。

18 自动售检票系统

18.1 一般规定

18.1.1 自动售检票系统的设计能力应满足远期超高峰客流的要求，车站终端设备的配置数量应按近期超高峰客流量计算确定，并应按远期超高峰客流量预留设备位置及安装条件。

18.1.2 自动售检票系统的设计应以可靠性、安全性、可维护性和可扩展性为原则，保证数据的完整性、保密性、真实性和一致性。

18.1.3 自动售检票系统应满足线网运营和管理要求，并采用与线网一致或兼容的车票制式。

18.1.4 自动售检票系统应满足中低速磁浮交通各种运行模式的要求。

条文说明

自动售检票系统运营模式包括正常运营模式、降级模式和紧急模式。后两种属于非正常运营模式。正常运营模式包括正常服务模式、关闭模式和暂停服务模式、设备故障模式、维修模式和离线维修模式等。系统降级模式包括列车故障模式、车票免检模式、进出站次序免检模式、车票时间免检模式和车票日期免检模式等。紧急模式由火灾自动报警系统、清分系统、车站计算机或紧急按钮启动。

18.1.5 自动售检票系统终端设备应具有良好的操作界面、清晰的信息提示，以满足乘客方便快捷使用。

条文说明

终端设备人体工程学设计应能满足未成年人和残疾人的使用要求。

18.1.6 中央计算机系统发生故障或传输网络中断时，车站计算机系统及车站终端设备应能独立运行。

18.1.7 车站控制室应设置紧急控制按钮，并应与火灾自动报警系统联动。当车站处于紧急状态或设备失电时，自动检票机阻挡装置应处于放行状态。

18.1.8 各车站、控制中心及车辆维修基地应合理配置设备用房和管理用房，并配置维修定员和备品备件。

18.1.9 自动售检票系统的电磁兼容性应符合现行国家标准《城市轨道交通自动售检票系统技术条件》（GB/T 20907）的规定。

18.1.10 自动售检票系统应符合国家相关信息安全等级保护相关规定。

18.1.11 自动售检票系统应实现与相关系统的接口。

条文说明

  自动售检票系统应实现与相关系统的接口，主要是指与通信系统、火灾自动报警系统、综合监控系统、门禁系统、动力与照明专业、城市交通卡系统及互联网支付清算系统等系统的接口。

18.1.12 自动售检票系统应适应车站环境的要求，车站计算机系统和车站终端设备控制器应符合工业级标准要求。

18.1.13 自动售检票系统设备应具备 24h 不间断工作能力。

18.2 系统构成

18.2.1 自动售检票系统宜由票务清分系统、中央计算机系统、车站计算机系统、车站终端设备和车票等构成。

18.2.2 票务清分系统根据当地轨道交通建设发展情况，可采用自主建设或接入轨道交通清分中心等模式。

18.2.3 票务清分系统、中央计算机系统根据项目具体情况，系统平台建设可采用云平台架构方案。

18.2.4 票务清分系统设备应由冗余配置的数据库服务器、通信服务器、应用服务器、数据存储设备、车票编解分拣设备、操作员工作站、读写器、网络设备、不间断电源和打印设备等组成，同时宜根据需要设置灾备系统。

18.2.5 中央计算机系统应由冗余配置的数据库服务器、通信服务器、应用服务器、数据存储设备、操作员工作站、网络设备、不间断电源和打印设备等组成。

18.2.6 车站计算机系统宜设置在车站控制室或设备房。应由车站服务器、操作员工作站、网络设备、紧急按钮、不间断电源和打印设备等组成。

18.2.7 车站终端设备宜由自动售票机、半自动售票机、自动检票机及便携式验票机等组成。

18.2.8 车票宜分为单程车票、储值车票、电子车票，以及需要时设置的其他票种，并应兼容本地城市公共交通卡。

18.2.9 自动售检票系统宜设置维修测试系统和培训系统。

18.2.10 中央计算机系统与车站计算机系统之间互连宜采用专用通信传输网或设置自动售检票系统专用传输通道进行数据通信。

18.2.11 中央计算机系统与清分系统、外部清算系统之间互联宜采用专用传输通道进行数据通信，其网络接口应采用标准开放的通信协议。

条文说明

外部清算系统指城市交通卡清算系统、银行清算系统和互联网支付清算系统等需与中低速磁浮交通产生结算的系统。

18.2.12 中央计算机系统不间断电源的电池备用时间不宜小于2h；车站计算机系统不间断电源的电池备用时间不宜小于0.5h；终端设备应确保停电后能完成最后一笔交易。

18.3 系统功能

18.3.1 票务清分系统具备的功能应包括下列内容：
1 应能完成中低速磁浮交通间、中低速磁浮交通与轨道交通线间以及中低速磁浮交通与当地城市交通卡等外部清算系统间的票务清分工作。
2 核心功能应包括票卡发行、信息管理、安全管理、账务管理和提供有关统计信息等功能。
3 基本功能应包括票卡使用管理、票务数据管理、参数管理、模式管理、运营监督、报表统计、系统维护和接入测试。

18.3.2 中央计算机系统具备的功能应包括下列内容：
  1 接受票务清分系统的运行参数、票价表、交易结算数据、账务数据清分、黑名单及接收、发送车票调配、时钟等信息。
  2 向票务清分系统上传各种原始交易数据、客流监视数据、设备状态数据、接收并转发清分系统的各种指令、安全认证数据等。
  3 向车站计算机系统和车站终端设备下发系统运行参数、运行模式、时钟、黑名单和车票调配等指令信息。
  4 接受车站计算机系统上传的车票原始交易、设备运行状态和设备维修等数据。
  5 数据分类处理、客流统计分析、报表打印和对重要数据自动备份和恢复。
  6 车票跟踪、管理和黑名单管理。
  7 用户管理、权限管理、通信监测、时钟管理和设备维护和网络管理等系统管理功能。
  8 在无票务清分系统的情况下，中央计算机系统还应符合本规范第18.3.1条的规定。

18.3.3 车站计算机系统具备的功能应包括下列内容：
  1 接受中央计算机系统下发的系统运行参数、运行模式、时钟及黑名单等指令信息，并下传至车站终端设备。
  2 采集车站终端设备的原始交易、运行状态及设备维修数据，并上传给中央计算机系统。
  3 实时监控车站终端设备，直观显示设备的通信、运行状态及故障等信息，并可通过车站计算机或紧急按钮启动紧急运行模式。
  4 完成车站级系统各类票务管理工作，自动处理当天的所有数据和文件，并提供各类统计分析报表。

18.3.4 维修测试系统和培训系统应具备下列主要功能：
  1 为运营人员提供有效的维修和培训条件。
  2 所有设备与正线上使用设备的功能一致。

18.3.5 车站终端设备具备的功能应包括下列内容：
  1 各类终端设备应能接收车站计算机系统下发的系统运行参数、运行模式、时钟及黑名单等。
  2 各类终端设备应能自动存储设备原始交易、运行状态及设备维修数据，并上传给车站计算机系统。
  3 各类终端设备应具有在各种运行模式下的工作能力，在与车站计算机通信中断时，具备单机工作和数据保存能力。
  4 各类终端设备应具有良好的人机界面、防范措施及错误提示功能，操作方法快捷、方便。

5 各类终端设备应采用便于周转使用和维护的模块化、通用化部件。

6 各类终端设备金属外壳均应可靠接地。

7 自动售票机安装在车站非付费区内，由乘客自助操作，机器能一次自动发售多张同一目的地的单程票，支持互联网和纸、硬币支付，并具备找零功能。设备宜具备储值票充值功能。

8 半自动售票机由工作人员人工操作发售车票，同时兼有退票、补票和查验车票等功能。

9 自动检票机安装在车站付费区与非付费区的交界处，能自动检验车票的有效性，控制通道阻挡装置的动作，引导乘客进、出车站。可通过车站计算机和紧急按钮启动紧急运行模式。

10 便携式验票机能随身携带，用于对乘客所持车票的真伪及有效性进行核查，并具备检票功能，与车站计算机连接后能进行数据交换。

18.4 票制、票务管理模式

18.4.1 自动售检票系统应满足线网运营和管理要求，宜采用线路票务中心和车站二级管理模式。在系统接入轨道交通清分中心的情况下，宜由轨道交通线网票务中心统一管理线路票务中心。

18.4.2 自动售检票系统应采用集中监控和统一的票务管理模式。

18.4.3 票制可采用一票制、区域制（分区制）、计程计时制、计程限时制、计次制等。

18.5 设备设置和布置原则

18.5.1 车站终端设备应根据车站客流组织和建筑布局相对集中布置。

18.5.2 车站终端设备设置应根据近期超高峰客流量及各种设备的票务处理能力计算。

18.5.3 车站终端设备设置应符合下列要求：

1 每个付费区应设置1~2台半自动售票机。

2 标准通道自动检票机的设置宜满足每组不少于2通道要求。

3 每个独立的付费区应至少设置一个双向宽通道自动检票机，宽通道自动检票机通道净宽宜为900mm。

4 自动售票机的设置应在满足乘客通行的基础上，保证乘客排队购票的空间。

18.5.4 对于不同时段进、出站客流变化较大的车站宜设置一定数量的双向检票机。

18.6 供电与接地

18.6.1 清分系统、中央计算机系统、车站计算机系统、车站终端设备的用电负荷应为一级负荷；维修测试系统的用电负荷宜为二级负荷。

18.6.2 自动售检票系统车站终端设备电源箱馈出回路宜带漏电保护。

18.6.3 自动售检票系统应采用综合接地，接地电阻不应大于1Ω。

18.6.4 车站终端设备、金属管、槽、接线盒、分线盒等应进行电气连接．并可靠接地。

18.6.5 数据线缆应与电源线缆分管或分槽敷设，预埋管、槽、盒应防水、防尘，并应避开围栏立柱设置的位置。

19 火灾自动报警系统

19.1 一般规定

19.1.1 车站、区间隧道、区间变电所、开闭所及系统设备用房、主变电所、集中冷站、控制中心、车辆基地,应设置火灾自动报警系统(FAS)。

条文说明

本条明确规定了磁浮交通应设置火灾自动报警系统的地点。火灾自动报警系统(FAS)可以进行火灾探测,对火灾早期发现和通报,及时采取有效措施,控制和扑灭火灾,是磁浮交通中必要的自动消防设施。

19.1.2 火灾自动报警系统应具备火灾的自动报警、手动报警、通信和网络信息报警,并应实现火灾救灾设备的控制及与相关系统的联动控制。

条文说明

本条对火灾自动报警系统中的报警触发装置及消防联动装置作了规定。设计火灾自动报警系统时,自动和手动两套触发装置应同时设置,火灾时,除了报警外,还应对火灾救灾设备及相关系统进行联动控制。

19.1.3 磁浮列车上设置的火灾自动报警系统,应能通过无线网络等方式将列车上发生火灾的部位信息传输给消防控制室。

19.1.4 火灾自动报警系统的设计除应符合本规范的规定外,尚应符合现行国家标准《火灾自动报警系统设计规范》(GB 50116)的有关规定。

19.2 系统构成

19.2.1 火灾自动报警系统应由中央级监控管理系统、车站和车辆基地的车站级监控管理系统、现场级监控设备及相关通信网络等组成。

条文说明

　　磁浮工程特点是以行车线路为单元组建管理机制，每一条线路管理范围从几公里至几十公里，按这种线形工程管理的需要，全线宜设控制中心集中管理—车站分散控制的报警系统形式，即由中央管理级、车站与车辆基地车站监控管理级、现场级监控设备以及相关网络和通信接口等环节组成，使管辖内任意点的火灾信息和全线管理中心下达的所有指令均在全线范围内迅速无阻的传输，以保障火灾早期发现，及时救援。在设计中根据工程建设要求，投资条件，管理体制，联动控制功能的繁简要求等，可设计成自己需要的系统形式。

19.2.2 火灾自动报警系统的中央级监控管理系统宜由操作员工作站、打印机、通信网络、不间断电源和显示屏等设备组成。

条文说明

　　本条中规定了中央级监控管理系统的设备组成，具体设备配置应以满足控制中心中央级管理和监控功能的需要为准。

19.2.3 火灾自动报警系统的车站级应由火灾报警控制器、消防控制室图形显示装置、打印机、不间断电源和消防联动控制器手动控制盘等组成。

条文说明

　　本条中规定了车站级监控管理系统的设备组成，具体设备配置应以满足车站级管理和监控功能的需要为准。

19.2.4 火灾自动报警系统现场控制级应由输入输出模块、火灾探测器、手动报警按钮、消防电话及现场网络等组成。

条文说明

　　本条中规定了现场控制级的设备组成，具体设备配置应以满足现场级控制功能的需要为准。

19.2.5 磁浮全线火灾自动报警与联动控制的信息传输网络宜利用磁浮公共通信网络，火灾自动报警系统现场级网络应独立配置。

条文说明

　　磁浮交通中一般设有全线公共通信网络，本条规定了全线火灾报警与联动控制的信息传输网络不宜独立配置,可利用地铁公共通信网络,但FAS现场级网络应独立配置。

19.2.6 火灾自动报警系统宜设置维修管理系统,维修管理系统应能接收、显示、储存、统计、查询和打印全线FAS设备的状态信息,设备发生故障时维修工作站应能发出报警信息。

19.2.7 车站、控制中心、维修工区的维修、培训人员宜按站、工区设置,宜与综合监控系统合设。

19.3 系统功能

19.3.1 中央级火灾自动报警系统应具备下列功能:
1 接收全线火灾灾情信息,对线路消防系统、设施监控管理,接收并储存全线消防报警设备主要的运行状态。
2 与各车站及车辆基地等火灾自动报警系统进行通信联络,发布火灾涉及有关车站消防设备的控制命令。
3 火灾事件历史资料存档管理。
4 接收换乘线路的火灾信息。
5 接收主时钟系统信息,使FAS时钟与主时钟同步。

19.3.2 车站级火灾自动报警系统应具备下列功能:
1 与火灾自动报警系统中央级管理系统及本车站现场级监控系统进行通信联络。
2 实现辖区实时火灾的报警,监视车站管辖内火灾灾情。
3 采集、存储辖区火灾报警信息,显示火灾报警点,防、救灾设施运行状态及所在位置画面,并报送中央级系统。
4 正确提示、显示辖区火灾报警系统的设备故障信息,实现故障报警。
5 发布相关区域火灾联动控制指令,控制消防救灾设备的启、停,并显示设备运行状态。
6 能够独立组织、管理、指挥管辖范围内的救灾,或接受中央级火灾自动报警系统指令进行救灾。
7 向相关换乘车站发送火灾信息,并接受其火灾信息。

19.3.3 现场级火灾自动报警系统应具备下列功能:
1 监视车站管辖范围内灾情,采集火灾信息。
2 监视电气火灾监控系统的状态、监视消防电源的运行状态。
3 监视车站所有消防救灾设备的状态信息、故障信息。

19.4 消防联动控制

19.4.1 消防联动控制系统应实现消火栓系统、自动灭火系统、防烟排烟系统，以及消防电源及应急照明、疏散指示、防火卷帘、电动挡烟垂帘、消防广播、售检票机、站台门、门禁、电梯等系统在火灾情况下的消防联动控制。

条文说明

本条规范明确磁浮交通涉及灭火、排烟、疏散、应急照明等的设施均应在火灾情况下实现消防联动控制。其中自动扶梯不应在火灾时强制停止运行或反向运行，应由现场工作人员视情况执行停运或疏散运行操作。

19.4.2 消火栓系统的控制应符合下列要求，并应符合现行国家标准《消防给水及消火栓系统技术规范》（GB 50974）的相关要求：
1 应控制消防泵的启动、停止。
2 车站综控室（消防控制室）应能显示消防泵的工作、故障和手/自动开关状态、消火栓按钮工作位置，并应实现消火栓泵的直接手动启动、停止。
3 车站级火灾自动报警系统应控制消防给水干管电动阀门的开关，并应显示其工作状态。
4 设消防泵的消火栓处应设消火栓按钮，并可向消防控制室发送启动消防泵的信号。

19.4.3 车站火灾自动报警系统应显示自动灭火系统保护区的报警、喷气、风阀状态，以及手/自动转换开关所处状态。

条文说明

本条规定了车站 FAS 应显示气体自动灭火系统保护区的报警、放气、风机和风阀状态、手/自动放气开关所处位置。

19.4.4 防烟、排烟系统的控制应符合下列规定：
1 应由火灾自动报警系统确认火灾，并直接联动控制防烟、排烟系统，同时应对地下站发布预定防烟、排烟模式指令。
2 防烟、排烟系统与正常通风系统共用的设备可由环境与设备监控系统或综合监控系统联动控制，环境与设备监控系统或综合监控系统接受火灾控制指令后，应优先进行模式转换，并应反馈指令执行信号。
3 火灾自动报警系统直接联动的设备应在火灾报警显示器上显示运行状态。

条文说明

因排烟系统与正常通风系统合用，日常设备运行由车站设备监控系统监控管理，而火灾发生地点和灾情由火灾报警系统掌握和了解，为保障火灾运行模式准确、可靠的转换，应由火灾报警系统选定、发布控制指令。在设置了综合监控系统时，BAS 系统集成于综合监控系统，可由综合监控系统接收 FAS 指令，由综合监控系统执行联动，并反馈指令执行信号。

19.4.5 车站火灾自动报警系统对消防泵和专用防烟、排烟风机，除应设自动控制外，尚应设手动控制；对地下站防烟、排烟设备还应设手动和自动的模式控制装置。

19.4.6 火灾自动报警系统确认火灾后，应点亮疏散照明灯和疏散指示标志灯，系统全部投入应急状态的启动时间不应大于5s，并应监视其工作状态。

条文说明

本条规定了消防应急照明和疏散指示系统的应急转换时间。

19.4.7 消防电源、切非联动控制，应符合下列规定：
1 火灾自动报警系统确认火灾后，消防控制设备应按消防分区切断火灾区域及相关区域的非消防电源。
2 火灾确认后，非消防电源的切断可按下列要求进行：
（1）普通动力负荷、自动扶梯、排污泵、空调用电等，火灾时可立即切断。
（2）发生火灾时处于点亮状态的正常照明、生活给水泵、地下排水泵、电梯等，火灾时不应立即切断，但应在自动喷淋系统、消火栓系统动作前切断。

条文说明

本条规定了在火灾情况下消防控制设备按消防分区在配电室或变电所切除火灾区域的非消防电源，在保证利于消防救灾的前提下，尽量缩小断电范围。

关于火灾确认后，火灾自动报警系统应能切断火灾区域及相关区域的非消防电源，但这个问题也极具争议，理论上讲，只要能确认不是供电线路发生的火灾，都可以先不切断电源，尤其是正常照明电源，如果发生火灾时正常照明正处于点亮状态，则应予以保持，因为正常照明的照度较高，有利于人员的疏散。正常照明、生活水泵供电等非消防电源只要在水系统工作前切断，就不会引起触电事故及二次灾害；其他在发生火灾时没必要继续工作的电源，或切断后也不会带来损失的非消防电源，可以在确认火灾后立即切断。本规范列出了火灾时，应切断的非消防电源用电设备和不应切断的非消防电源用电设备。

19.4.8 消防联动对其他系统的控制应符合下列要求：
1 应自动或手动将广播转换为火灾应急广播状态。
2 闭路电视系统应自动或手动切换至相关画面。
3 应自动或手动打开检票机，并应显示其工作状态。
4 应根据火灾运行模式或工况选择自动或手动控制车站站台门开启或关闭，并应显示工作状态。
5 应自动解锁火灾区域门禁，并宜手动解锁全部门禁。
6 防火卷帘门、电动挡烟垂帘应自动降落、常开防火门应控制关闭，并反馈开启、关闭及故障状态信号至联动控制器。
7 电梯应迫降至疏散层，并应接收电梯的状态反馈信息。
8 应在人员监视的状态下控制站内自动扶梯的停运或疏散运行。

条文说明

本条规定车站消防控制室对站台门和自动检票闸门、火灾区域门禁应具有开启控制功能，并显示工作状态。同时对防火卷帘门、电动挡烟垂帘、常开防火门等设备在火灾时的联动控制做了要求，具体设计应与当地各有关方共同确定，满足消防疏散功能要求。

自动扶梯分为两类：疏散用自动扶梯和非疏散用自动扶梯。对于疏散用自动扶梯，在火灾时需向疏散方向运行，非疏散用自动扶梯在火灾时要切断其电源，为了保证乘客的乘梯安全，以免引起不必要的惊慌和事故，规定对于非疏散用自动扶梯不应在运行状态下自动切断自动扶梯的电源，需在自动扶梯停止后切除电源，而对于疏散用自动扶梯，在火灾时不应自动控制自动扶梯的反向运行。

19.4.9 消防联动控制器控制应通过多路总线回路连接带地址的各类模块，每一总线回路连接带地址模块的数量应留有一定的余量。

条文说明

本条对火灾自动报警系统现场网络做了要求，应采用总线回路，并且在设计中每一总线回路连接带地址模块的数量应留有一定的余量。

19.4.10 换乘车站分线路设置的各线路火灾自动报警系统之间，应通过互设信息模块、信息复示屏和消防电话分机或插孔的形式实现信息互通及消防联动。

条文说明

本条对换乘车站之间的火灾自动报警系统互通及消防联动做了要求。

19.5 火灾探测器与报警装置的设置

19.5.1 火灾自动报警系统应设有自动和手动两种触发装置，设置火灾探测器的场所应设置手动报警装置。

条文说明

本条对火灾自动报警系统中的触发装置作了规定。设计火灾自动报警系统时，自动和手动两套触发装置应同时设置。

19.5.2 报警区域和探测区域的划分应结合磁浮车站的特点，并按照现行国家标准《火灾自动报警系统设计规范》（GB 50116）的有关规定进行划分。报警区域应根据防火分区和设备配置划分，且每个防烟分区应划分为独立的火灾探测区域。

条文说明

为方便自动联动控制程序的实现，在火灾初期及早地发现火灾发生的部位，尽快扑灭火灾，规定了报警区域应根据防火分区和设备配置划分。故除应根据现行国家标准《火灾自动报警系统设计规范》（GB 50116）的规定划分报警区域外，还应根据设备配置划分报警区域。

19.5.3 地下车站的站厅层公共区、站台层公共区、换乘公共区、各种设备机房、库房、值班室、办公室、走廊、配电室、电缆隧道或夹层，楼梯间、防烟楼梯间前室、电气/通信管道井、建筑物闷顶以及长度超过60m的出入口通道，应设置火灾探测器。

条文说明

本条规定火灾探测器的设置地点。由于地下区间也作电缆敷设通道，故应设置火灾探测器。

19.5.4 地面及高架车站封闭式的站厅、各类设备用房、管理用房、配电室、电缆隧道或夹层、楼梯间、防烟楼梯间前室、电气/通信管道井、建筑物闷顶应设置火灾探测器。

条文说明

本条规定了地面及高架车站应设置火灾探测器的地点。

19.5.5 控制中心的调度大厅、各类设备用房、管理用房、配电室、电缆夹层、楼梯间、防烟楼梯间前室、电气/通信管道井、建筑物闷顶应设置火灾探测器。

条文说明

　　本条规定了控制中心应设置火灾探测器的地点。

19.5.6　车辆基地的车辆停放车间、维修车间、重要设备用房、可燃物品仓库、变配电室，以及火灾危险性较大的场所，应设置火灾探测器。

条文说明

　　本条规定了车辆基地设置火灾探测器的场所。探测器的选择应考虑到这些因素影响。

19.5.7　设气体自动灭火的房间应设置两种火灾自动报警探测器。

19.5.8　每个防火分区均应设置手动报警按钮，下列部位应设置带地址的手动报警按钮：
1　车站公共区、设备管理区、车辆基地内的设备区和办公区、主变电所。
2　地下区间纵向疏散平台的侧壁上。
3　其他长度大于30m的封闭疏散通道。
4　车站内的消火栓箱旁。

条文说明

　　本条规定设计火灾自动报警系统时，自动和手动两套触发装置应同时设置；手动火灾报警按钮设置位置根据国家标准《地铁设计防火标准》（GB 51298—2018）第9.4.1条和第9.4.2条规定。

19.5.9　重要设备用房，如配电室、环控电控室、通风空调机房、消防泵房、弱电机房等房间，以及值班室内应设置消防电话。

条文说明

　　本条规定了消防电话的设置场所。

19.5.10　车站公共区和设备管理区应设置火灾声光报警器。

19.5.11　系统可在工程实际需求基础上考虑备品备件，备品备件应根据设备损耗及需求计列。

19.6　消防控制室

19.6.1　火灾自动报警系统中央级监控管理系统应设置在控制中心调度大厅内，并宜靠近行车调度；车站消防控制室应与车站综合控制室结合设置；车辆段消防控制室宜设于综合楼内，房间大小除应满足设备布置要求外，还应考虑运营与值班人员需求。换乘车站的消防控制室宜集中设置。按线路设置的消防控制室之间应能相互传输、显示状态信息，但不宜相互控制。

条文说明

　　本条规定了控制中心火灾自动报警系统的设置场所，在磁浮交通这类大型综合性工程中，各系统在运营中相互关联密切，尤其灾害事故的处理，应多专业人员共同合作才可完成全面救灾工作。故设置FAS中央级监控管理系统，以统筹监管全线的FAS。本条规定了消防控制室和车控室的设置方式。车站综合控制室是车站运营、调度指挥的设施集中和人员职守场所，车站消防控制室与之合设，才能实现车站地铁各系统的协调运作，方便救援指挥。换乘车站中，对于采取同站台换乘等形式的换乘车站建议采用集中控制室。对于采取通道换乘等形式的换乘车站可按线路独立设置，但应保证两个消防控制室的信息能够互通。且换乘站消防控制室也应结合换乘站综合控制室设置方式，并与之结合设置。

19.6.2　消防控制室应设置火灾报警控制器、消防联动控制器、消防控制室图形显示装置。

19.7　供电、防雷与接地

19.7.1　火灾自动报警系统供电应符合现行国家标准《火灾自动报警系统设计规范》（GB 50116）的有关规定。

19.7.2　火灾自动报警系统应设有主电源和直流备用电源；主电源采用消防电源，直流备用电源宜采用专用蓄电池或集中设置的蓄电池组供电，其容量应保证主电源断电后火灾自动报警及联动控制系统在火灾状态同时工作的负荷下连续工作3h以上。当备用电源采用集中设置的蓄电池组供电时，火灾报警控制器和消防联动控制器应采用单独回路供电。

条文说明

　　本条对火灾自动报警系统的电源设置作了规定，主电源为消防一级负荷，且不应设置剩余电流动作保护和过负荷保护装置。

19.7.3　火灾自动报警系统交流电源不应设置剩余电流动作保护和过负荷保护装置。

19.7.4 火灾自动报警系统图形显示装置、消防通信设备等的电源，宜由 UPS 装置或蓄电池型应急控制电源系统供电。

19.7.5 消防用电设备应采用专用的供电回路，其配电线路和控制回路宜按防火分区划分。

条文说明

本条对火灾自动报警系统供电及配电回路做了规定。因消防设备关系到人身及财产安全，且火灾探测及消防联动根据防火分区进行动作，故本条规定消防用电设备应采用专用的供电回路，避免其他与消防无关设备故障影响配电回路正常供电，且配电回路宜按防火分区划分。

19.7.6 火灾自动报警系统宜与其他系统共用接地装置，接地装置的接地电阻值不应大于 1Ω。

19.7.7 火灾自动报警系统应设置等电位连接网络。电气和电子设备的金属外壳、机柜、机架、金属管、槽、浪涌保护器（SPD）接地端等，均应以最短的距离与等电位连接网络的接地端子连接。

19.7.8 由消防控制室接地板引至各消防电子设备的专用接地线应选用铜芯绝缘导线，其线芯截面面积不应小于 $4mm^2$；由消防控制室接地板与建筑接地体之间，应采用线芯截面面积不应小于 $25mm^2$ 的铜芯绝缘导线连接。

19.7.9 火灾自动报警系统防雷应满足现行国家标准《建筑物电子信息系统防雷技术规范》（GB 50343）及其他相关标准的规定，FAS 配电箱、终端设备应配置防雷单元。

19.8 布线

19.8.1 火灾自动报警系统传输线路的线芯截面选择，除应满足自动报警装置技术条件要求外，尚应满足机械强度的要求。铜芯绝缘导线、铜芯电缆线芯的最小截面面积不应小于表 19.8.1 的规定。

表 19.8.1　铜芯绝缘导线和铜芯电缆线芯的最小截面面积（单位：mm^2）

序号	类　别	线芯的最小截面面积
1	穿管敷设的绝缘导线	1.00
2	线槽内敷设的绝缘导线	0.75
3	多芯电缆	0.50

19.8.2 火灾自动报警系统的供电线路和传输线路设置在室外时应埋地敷设。

19.8.3 在室内的传输线路暗敷时应采用穿金属管、可挠金属电气导管、B1级以上的刚性塑料管或封闭式线槽保护方式，并应敷设在不燃烧体的结构层内，且保护层厚度不小于30mm；线路明敷时应采用穿金属管、可挠金属电气导管或封闭式金属线槽保护方式，金属管和线槽外刷防火涂料。

19.8.4 火灾自动报警系统的供电线路和传输线路设置在地下或水下隧道或湿度大于90%的场所时，线路及接线处应做防水处理，接线盒宜采用防腐蚀、高防护等级的产品，防护等级不小于IP65。

19.8.5 不同电压等级的线缆不应穿入同一根保护管内，当合用线槽时，线槽内应有隔板分隔。

19.8.6 水平敷设的火灾自动报警系统的传输线路，当采用穿管布线时，不同防火分区的线路不应穿入同一根管内。

19.8.7 火灾自动报警系统采用的电线和电缆应符合本规范第15.4.1条的规定。

条文说明

本条规定，因磁浮交通车站等场所人员密集，为了人员生命安全规定了FAS的传输线路、供电线路、控制线路应根据不同使用场所选相应型号线缆。

20 综合监控系统

20.1 一般规定

20.1.1 中低速磁浮交通宜设置综合监控系统。

20.1.2 综合监控系统应满足线路运营与维护的使用要求，应采用集成与互联方式构建，并应集成电力监控、环境与设备监控等系统，应集成互联广播、视频监控、自动售检票、乘客信息、时钟、门禁等系统，宜集成列车自动监控、防淹门、站台门、火灾自动报警等系统，可集成互联电气火灾、感温光纤、消防电源、能源计量管理、防火门监控、消防应急照明、疏散指示等系统。

条文说明

综合监控系统集成范围主要包括：电力监控系统、环境与设备监控系统等；火灾自动报警系统是否纳入集成范围主要由当地消防管理部门确认，本规范推荐纳入综合监控系统集成范围，在具体实施时，可根据各地的运营管理需求，做调整。

20.1.3 综合监控系统宜采用三级监控、两级管理运营模式进行设计。

20.1.4 综合监控系统设计应根据维护管理需要合理配置仪器仪表、专用工器具。

20.1.5 综合监控系统备品备件应符合下列规定：
  1 符合确保安全、抢修必备、科学合理、资源共享的原则。
  2 配置数量应满足系统投入运营初期突发情况或突发故障的抢修需要，并兼顾维护机构的需求。

20.1.6 综合监控系统的信息安全应符合现行国家标准《工业控制系统信息安全 第1部分：评估规范》（GB/T 30976.1）和《工业控制系统信息安全 第2部分：验收规范》（GB/T 30976.2）的规定，且宜按信息系统安全等级保护标准第三级进行设计。

20.1.7 综合监控系统设计除应符合本规范要求外，尚应符合现行国家标准《城市轨道交通综合监控系统工程技术标准》（GB/T 50636）等有关技术标准的规定。

20.2 系统设置原则

20.2.1 综合监控系统宜由中央级系统、车站/车辆基地级系统以及现场级系统构成；现场级应由被集成或互联的子系统现场设备构成。

20.2.2 综合监控系统应设置网络管理系统、维修管理系统与培训管理系统，可根据需要设置仿真测试平台。

20.2.3 控制中心楼宇可设置综合监控系统，并宜按车站级配置。

20.2.4 中央级系统与车站/车辆基地级系统之间的骨干网宜利用通信系统传输网络组网或利用光纤组建专用网络。

20.3 系统基本功能

20.3.1 综合监控系统应具备对被集成子系统的监控和管理，以及对互联系统的监控和联动控制功能。

20.3.2 综合监控系统应具备如下基本功能：
1 各级设备的自诊断功能。
2 时钟同步功能。
3 监视、控制、调节与参数设置功能。
4 事件回放、辅助决策支持功能。
5 权限管理功能。
6 冗余设备无扰动自动切换功能。
7 车站综合后备盘应具备自动售检票、站台门、信号、环境与设备监控、火灾自动报警等系统的后备应急操作，在系统故障或发生灾害等紧急事件时，应能实现与各相关系统的联动控制。
8 其余功能应符合现行国家标准《城市轨道交通综合监控系统工程技术标准》（GB/T 50636）相关要求。

20.3.3 综合监控系统功能在集成、互联不同系统时，功能应符合现行国家标准《城市轨道交通综合监控系统工程技术标准》（GB/T 50636）相关要求。

20.3.4 综合监控系统的车站综合后备盘应具备自动售检票、站台门、信号、环境与设备监控、火灾自动报警等系统的后背应急操作，在系统故障或发生灾害等紧急事件时，应能实现与各相关系统及设备的联动控制。

20.4 设备基本要求

20.4.1 中央级监控系统宜包含服务器、数据存储设备、工作站、通信处理机、综合显示屏、网络设备以及不间断电源等。服务器、网络设备以及通信处理机应冗余配置。

20.4.2 车站级监控系统宜包含服务器、工作站、通信处理机、网络设备、综合后备盘以及不间断电源等。服务器、网络设备以及通信处理机应冗余配置。

20.5 其他

20.5.1 综合监控系统供电负荷等级应为一级，其UPS后备时间宜大于1h；宜采用综合接地系统，接地电阻应小于1Ω。

20.5.2 线缆敷设应采取抗电磁干扰措施，确保在中低速磁浮轨道电磁环境条件下正常使用。

20.5.3 综合监控系统设备机房应符合现行国家标准《数据中心设计规范》（GB 50174）的有关规定。

21 环境与设备监控系统

21.1 一般规定

21.1.1 根据线路敷设方式和所属地域气候条件设置相应的环境与设备监控系统（BAS）。地下车站、区间隧道应设置环境与设备监控系统，地面及高架车站、车辆综合基地应结合实际情况设置。

条文说明

因地下车站及区间机电设备设置多且复杂，阻塞工况、火灾紧急工况需各专业协同实现，故本条规定，地下车站、区间隧道应设置环境与设备监控系统，对车站、区间等机电设备进行实时监控。为阻塞工况、火灾紧急工况等提供模式控制；地面及高架车站、车辆综合基地的机电设备较少，且各系统之间的协同救灾及模式控制工况较少，故应结合实际情况设置环境与设备监控系统或简化设置。

21.1.2 环境与设备监控系统的设置应遵循分散控制、集中管理、资源共享的基本原则。

条文说明

因集散型监控系统控制相对于过去传统的计算机控制方式功能分散，管理功能相对集中，控制系统性能可靠、结构灵活、组态方便、布局合理，系统成本较低，故环境与设备监控系统应采用集散型监控系统。

21.1.3 环境与设备监控系统应按全线车站及区间同一时间只发生一次火灾的原则设定救灾模式，换乘站也应按同一时间只发生一次火灾的原则设定救灾模式。

条文说明

新建的磁浮工程车辆、车站及区间结构和装修材料所使用材料均为不燃材料，电缆均采用无卤、低烟的不燃或难燃的绝缘材料，发生火灾属概率较小，故考虑到设备设施配备的经济性和合理性，规定全线车站（包括换乘站）及区间按同一时间仅发生一次火灾来设计救灾模式。

21.1.4 防烟、排烟系统与正常通风系统合用的设备，在火灾情况下应由环境与设备监控系统统一监控。环境与设备监控系统和火灾自动报警系统之间应设置通信接口；火灾工况应由火灾自动报警系统发布火灾模式指令，环境与设备监控系统应优先执行相应的控制程序。对于专用排烟风机设备，由 FAS 直接控制。

条文说明

车站空调通风兼备火灾排烟功能的风机设备，模式控制应由 BAS 执行，以保证同一被控设备控制指令的唯一性，避免火灾紧急情况控制方式的转换；对于专用排烟风机设备由 FAS 直接控制。火灾自动报警控制盘（FACP）与 BAS 的主控制器间设置 RS485 串行通信接口。当车站发生火灾时，车站级 FAS 探测火灾发生的具体位置，并发布相应火灾模式指令至 BAS，BAS 优先执行相应的控制程序，保证防排烟及其他相关设备及时进入排烟救灾状态，避免灾情扩大，尽量减小人身和财产损失。

21.1.5 当设置综合监控系统时，环境与设备监控系统应在车站级由综合监控系统集成，环境与设备监控系统车站及中央级监控功能应由综合监控系统实现。

21.2 系统设置原则

21.2.1 环境与设备监控系统应按独立设置的原则编制。

21.2.2 环境与设备监控系统应采用分层、分布式计算机控制系统，并应由中央监控管理级、车站监控级、现场控制级及相关通信网络组成。

条文说明

BAS 由中央、车站、现场控制级三层结构组成。BAS 应具有中央和车站两级监控信息管理，中央、车站、现场（就地）三级控制功能；BAS 的一个车站系统是具备本地规模的自动化系统，汇集本车站内各主控制器等现场设备的数据。通信网络包括中央级管理网（一般采用工业以太网），车站级至中央级通信传输网（利用通信传输系统提供的逻辑独立传输通道或独立组建工业以太网），车站级监控网（一般采用工业以太网），现场级控制网（一般采用工业总线），将分层分布式计算机监控系统有机组成完整的环境与机电设备监控系统。

21.2.3 环境与设备监控系统的监控范围，应包括车站、区间，也可包括控制中心及车辆段、停车场。监控对象应包括下列系统和设备：
1 车站通风、空调与供暖系统。
2 隧道通风设备。

3 给水与排水系统。
4 应急电源（EPS）及不间断电源系统。
5 照明系统。
6 乘客导向标识系统。
7 自动扶梯、电梯设备。
8 站台门、防淹门系统等。
9 温、湿度等环境参数的监测设备等。

条文说明

本条列举了环境与设备监控系统应监控的系统设备，设计时应根据具体机电设备设置情况执行。

21.3 系统基本功能

21.3.1 车站及区间机电设备监控应具备中央和车站两级监控信息管理，中央、车站和就地三级控制功能；应能提供设备的运行状态，具备注册和权限设定的功能。

条文说明

本条对环境与设备监控系统的车站及区间机电设备监控主要功能作了规定。

环境与设备监控系统具有中央和车站两级监控信息管理功能，其中，中央级控制的范围最大，具有最高等级的领导权限，但就地控制具有最高等级的操作权限；环境与设备监控系统控制指令应能分别从中央工作站、车站工作站和车站综合后备盘人工发布或由程序自动判定执行，应具有越级控制功能以及所需的各种控制手段；对于设备操作的优先级遵循人工高于自动的原则。

BAS要具备对车站及区间的机电设备监控功能，并能根据环境要求、运营时段进行节能控制。

21.3.2 系统执行防灾模式应能接收地下站FAS火灾信息，执行地下车站防烟、排烟模式。应能监控车站应急照明系统和乘客导向标识系统，监视各排水泵房的危险水位。

条文说明

本条对环境与设备监控系统的车站防灾主要功能作了规定。

地下车站火灾时，由FAS向BAS发送火灾命令，BAS执行模式控制。也可由IBP盘手动执行模式控制。

BAS对乘客导向标识的信息监控，包括对平时与火灾工况导向标识常开、平时开启火灾工况关闭、平时关闭火灾工况开启、平时与火灾工况模式转换等标识系统转换的监控。

对应急照明系统的监控主要对应急照明电源（EPS）交流电压、直流电压、充电时间、放电时间模拟信号监测；对进线、逆变、旁路、故障数字信号监视。

BAS通过设置的水位传感器，对车站及区间排水泵的超高水位、超低水位、危险报警水位进行监测。

21.3.3 地下区间系统执行防灾及阻塞模式时应能接收停车位置信号，根据列车火灾部位信息，执行隧道防排烟模式；也能够接收列车区间阻塞信息，执行阻塞通风模式。

条文说明

本条对地下区间系统执行防灾及阻塞模式主要功能作了规定。

列车失去动力而滞留在地下区间时，司机利用无线通信方式向OCC报告列车发生火灾部位，ATS向OCC提供列车在区间的位置信息，由BAS中央级工作站发布火灾控制模式，由发生火灾区间相邻车站的BAS执行相应防排烟模式。

21.3.4 在地下车站公共区、车站控制室及重要设备用房应设置温度及湿度传感器，并应能对环境相关参数进行监测并控制通风、空调系统设备优化运行。

条文说明

车站级BAS通过在车站公共区、车站控制室及重要设备用房设置的温度及湿度传感器，利用PLC完善的PID算法功能，有效地对车站内空调系统进行调节，保证车站内良好的乘车环境，同时实现节能目的。

21.3.5 环境与设备监控系统应能对能耗数据进行分类分项统计和分析，控制各系统设备优化运行。

21.3.6 环境与设备监控系统应具备系统维护功能，包括系统软件维护、组态、运行参数设置及操作界面修改等，以及对系统硬件设备的故障判断及维护管理；应能监视全线被控对象的运行状态，形成维护管理趋势预告等，提高设备管理效率。

条文说明

BAS系统通过在车辆基地设置的BAS维修系统，对控制中心、各车站、车辆段BAS的设备运行情况进行监视，对全线BAS软、硬件设备进行集中管理及维护。判断硬件设备故障信息，为维修人员处理故障提供依据，可实现维修人员在维修车间对系统实施远程监控及维护。

21.3.7 环境与设备监控系统应具有与中央主时钟同步的功能，能够接受时钟系统提供的时钟同步信号，并把时钟信号下发到各车站、车辆段。

21.4 硬件设备配置

21.4.1 环境与设备监控系统设备应选择具备高可靠性、容错性、可维护性的工业级控制设备；防灾设备监控应采用冗余措施。当环境与设备监控系统被综合监控系统集成时，中央级硬件设备、车站级硬件设备及综合后备盘应由综合监控系统设置。

条文说明

BAS系统配置的设备均应具备较强的抗电磁干扰、抗静电干扰、拟制变频器谐波能力，满足磁浮交通特殊环境条件下正常使用；现场设备应考虑设备防尘、防腐蚀、防潮、防霉、防震等适合工业环境的控制设备。监控设备选用技术先进、安全可靠、智能化、模块化结构，并具有远程编程功能的设备，输入、输出模块具有带电插拔功能和隔离措施。采用冗余配置的可编程逻辑控制器（PLC）及冗余现场工业总线结构，对事故通风与排烟系统的监控，提高控制系统的可靠性、容错性。

21.4.2 中央级硬件设备应按下列要求配置：
1 应配置两台操作工作站，并列运行或采用冗余热备技术；可配置一台维护工作站，监视全线环境与设备监控系统运行情况；可配置两台冗余服务器；应与通信系统母钟时间同步。
2 可配置一台事件信息打印机及一台报表打印机，或配置一台打印机，可兼做事件信息和报表打印；可配置大屏幕显示系统，或利用控制和中心其他系统的显示大屏。其设计应与行调、电调、视频监控等系统协调。
3 应配置在线式不间断电源，后备时间不应小于1h。

21.4.3 车站级硬件设备应按下列要求配置：
1 应配置工业控制计算机作为车站级操作工作站；应配置一台打印机。
2 应在车站控制室配置综合后备控制盘，其操作权限应高于车站和中央操作工作站，盘面应以火灾工况操作为主。
3 应配置在线式不间断电源，后备时间不应小于1h。

条文说明

BAS车站级硬件设备的配置应选择具有较高可靠性的工业控制计算机作为车站级操作工作站。

车站控制室设置综合后备盘（IBP），当中央级发生通信故障或在车站级人机接口发生故障时，使车站具有后备操作装置。

21.4.4 现场设备应按下列要求配置：

1 现场级应采用能适应磁浮交通环境现场的设备，具有抗静电干扰能力强、可靠性高，抑制变频器谐波的功能，并应具有抗噪声干扰能力和良好的电磁兼容性。

2 系统站级控制器采用高可靠性、高处理能力、内存容量大、支持故障自诊断及自恢复功能的工业级 PLC；地下站应设置冗余 PLC，地面站、高架站、场段宜设置单 PLC；PLC 应采用可扩展、易维修模块化结构，通信、输入输出（I/O）等主要模块组件应具有带电插拔功能及必要的隔离措施；控制器提供用于模块运行监视的状态数据，并应具有远程编程功能；PLC 应支持多任务，应至少包括循环扫描型基本任务、事件触发任务和周期型中断任务。

3 通信转换接口应满足数据通信的实时性要求，满足抗静电干扰能力强、可靠性高的要求。

4 应选择具有抗静电干扰能力强、可靠性高的 I/O 模块设备，并能够实现点隔离和点诊断的功能，接口模块应有光电隔离功能。

5 传感器的输出应采用标准电信号。

21.4.5 环境与设备监控系统宜设置维修管理系统，应与综合监控系统合设。维修管理系统应能接收、显示、储存、统计、查询、打印全线 BAS 设备的状态信息，设备发生故障时维修工作站应能发出报警信息。

21.4.6 系统可在工程实际需求基础上考虑备品备件，备品备件应根据设备损耗及需求计列。

21.4.7 环境与设备监控系统 PLC 控制器宜设置在环控电控室或 BAS 设备机房内，也可设置于综合监控设备机房。房间大小应满足设备布置及维护需求。

21.4.8 车站、控制中心、维修工区的维修、培训人员宜按站、工区设置，应与综合监控系统合设。

21.5 软件基本要求

21.5.1 软件系统应与硬件系统配置相适应，在成熟、可靠、开放的监控系统软件平台的基础上，按磁浮运营需求开发应用软件。

条文说明

BAS 所采用的软件应是成熟的、通用的、平台级的商用产品。应支持多种硬件构成形式，软件结构不依赖于硬件环境。系统软件运用冗余、容错、自恢复等技术，充分保证系统的稳定运行。系统软件应提供良好、通用的开放性接口，和良好的人机界面。

21.5.2 系统软件应符合当前计算机软件、通信、自动化等技术发展趋势，应具有良好的开放性、扩展性和可移植性；应具有处理大量数据的能力；友好的操作界面和灵活的信息处理能力；丰富灵活的数据接口；应采用冗余、容错、自恢复等技术。

21.6 系统网络结构与功能

21.6.1 环境与设备监控系统网络应具有可靠性、开放性和可扩展性，结构应采用分层结构，由全线传输网、中央级和车站级局域网及现场总线组成。当环境与设备监控系统被综合监控系统集成时，中央级和车站级局域网应由综合监控系统组建。

21.6.2 中央级与车站级之间的传输网络可由通信传输系统提供，或独立组建工业以太网；中央级局域网、车站级局域网应冗余设置，中央级与车站级网络数据传输通信速率不宜低于100Mbps，任一车站工作站和中央级工作站的退出，均不应造成网络中断。

条文说明
　　BAS全线可利用具备良好网络通信保护机制的通信传输系统提供的逻辑独立通道组网采用环形拓扑结构网络，单点故障具备自愈网络重组功能；冗余配置网络结构亦具备单点故障不影响网络正常通信功能。

21.6.3 中央级局域网连接服务器、操作工作站和通信设备等，应保证数据传输实时可靠，并应具备良好的可扩展性。

21.6.4 车站级局域网连接控制器、操作工作站和通信设备等，应采用标准通信协议，保证数据传输实时可靠，并应具备良好的开放性、扩展性。

21.6.5 现场主控制器和远程控制器或远程I/O模块应通过现场总线连接，能够实现系统的分散控制；适应磁浮现场环境及具有抗电磁干扰能力。

21.7 布线及接地

21.7.1 地下车站及区间环境与设备监控系统采用的电缆应符合本规范第15.4.1条的规定；传输线路的线芯截面选择，除应满足环境与设备监控系统设备技术条件的要求外，尚应满足机械强度的要求。

条文说明

因地下车站及区间烟雾不易排出，为了人员生命安全规定了 BAS 的传输线路、供电线路、控制线路应选用无卤、低烟的阻燃线缆。应保证其方便维护、检修，且具备防止外部机械损伤的能力。

21.7.2 环境与设备监控系统的传输线路和 50V 以下供电的控制线路，应采用电压等级不低于交流 300V/500V 的铜芯绝缘导线或铜芯电缆；220V/380V 的供电和控制线路应采用电压等级不低于交流 450V/750V 的铜芯绝缘导线或铜芯电缆。

21.7.3 不同电压等级的线缆不应穿入同一根保护管内，当合用线槽时，线槽内应有隔板分隔。

条文说明

BAS 线缆中，电源线与信号线分别隔离设置，以避免相互间干扰，信号产生误差或失效。

21.7.4 采用屏蔽布线系统时，应保持系统中屏蔽层的连续性，且屏蔽层应采用单端屏蔽接地。

21.7.5 环境与设备监控系统防雷应满足现行国家标准《建筑物电子信息系统防雷技术规范》（GB 50343）及其他相关标准的规定，BAS 系统配电箱、终端设备应配置防雷单元。

21.7.6 环境与设备监控系统宜与其他系统共用接地装置，接地电阻值不应大于 1Ω；环境与设备监控系统应设置等电位联结。电气和电子设备的金属外壳、机柜、机架、金属管、槽、浪涌保护器（SPD）接地端等，均应与等电位联结网络的接地端子连接。

22 门禁系统

22.1 一般规定

22.1.1 中低速磁浮交通工程中涉及安全的重要设施的通道门、系统和设备用房门及管理用房门应设置门禁系统。

条文说明

中低速磁浮涉及安全的重要设施（控制中心、车站、车辆基地、主变电所、区间变电所等）人员出入使用频繁的通道门、系统和设备用房门及管理用房门或涉及安全的其他门，应实现自动化安全监控和管理，应设门禁系统也可称为出入口控制系统（简称ACS）。

22.1.2 门禁系统应具有出入口监控和安全管理等功能，也可根据运营管理的需要增加巡更或考勤等其他功能。

22.1.3 门禁系统构成、设备配置和布置，应与运营管理模式相适应。

22.1.4 门禁系统应按集中管理、分级控制的方式设计。应统一管理合法持卡人的访问权限，可根据需要设置线网中央级系统、线路中央级系统和车站级系统三级监控管理系统，或线路中央级和车站级系统两级监控管理系统，并宜根据运营管理的需要设置集中授权工作点。

22.1.5 设有门禁装置的通道门、设备及管理用房门的电子锁，应满足防冲撞和消防疏散的要求。电子锁应具备断电自动释放功能，设备及管理用房门电子锁还应具备手动机械解锁功能。

22.1.6 门禁系统应实现与火灾自动报警系统的联动控制。车站控制室综合后备盘上应设置门禁紧急开门控制按钮，并应具备手动、自动切换功能。其他单体的消防控制室应设置门禁紧急开门控制按钮，并应具备手动、自动切换功能。

条文说明

门禁系统控制器通过干接点的型式与FAS模块箱通信，发生火灾时，按区域释放门禁系统，车站控制综合后备盘上实现全站门禁统一释放，保证火灾情况下的人员疏散顺利。

22.1.7 门禁系统设备应具备良好的抗电磁干扰能力，满足磁浮车站环境的要求。

22.1.8 门禁卡宜采用员工卡作为授权卡

22.1.9 门禁系统应符合现行国家标准《地铁设计规范》（GB 50157）的相关规定。

条文说明

现行国家标准《地铁设计规范》（GB 50157）中已对门禁系统的分级和设备配置做了详细要求，可参照执行。

22.2 安全等级和监控对象

22.2.1 各安全等级的配置应符合下列规定：
1 一级应设双向读卡器，进门侧应设密码键盘或其他识别装置，并应与视频监控系统相互配合，实现安全联动监控。
2 二级应设双向读卡器，进门侧应设密码键盘或其他识别装置。
3 三级应设双向读卡器或单向读卡器；进门侧应设密码键盘或其他识别装置。
4 四级应设单向读卡器。

22.2.2 门禁系统监控对象应包括重要的系统和设备用房、管理用房及通道门。

22.2.3 控制中心监控对象应包括重要的系统和设备用房、管理用房及通道的门，进入中央控制室的通道门等重要通道门应设一级门禁，其他相关通道门及普通设备用房及管理用房可设三级门禁，重要的设备用房应设不低于二级门禁，重要的管理用房应设不低于二级门禁。

22.2.4 车站监控包括的对象应符合下列规定：
1 设备用房应包括通信设备室、信号设备室、供电和低压配电设备室、综合监控设备室、自动售检票设备室、站台门设备室、应急照明设备室、自动灭火设备室、环控电控室、通风空调机房和消防泵房等。
2 管理用房应包括车站控制室、站长室、站务室等；票务管理室应设不低于二级安全等级的门禁。

3 通道门应包括设备管理区直通地面的紧急疏散通道门、设备管理区直通公共区的通道门等；设备管理区直通隧道区间的通道门应设三级安全等级的门禁。

条文说明

门套门或者一个房间有多个门时，可选择只在一处常用或便于（安装）使用的门设置门禁，其他不设置门禁的门应采用物理方式锁定，并能从房间内侧开启。

22.2.5 门套门可只在一个门上设置门禁，当一个房间有多个门时，可只在一个常用门处设置门禁。

22.3 系统构成

22.3.1 门禁系统宜由线网中央级系统、线路中央级系统、车站级系统、现场级系统和终端设备、传输网络和电源及门禁卡等组成。

22.3.2 门禁系统监控管理层系统可自成系统或与综合监控（或安防）系统实现集成或互联。

22.3.3 门禁系统宜采用通信传输网络。当门禁系统与综合监控（或安防）系统实现集成或互联时，宜采用综合监控（或安防）系统的传输网络。

22.4 系统功能

22.4.1 线网中央级系统功能应符合下列要求：
1 应具有门禁授权管理、数据库管理、黑名单管理、设备监视与控制功能。
2 应向线路中央级系统下达系统工作参数、授权参数、黑名单等信息。
3 应接收线路中央级系统上传的线路数据，并应实现数据的统计、报表、分类存储和打印。
4 应查询线网系统信息。
5 应统一管理合法持卡人的访问权限。
6 系统应具有登录、修改、操作、报警等信息的系统日志功能。

条文说明

应具有门禁授权管理、数据库管理、黑名单管理、设备监视与远程控制现场门禁释放功能；系统数据的传输和下载速率，应结合功能的实现，提出具体的要求。

22.4.2 线路中央级系统功能应符合下列要求：

1　应具有门禁授权管理、数据库管理、设备监视与控制功能。
2　应接收线网中央级系统下达的工作参数、授权参数、黑名单等信息。
3　应向线网中央级系统上传线路系统的数据和系统状态信息。
4　应向车站级系统下达系统工作参数、授权参数、黑名单等信息。
5　应接收车站级系统上传的数据，并应实现数据的统计、报表、分类存储和打印。
6　应查询线路系统信息。
7　应统一管理线路内合法持卡人的访问权限。
8　系统应具有登录、修改、操作、报警等信息的系统日志功能。

22.4.3 车站级系统功能应符合下列要求：
1　应接收线路中央级系统下载的系统参数、授权参数、黑名单等信息，并应下传至现场级系统和终端设备。
2　应监控现场级系统和终端设备的运行状态，并应将数据上传至线路中央级系统。
3　应进行实时状态监控、报警及打印。
4　授权人员可通过系统设定，应临时设置本车站管理区域内的进出权限，并应实现人员权限、区域管理、时间控制和联动控制及人工控制等功能。
5　线路中央级系统发生故障或传输网络中断时，车站级系统应能独立运行。

22.4.4 现场级系统和终端设备功能应符合下列要求：
1　车站控制器应接收车站级系统下载的系统参数、授权参数、黑名单等信息，并应下传至本地控制器。
2　车站控制器应监控本地控制器、读卡器等的运行状态，应向车站级系统上传卡识别、控制动作、设备运行及门开闭状态等信息。
3　车站控制器应具备在线、离线、灾害及维修等运行模式。
4　车站控制器应具有本地数据存储和保护功能。
5　本地控制器应接收车站控制器下载的系统参数、授权参数、黑名单等信息，并应下传至读卡器。
6　本地控制器应监控读卡器等的运行状态，应向车站控制器上传卡识别、控制动作、设备运行及门开闭状态等信息。
7　本地控制器应根据指令或权限向读卡器发出动作信号，读卡器应向电子锁发出动作信号，应控制电子锁执行门的开闭操作。
8　本地控制器应具备在线、离线、灾害及维修等运行模式。
9　本地控制器应具有本地数据存储和保护功能。

22.4.5 开门应采用出门按钮及紧急开门按钮，当出门按钮失效时，可采用紧急开门按钮。

条文说明

当采用紧急开门按钮出门时，信息应实时反映到车站及以上的系统中。

22.4.6 电子锁应具有断电释放的功能。

条文说明

电子锁具有断电释放功能，使人员在火灾情况下能顺利疏散。

22.4.7 车站控制室应设通用授权卡，可持卡打开任意受控房间。

22.5 设备安装要求

22.5.1 系统设备及管线应安装和敷设在安全区域。

条文说明

系统设备及管线应安装和敷设在受保护、不宜被破坏的安全区域，本地控制器宜设在门禁保护区内。本地控制器控制多个门时，应设在其中的高安全等级的区域。

22.5.2 门禁车站级系统设备宜设在车站控制室，具体位置应与运营管理模式相适应。

22.5.3 读卡器在公共区可根据需要明装或暗装，安装方式应与建筑装修协调配合；控制按钮的安装应便于识别和操作。

22.5.4 电子锁的安装应选在门体受力最合适的位置，当外力作用在门扇时，门扇的变形应最小。

22.6 系统接口

22.6.1 门禁系统应具有与通信、综合监控（或安防）、火灾自动报警、低压配电等系统及建筑专业的接口等功能。

22.6.2 门禁系统的负荷等级应为一级负荷；宜设置不间断电源系统，后备供电时间宜为 60min。

22.6.3 门禁系统接地应与其他系统共用接地装置，接地电阻应不大于 1Ω。

23 运营控制中心

23.1 一般规定

23.1.1 磁浮线路应建立运营控制中心，多条线路网络化运营时建立线网控制中心，以便统一协调各磁浮线路的运营。

条文说明

线网控制中心的建设适用于规划多条磁浮线路的城市，着眼于互联互通和资源共享需求。

23.1.2 控制中心选址宜尽可能靠近磁浮车站等相关设施，同时临近城市交通主干道，方便与城市其他公共设施的衔接，方便电力、通信等网络的安全接入；线网控制中心宜根据线网规划和线路情况选择靠近磁浮多线路汇集地区，兼顾各线路骨干网光缆接入需求。

条文说明

控制中心的选址除考虑方便磁浮线路内部的数据骨干网引入外，还要综合考虑电力、通信等生产和生活设施的引入。

23.1.3 控制中心的建设应立足全局，兼顾既有、在建、远景规划线路，考虑适当预留远期规划调整的空间规模。

条文说明

控制中心的建设应考虑线路扩展后的运营控制需求，兼顾规划线路接入需求。

23.1.4 控制中心应设置总调、行车调度、电力调度、环境与设备调度席位，具备相应调度功能以及客运管理、行车信息管理、设备维修及信息管理等指挥功能；控制中心应对磁浮交通运行的全过程进行集中监控和管理，并能与城市公共交通指挥中心的接口对接。

23.1.5 控制中心应兼作防灾和应急指挥中心，并应具有防灾和应急指挥的功能。不宜与其他建筑合建，如合建应设独立的进出口通道，并应确保控制中心用房的独立性和安全性。

条文说明

控制中心主要功能为对中低速磁浮交通运行进行调度管理，直接关系到线路运行安全，是运营管理最为重要的建筑之一，应具有高度安全性和可靠性。为创造良好的运营工作环境，宜将其设置为独立建筑，不与其他功能建筑合建，避免干扰；当确实需要合建时，控制中心应设置完全独立的出入口。中央控制室和各系统设备房不应与其他功能部分的房间相邻，并与控制中心内部功能上存在安全隐患的房间进行隔离缓冲，采取可靠的防护措施。

23.1.6 线网控制中心应防范同时失效的风险隐患，当风险防范、控制和隔离困难时，宜采取异地灾备措施，灾备中心系统设备和用房及相关措施可按满足行车指挥的最小需求配置。

条文说明

线网控制中心宜设置异地灾备，当采用全自动驾驶系统时，异地灾备可提高系统可靠性和可用性。

23.2 功能分区与总体布置

23.2.1 控制中心宜划分为运营监控区、运营管理区、设备区、维修区及辅助设备区；各功能区应结合实际的运作模式和管理模式进行划分。

条文说明

运营监控（操作）区为负责运营监控、操作、调度和指挥的区域，是围绕着中央控制室设置的配套功能区；运营管理区是负责运营调度管理、技术管理、生产和作业管理的区域；设备区是指各系统中央级设备安置的区域；维修区是指负责各系统中央级设备维护和维修的工作人员区；辅助设备区是指为控制中心设置的各种保障设备区，包括供电、低压配电、照明、通风和空调、给排水、消防、自动灭火等设备。

23.2.2 运营监控区和运营管理区应同楼层相邻布置；设备区应在楼层布置上靠近运营监控区集中布置，且不应与运营管理区混合布置；维修区在楼层布置上宜靠近设备区相邻布置；辅助设备区宜靠近维修区布置。

条文说明

　　设备区集中布置是为了方便运营安全管理，减少管线敷设的距离。设备区可集中设置防静电架空地板、自动灭火系统和通风空调系统等。

23.2.3 运营监控区应具有中低速磁浮单线或多线的运营监视、操作、控制、协调、指挥、调度、管理及值班等功能；运营监控区应设中央控制室和紧急事件指挥室等。运营监控区应作为独立的区域，进入中央控制室前应设缓冲区，并配置门禁及安防设施。

23.2.4 在运营监控区宜设置参观演示室、参观接待室、培训演示室、交接班室、打印室、必要的值班和管理用房等，以及独立的生活和卫生设施等辅助用房。参观演示室应与中央控制室相邻设置，也可与紧急事件指挥室合设。

条文说明

　　参观演示室应与中央控制室相邻设置，当中央控制室的层高较高时，宜设在中央控制室后上方夹层或楼层上方，并用玻璃隔断。应注意玻璃反光不要影响工作人员观看模拟屏，玻璃宜向中央控制室方向略有倾斜，或用深色窗帘作遮光处理。参观演示室宜配置教学讲解设施。

23.2.5 中央控制室各系统设备的布置及设计应符合下列要求：
　　1　室内设备布置应整齐、紧凑、美观，并满足调度人员行动和疏散的要求。调度台的设计应符合人机工程需要，调度台顶部不能遮挡正常观察模拟屏的视线。
　　2　中央控制室内总体上应以行车指挥为核心进行模拟屏和各调度台的布置，布置应便于调度台之间进行信息沟通。
　　3　模拟屏和调度台宜呈弧形布置，模拟屏显示的专业信息位置应与各专业调度台的位置相对应。
　　4　各系统模拟屏宜统一配置，模拟屏前后应留有足够的维修空间。
　　5　调度台距离模拟屏的通道宽度宜大于2m，调度台之间的距离宜大于1.6m。
　　6　当调度台按扇形方式分层展开布置设备时，以在扇形的中间位置观察模拟屏为基准，竖向视线仰角宜小于15°，水平展开角度宜小于120°。
　　7　当中央控制室的规模按多条线路设计时，宜按调度岗位或线路划分功能区。
　　8　中央控制室应具有紧急事件指挥的功能。
　　9　中央控制室应设置与运营有关的监控系统和操作终端设备，不宜设置与运营、管理和安全无关的系统和设备，且不应安装大功率的电器设备及其他动力设备。

条文说明

　　调度台的设计应符合人机工程学要求，满足调度岗位台面和台下设备摆放数量、安装尺寸、维修及散热的要求；为便于操作人员观察调度台面上的设备、满足人机工程需要、满足标准化设计和制造，调度台宜设计成弧线形；调度台宜满足最多 8 个监视器及对应设备布置的要求。调度台或监视器不能遮挡住正常观察模拟屏的视线。各相邻调度台布置宜形成整体连接。

模拟屏后的通道宽度，当通道长度小于 10m 时，通道宽度宜大于 1.5m；当通道长度大于等于 10m 小于 20m 时，通道宽度宜大于 1.8m；当通道长度大于等于 20m 时，通道宽度宜大于 2.0m；模拟屏两侧进入模拟屏后的通道宽度宜大于 1.5m，确保人员和设备的进出方便；模拟屏后面也可以作为独立分区进行设置。通道宽度应满足人员进出、联络、维修设备进出的需要。

当中央控制室的规模是按多条线路设计，且各线路之间的相互关联及影响较大时，在功能区的划分上，宜按调度岗位（专业和系统）划分功能区，即每条线的行车调度台、电力调度台和环境与设备调度台按岗位（专业和系统）分别集中布置以实现调度资源和信息资源的共享；也可按线路划分区域，将每条线的行车调度、电力调度和环境与设备调度台等按线路集中布置。

23.2.6 运营管理区应根据运营管理的需要，按组织架构设置运营调度管理、技术管理、生产和作业管理等办公管理和生活设施。

条文说明

运营管理区应具有中低速磁浮线路中央级运营技术管理和生产管理等功能，宜设置主任室、运营管理技术室、运行图编辑室、运营生产管理室等管理功能房间；宜设置会议室、更衣室、卫生间等辅助功能房间，应依据定员确定房间规模；上述用房可根据实际需要进行设置或合并设置。

23.2.7 设备区各系统设备的布置及设计，应符合下列规定：
1 设备区设备房的室内布置应整齐、紧凑、美观、大方，便于观察、操作和维修，并符合各系统专业规范要求。
2 设备布置应使设备之间的连接线短，外部管线进出应方便；设备房间内电线、电缆和管线不宜外露；与设备房间无关的管线不宜穿过。
3 为避免受到干扰，大功率的强电设备不应与弱电设备混合安装和布置。除水喷淋和细水雾等自动灭火系统进入保护区的回路管道外，各电气系统设备用房不应有水管穿过。通风管道风口应避开设备上方，避免管道凝露滴到电气设备上。
4 设备房的布置宜按线路划分，也可按系统划分。
5 设备区各系统设备房的楼层布置和平面布置应以便于运营管理、工程实施，且互相关联的管线较短为原则。

条文说明

设备区应方便各系统中央级设备安装、运行及维修，并满足设备荷载要求；设备房的室内布置还应有利于通风，为设备创造一个良好的运行环境。

大功率的强电设备不应与弱电设备混合安装和布置，以防止弱电设备无法正常工作。除（水喷雾和细水雾等）自动灭火系统进入保护区的回路管道外，各电气系统房不应有水管穿过，以防止因漏水影响电气设备正常工作。风管穿过时应防止管道和风口凝露，送风口应避开设备上方。

设备区设备房有多种布置方式，可按线路划分或按系统划分，可封闭式布置或开放式布置（通透式布置），可集中式布置或分散式布置，也可是上述各种方式的混合式布置，具体方式需要根据各自的情况确定。

当控制中心的规模是按一条线路设计时，设备区各系统设备宜按集中方式布置，集中布置各系统的主机设备室、UPS电源室和网络管理室，辅助系统设备应根据实际情况进行布置；设备区也可按分散方式布置，各系统可分散布置主机设备室、UPS电源室和网络管理室。

当控制中心的规模是按多条线路设计，各中央级系统按相互独立的方式设计，设备按分散方式布置时，同一线路的系统设备房宜布置在同一层内，以方便工程实施及运营维护和管理。

当控制中心的规模是按多条线路设计，各中央级系统按综合监控系统设置时，设备区宜按集中方式布置，同一线路的不同系统设备宜集中布置在同一个设备室内（主机设备室、UIPS电源室和网络管理室），以方便运营维护和管理；设备与通道之间宜采用玻璃幕墙相隔，便于观察和管理。

按线路划分便于分期实施和节能运作，但不便于专业管理；按系统划分方便专业管理，但不便于分期实施和节能运作且安全性较差，一旦出现问题，会同时影响多条线的运营，因此，不推荐采用按系统划分方式；封闭式布置设备房间单元划分相对较小，防火隔离安全性高，但不便于管理；开放式布置设备房间单元划分相对较大，设备与通道之间用玻璃幕墙相隔，便于观察和管理，灾害处理较为迅速，但防火隔离安全性较差；集中布置设备房间单元划分相对较大，便于观察和管理，灾害处理较为迅速，但防火隔离安全性较差；分散布置设备房间单元划分相对较小，防火隔离安全性高，但不便于管理，且投资较高。

信号系统设备房（特别是ATS设备房、运行图编辑和打印室）的楼层布置应靠近中央控制室，其次为通信系统设备房、综合监控或电力监控系统设备房、火灾自动报警系统及环境与设备监控系统设备用房，最后是通信电缆引入室和其他系统设备用房。

23.2.8 维修区应满足维护管理和值班等功能要求，各线路宜按专业系统合设，也可分设。

条文说明

维护管理应具有系统调试、维修测试、备品备件保管存放、工器具保管存放等功能，宜设置系统调试室、维修测试室、备品备件室及工器具室；系统调试室和维修测试室应满足更换式维修或小修以下修程的维修要求。

备品备件室和工器具室可以各系统合用，也可以根据实际情况分设；各线路宜按专业系统合设值班室，也可分设，男女值班室宜分设。

23.2.9 辅助设备区设备配置及设备用房布置应符合下列要求：

1 辅助设备区宜设置供电与低压配电、通风与空调、给排水、水消防与自动灭火等系统设备用房。

2 供电与低压配电、空调、给排水及水消防等系统设备，宜设置在地面一层或地下一层，低压配电、通风与空调和自动灭火等系统设备，宜设置在各层距相关用房较近的位置。

条文说明

辅助设备区应具有供电、通风、空调、消防、自动灭火、给排水等辅助设施及功能，宜设置管理、办公、操作、工器具、维修及值班用房等管理和办公用房，这些用房可以根据需要合并设置或分开设置，也可与维修区统一考虑设置。

23.3 建筑与装修

23.3.1 控制中心应依据运营构架和管理模式，合理确定控制中心规模及装修标准。

条文说明

控制中心中所服务的线路数量及其包含的功能依据运营管理部门需要进行确定，其规模应满足所有线路的线网运营协调、防灾、应急指挥或其他功能的需求。控制中心规模应与功能、运营管理需要相匹配。

23.3.2 中央控制室不宜设置在建筑的顶层或地下室。

条文说明

考虑到防止雷电干扰、防雨、防潮的需要，中央控制室不宜设在建筑的最顶层或地下室；当确实需要设置在这些部位时，应采取可靠的防护措施。

23.3.3 中央控制室应符合下列规定：

1 中央控制室应满足工艺设计要求。

2 中央控制室室内净高应考虑监视屏幕设备高度及房间平面规模，其高度不应低于4m。

3 中央控制室室内不宜设置结构柱。

4 中央控制室应设置至少两个出入口，且至少有一个门的宽度不小于1.2m、高度不小于2.3m，门扇外开，不设门槛，并满足相关专业要求。

5 中央控制室外窗应采用固定式密封、隔声、隔热窗；为避免室内设备受阳光直射，应采取遮光措施；当围护结构有防火、防爆、抗压等特殊要求时，应按特殊要求进行设计；中央控制室应保持安静，设置在中央控制室内及上下左右空间的设备用房，如有噪声及振动，应采取必要的隔声、隔振措施。

6 中央控制室地面应采用架空防静电活动地板，并依据工艺专业的要求布置电源插座及数据接线口等设施；中央控制室内的设备应设置基础，不应直接安装在活动地板上；架空防静电地板高度应根据工艺专业要求确定。

7 中央控制室宜设吊顶，管道和线路宜在吊顶后隐蔽安装；吊顶应采用A级耐火材料，安装牢固。

8 中央控制室装修设计应采取必要措施避免在模拟屏上产生炫光。

9 中央控制室内部装修宜采用吸声材料。

条文说明

工艺设计要求是中央控制室进行设计的先决条件，其房间面积、形状、空间关系、物理环境应依据工艺对线路规划、监控管理范围、系统设备布置要求进行设计；室内装修应同样满足工艺设计要求。

中央控制室通常为大空间，其室内净高应与空间规模匹配，不宜过低。当其房间面积较小时，为满足监视设备的安装使用需要，其最小高度不应低于4m。

为避免视线阻挡，方便工艺设备布置，中央控制室内不宜设置结构柱。

为方便工作人员到达各调度台，中央控制室应结合安全出口至少设置2个出入口，并考虑设备搬运方便，对出入口提出要求。

为避免室外光线直射影响工作人员观看监视屏，同时为避免设备受阳光照射产生老化，中央控制室外围护透光部分应考虑遮光措施。

为满足工艺布线需要，室内地面应采用防静电架空地板，地板应坚固牢靠、便于拆卸，地板应拼缝严密、平整，不影响行走，不起灰，不反光；架空防静电地板高度应符合敷设电缆槽（架）的安装和使用要求；地板上应依据工艺布置及设备安装需求布置管线接口、电源插座等必要设施；为使设备安装牢固，应在底板上设置设备基础或埋件，不应把设备安装在架空地板上。

吊顶可有效提升室内洁净度，在吊顶上方敷设通风管道或其他管线，可通过设置隔声吊顶降低噪声；设置上人吊顶方便对设备管线进行维护；吊顶依据现行国家标准《建筑内部装修设计防火规范》（GB 50222）的要求采用A级耐火材料，并安装牢固可靠。

在部分控制中心建筑实例中，出现过因炫光或者监视屏幕反光影响人员正常工作的问题，因此室内装修设计应采取必要措施，确保监视屏幕不因反光影响观看。

23.3.4 系统设备用房应符合下列规定：

1 系统设备用房布置应符合工艺设计要求。
2 系统设备用房室内净高不宜小于3m。
3 系统设备用房应依据工艺要求采用合适的地面做法；当采用防静电架空活动地板的时候，重型设备不应直接安装在活动地板上，并应采取必要安装措施。

条文说明

设备用房应满足工艺设计对设备布置的需求，并满足设备运输、吊装和安装的需求。

23.4 布线

23.4.1 控制中心宜采用综合布线和综合管线敷设方式，管线敷设宜做到线路短、交叉少。

23.4.2 综合布线和综合管线应具有防火、防水和防鼠等安全功能，考虑检修、更新改造所需额外空间。

23.4.3 竖向布线宜采用电缆井敷设方式，并应满足符合强电、弱电和消防等专业的要求。

条文说明

控制中心不同楼层之间使用竖向布线，竖向布线宜采用电缆井敷线方式，强电和弱电电缆宜分别使用不同的电缆井敷设，并拉开一定距离。每层的电缆井都应该满足人员进入、工程实施、维修检查、防火隔离及火灾自动报警系统探头安装、维护工作的要求。

23.4.4 水平布线宜采用电缆夹层敷设方式，并应根据夹层的具体情况，分层分区设置电缆桥架或汇线槽；动力电缆和弱电电缆应分开敷设。

条文说明

控制中心同层之间使用水平布线，水平布线宜采用电缆夹层敷线方式（电缆楼层夹层、吊顶夹层、活动地板夹层），应根据夹层的具体情况，分层分区设置电缆桥架或汇线槽，将强电动力电缆和弱电电缆分开敷设，并拉开一定的距离。当采用电缆（楼层）夹层布线时，宜将通风系统、自动灭火系统等辅助系统设备设置在电缆夹层内。运营控制中心与中低速磁浮交通线路之间的敷线宜采用电缆隧道方式，便于维修、维护和扩展。

23.4.5 中央控制大厅内的电线、电缆和管线宜隐蔽敷设。

23.5 供电、防雷与接地

23.5.1 控制中心宜单独设置降压变电所，变电所内设两台动力变压器，分别引入两路独立的供电回路，满足控制中心各级用电负荷要求；当一台变压器退出运行时，另一台变压器可至少满足全部一级、二级负荷的需要。

23.5.2 控制中心防雷接地应符合现行国家标准《建筑物防雷设计规范》（GB 50057）的有关规定，其防护类别不应小于第二类防雷建筑物。

23.5.3 控制中心应设综合接地系统，接地电阻不大于1Ω，并应满足各系统总的散流要求。建筑物利用结构钢筋等自然接地体作为接地装置，并宜敷设人工接地网，接地设置应符合现行国家标准《交流电气装置的接地设计规范》（GB/T 50065）的有关规定。

23.6 照明与应急照明

23.6.1 控制中心应设置正常照明和应急照明，照明灯具和照度方案应符合现行国家标准《建筑照明设计标准》（GB 50034）及《城市轨道交通照明》（GB/T 16275）的有关规定；灯具的布置宜与建筑装修和设备布置相协调，满足系统设备检修维护需要。

条文说明

控制中心应设置一般照明和应急照明，宜采用集中控制方式进行控制；中央控制室、设备房及管理用房应多设电源插座，以解决检修、检修局部照明、卫生清洁等临时用电；照明灯具宜选择节能型、散射效果良好、使用寿命长及维修更换方便的灯具；灯具的布置宜与建筑装修和设备布置相协调。

23.6.2 中央控制大厅的照明设计应符合下列规定：
1 中央控制大厅照明应柔和均匀，无眩光，满足操作台和通道的照度要求，在操作台面不能有阴影，且不在屏幕产生反射；室内照明均匀度不宜低于0.7，并应采用分区调光。
2 当中央控制大厅采用马赛克式模拟屏时，模拟屏前区和操作台面具地面0.8m处的照度宜为150~200 lx。
3 当中央控制大厅采用投影式模拟屏时，模拟屏前区和操作台面具地面0.8m处的照度宜为100~150 lx，操作台宜设置局部照明。

条文说明

当中央控制室采用投影式模拟屏时，投影式模拟现实屏区尽量暗，但整个控制室的明暗反差不能太大。室内照明除应满足照度外,光线不应照射到模拟屏,不应在模拟屏上产生眩光。

23.6.3 控制中心应急照明的照度不应低于正常照明的10%,中央控制大厅的应急照明不应低于正常照明的50%,切换时间不应大于5s。

23.6.4 应急照明的持续供电时间不应小于60min。

23.7 通风、空调与供暖

23.7.1 中央控制室内的环境温度宜控制为16~27℃,中央控制室和各系统设备用房每小时内的温度变化不宜超过3℃,各系统设备用房应按现行国家标准《数据中心设计规范》(GB 50174)的有关规定设置,并宜按不小于B级要求设计。

条文说明

各个系统的设备的工作环境都有严格要求,为降低各系统设备的故障率,各系统设备机房宜常年控制在24℃左右,也可根据各自的情况控制温、湿度,但总体上应控制在温度15~32℃、相对湿度45%~85%的范围之内,各系统的设备机房每小时内的温度变化不宜超过3℃,并避免结露。当中央控制室内温度控制在18~28℃,操作人员的劳动效率高,差错率较低,因此推荐使用。

23.7.2 中央控制室及设备用房应维持正压。

条文说明

此条规定是为了防止室外含尘气体进入控制室及各系统设备机房影响系统设备正常运行。

23.7.3 与设备用房无关的管道不宜穿过设备用房,设备上方不宜敷设任何水管。

条文说明

此条规定是为了防止管道漏水影响各系统设备正常运行。

23.7.4 中央控制室、运营管理区、设备区的空调系统应分开设置,且不应与其他系统合设。

条文说明

三个区域的温湿度要求及运行时间均不同,从节能运行及管理方便的角度做此规定。

23.7.5 通风、空调与供暖系统的管材及保温材料、消声材料，应符合防火规范中对构件防火等级的要求。

23.7.6 通风与空调系统应由环境与设备监控系统进行监控。

条文说明

通风与空调系统应由环境与设备监控系统进行监控，便于实现模式控制和参数控制，并明确与火灾报警系统的分工。

23.8 消防与安全

23.8.1 控制中心应设置火灾自动报警、环境与设备监控、火灾事故广播、自动灭火、水消防、防排烟等系统。

条文说明

控制中心应设置自动报警、环境与设备监控、火灾事故广播、自动灭火、水消防、防排烟等消防系统；重要的电气设备房间应设置自动灭火系统；与通风空调系统合用的防排烟系统，其联动控制应由环境与设备监控系统实现。

23.8.2 控制中心应设置消防控制室。

条文说明

控制中心应设置消防控制室，将火灾自动报警系统、环境与设备监控系统等消防相关设备设置在消防控制室，负责控制中心大楼消防安全。消防控制室宜设置在控制中心首层靠近出入口位置，并有直接对外出口。

23.8.3 控制中心各分区出入口、主要通道和重要房间应设置闭路视频监控、门禁等安防系统设施。

条文说明

控制中心应设置闭路电视监视系统和门禁系统及周界监视等安防系统；对各分区出入口、主要通道和重要房间进行监视和自动录像；宜设置不同形式的自动门，通过身份钥匙或密码开启；重要房间宜设置报警检测装置，以防止非法闯入。

23.8.4 控制中心应设置安防值班室，安防值班室宜与消防控制室合并设置。

条文说明

控制中心应设置安防值班室，将闭路电视监视系统和安防门禁系统等的操作台和工作台设置在安防值班室，24h值班，对大楼安全进行监控管理；安防值设备可与消防设备设置在同一房间内，以便降低运营成本，方便管理；合用房间应同时满足消防和安防的要求。

24 站内客运设备

24.1 自动扶梯和自动人行道

24.1.1 自动扶梯及自动人行道应采用公共交通型。设置于室外的自动扶梯及自动人行道应选用室外型产品，上下平台应配有防滑措施。严寒地区应设置加热装置。

条文说明

当换乘通道超过100m时，宜设置自动人行道。

24.1.2 自动扶梯及自动人行道应具备变频调速的节电功能。事故疏散用自动扶梯，应按一级负荷供电。

条文说明

从低碳、环保及节能等方面出发，自动扶梯及自动人行道应选用变频调速的设备，自动扶梯及自动人行道的变频控制主要有两种方式：旁路变频和全变频，在工程设计时，应针对具体工程的特点进行充分的分析，最后确定设备的选型。为保障在灾害情况下消防疏散自动扶梯及自动人行道的正常工作，供电应采用一级负荷。

24.1.3 自动扶梯及自动人行道应接受环境与设备监控系统的监控，并应实现摄像全覆盖监视。

24.1.4 自动扶梯及自动人行道机坑内宜采用重力流排水，并考虑防漏水、渗水设计。无重力流排水条件时，应在机坑外设集水坑和配备排水设施。室外型自动扶梯还应配置油水分离设备。

24.1.5 自动扶梯及自动人行道主体结构使用寿命不应小于40年。

24.1.6 自动扶梯及自动人行道应满足电磁兼容性要求。

24.1.7 自动扶梯及自动人行道连续运行时间，每天不应少于20h，每周不应少于

140h，每3h应能以100%制动载荷连续运行0.5h。

24.1.8 自动扶梯及自动人行道应设就地级和车站级控制装置。

条文说明

为了确保运营安全，推荐自动扶梯及自动人行道优先选择就地级控制。采用车站级控制时，应在确保安全的情况下才能允许操作。

24.1.9 自动扶梯及自动人行道的传输设备应采用阻燃材料。

24.1.10 地下线路自动扶梯及自动人行道的电线、电缆应采用无卤、低烟阻燃材料，地上线路自动扶梯及自动人行道的电线、电缆可采用低卤、低烟阻燃材料。

24.1.11 自动扶梯及自动人行道的额定速度不应小于0.5m/s，根据客流情况可选用0.65 m/s。

24.1.12 自动扶梯的倾斜角度不应大于30°，自动人行道的倾斜角度不应大于12°。梯级净宽度不宜小于1m。

24.1.13 当自动扶梯额定速度为0.5m/s时，上、下水平梯级数量不应少于3块；当额定速度大于等于0.65m/s时，上、下水平梯级数量不应少于4块。

24.1.14 自动扶梯上下水平段过渡曲率半径宜符合表24.1.14的规定。

表24.1.14 自动扶梯上下水平段过渡曲率半径要求（单位：m）

名 称	提升高度<10m		提升高度≥10m	
	额定速度≥0.5m/s	额定速度≥0.65m/s	额定速度≥0.5m/s	额定速度≥0.65m/s
从倾斜区段到上水平段过渡曲率半径	2	2.6	2.6	3.6
从倾斜区段到下水平段过渡曲率半径	1.5	2.0	2.0	2.0

24.1.15 自动扶梯及自动人行道应根据产品要求在土建工程中设置预埋件和预留吊装条件。

24.1.16 自动扶梯及自动人行道安装位置，宜避开结构诱导缝和变形缝，跨越时应采用相应的构造措施。

24.1.17 自动扶梯及自动人行道的踏步面至顶部洞口处的建筑物底面垂直净空高度不应小于2300mm。

24.1.18 自动扶梯和自动人行道应考虑必要的检修通道。

24.2 电梯

24.2.1 车站应选用无机房电梯。

24.2.2 电梯应接受环境与设备监控系统的监控。电梯内部应安设视频监控装置。

24.2.3 电梯应能实现车站控制室、轿厢、控制柜或机房、轿厢顶、底坑等之间的五方通话功能。

24.2.4 电梯的井道壁、底面、顶板应使用不燃、坚固、无粉尘的材料。

24.2.5 电梯的底坑内应设置排水设施，宜考虑重力流排水，并不应漏水、渗水。

24.2.6 电梯的各项设施应符合现行国家标准《无障碍设计规范》（GB 50763）的有关规定。

24.2.7 当电梯兼做消防梯时，其设施应符合消防电梯的功能，供电应采用一级负荷。

条文说明

在发生火灾时，为保障消防梯疏散等作用，供电应采用一级负荷。该条款中的消防梯是指消防开关动作时，返回预设基站或者撤离层功能的普通乘客电梯，不能在发生火情时搭乘。

24.2.8 电梯主体结构使用寿命不应小于30年。

24.2.9 电梯应满足电磁兼容性要求。

24.2.10 电梯额定载重不应小于1000kg，额定速度不应小于0.63m/s。电梯的开门宽度不宜小于1m，并宜选用双扇中分门。

条文说明

为了提升运营品质，对于大客流车站，电梯额定载重不宜小于1600kg，开门宽度不宜小于1.2m。

24.2.11 地下线路电梯的电线、电缆应采用无卤、低烟阻燃材料，地上线路电梯的电线、电缆可采用低卤、低烟阻燃材料。

24.2.12 电梯的井道可采用钢筋混凝土结构或其他结构类型，并应考虑井道的通风、散热条件。

24.2.13 电梯井道应根据产品要求在土建工程中设置预埋件、预留孔、预留槽和起重吊环。

24.2.14 电梯的安装位置应避开土建结构的诱导缝和变形缝。

24.3 轮椅升降机

24.3.1 露天出入口应选用室外型轮椅升降机。

24.3.2 轮椅升降机设置处宜设置摄像监视装置，并应接受环境与设备监控系统的监视。

24.3.3 轮椅升降机既可由乘客在轮椅平台上自行操作，又可由陪同人员在升降机外使用控制器操作，但两者应互锁，轮椅平台操作具有优先级。轮椅升降机应设置与车站控制室的可视对讲装置。

条文说明

从运营管理、人性化及工程技术等角度出发，在升降机起端和终端均应设置可视对讲装置。

24.3.4 轮椅升降机平台面应采用防滑材料，平台四周应设护栏。

24.3.5 轮椅升降机的额定速度宜为0.15m/s，额定载重不应小于250kg。供电宜采用二级负荷。

24.3.6 轮椅升降机运行时所占用宽度不宜大于1.2m，上下停靠位置可根据具体土建情况采用直线、90°或180°等停靠方式。

条文说明

轮椅升降机运行时所占用宽度，指轮椅升降台打开后平台运行所占用的空间。

24.3.7 地下线路轮椅升降机的电线、电缆应采用无卤、低烟阻燃材料，地上线路轮椅升降机的电线、电缆可采用低卤、低烟阻燃材料。

24.4 维修和备品备件

24.4.1 自动扶梯、电梯、轮椅升降机的保修包括定期保养、定期修理和事故抢修。

24.4.2 宜设专职技术人员和维修人员负责管理全线自动扶梯、电梯、轮椅升降机等，组织落实保修计划和保修质量。

24.4.3 为逐步实现预防性维护，可设置自动扶梯安全预警装置。

24.4.4 综合维修中心内宜设置专用房间用于备品备件的存放。

25 站台门

25.1 一般规定

25.1.1 车站宜设站台门，并应具备安装站台门系统的接口条件。

25.1.2 站台门系统应由门体、驱动系统、供电系统及控制系统四部分组成。

25.1.3 站台门的类型应根据气候环境条件、车站建筑形式、服务水平、通风与空调制式等因素综合选定。

25.1.4 站台门系统的设计应遵循安全、可靠、可维护、可扩展的原则。

25.1.5 站台门在设计荷载作用下应符合本规范第 5 章限界的有关规定。

条文说明

本条规定站台门的安装应满足限界的要求，并在设计荷载作用的最不利条件下不得侵入车辆限界。

25.1.6 站台门系统主要装置应便于在站台侧进行维护、维修。

25.1.7 站台门不应作为防火隔离装置。

条文说明

传统站台门门体材质采用普通安全玻璃和钢材，门扇采用隐框结构，门框和玻璃之间采用密封胶粘接，并设置有橡胶和毛刷，因此不具备作为防火隔离设施的条件。

25.1.8 地下车站站台门系统的绝缘材料、密封材料和电线电缆等应采用无卤、低烟的阻燃材料；地面和高架车站站台门系统的绝缘材料、密封材料和电线电缆等应采用低卤、低烟的阻燃材料。

条文说明

　　站台门系统中的绝缘地板、滑动门上的防夹胶条、站台门上下部的绝缘材料、门体上的密封胶条或密封胶、电缆及其他非金属材料应采用无卤、低烟且不含放射性的阻燃材料，以避免在火灾情况下产生有害气体，对乘客造成更大的伤害。

25.1.9 站台门系统的配置及控制模式宜与车站其他系统相结合，并应满足各种运营模式的要求。

25.1.10 站台门设置区域不宜有变形缝；站台门跨越变形缝时其门体结构应采取相应的构造措施。

25.1.11 站台门电气控制设备的防护等级应与环境条件相适应。

25.1.12 站台门的整体钢结构使用寿命不应少于30年。

25.1.13 站台门系统应满足电磁兼容性要求。

25.1.14 站台门应考虑防踏空及防夹措施。

25.2 主要技术指标

25.2.1 滑动门开、关过程时间应与列车门的开关过程时间相匹配，且在一定范围内可调节，重复精度不应大于0.1s。

条文说明

　　重复精度不应大于0.1s是指针对同一个测量对象，每次的测量差值不应大于0.1s。比如第一次关门时间是3.7s，第二次关门时间是3.63s，相差不大于0.1s。

25.2.2 站台门噪声峰值不应超过70dB（A）。

条文说明

　　站台门噪声峰值测试条件和标准：离开站台门门体1m、高度1.5m（低站台门在距离地面0.5m）处，高站台门门体顶箱/低站台门固定侧盒盖板面板关闭情况下，在运行中测试的噪声目标值应不大于70dB（A）快速响应。

25.2.3 滑动门、应急门、端门的手动解锁力不应大于67N。

25.2.4 手动开启单边滑动门的动作力不应大于150N。

25.2.5 站台门系统的平均无故障运行周期不应小于60万个周期。

25.2.6 站台门运行强度应符合每天运行20h、每90s开/关1次，且全年连续运行的要求。

25.2.7 站台门门体结构在车站环境的最不利荷载效应组合情况下，门体弹性变形应满足工程要求，且结构不出现永久变形。各种荷载的取值应符合下列规定：
  1 站台门站台设备自重应按实际重量取值。
  2 地面车站或高架车站的站台门，所承受风荷载应按工程所在地风荷载标准值计算；地下车站的站台门风荷载应根据工程设计荷载取值。
  3 站台门人群挤压力应按在其1.1~1.2m高度处，垂直施加于门体结构1000N/m的挤压力取值。
  4 站台门门体应进行冲击力测试，可按现行国家标准《建筑用安全玻璃》（GB 15763.2）的有关规定执行。
  5 地震作用的烈度应按当地抗震设防烈度取值。

25.2.8 站台门动力学参数应符合下列要求：
  1 门体的加、减速度值应能达到$1m/s^2$。
  2 阻止滑动门关闭的力在匀速运动区间不应大于150N。
  3 每扇滑动门的最大动能不应大于10J。
  4 每扇滑动门关门的最后100mm行程最大动能不应大于1J。

25.3 布置与结构

25.3.1 站台门应包括固定门、滑动门、应急门，每侧站台门的两端宜各设一樘端门。

25.3.2 站台门的滑动门与列车客室门在位置、数量上均应对应。

25.3.3 每樘滑动门净开度应计算信号系统的停车精度，且不应小于列车门的净开度。单扇端门的最小开度不应小于0.9m，单扇应急门净开度不应小于1.1m。

25.3.4 地下车站宜设置高站台门，地面及高架车站宜设置低站台门；高站台门中的滑动门、应急门、端门的净高度不应低于2m；低站台门门体的高度宜采用1.5m，最低不应低于1.2m。

25.3.5 在站台门范围内的适当位置应设置应急门，当列车门非正常停车未对准滑动门时，应保证有一扇应急门能对准车门。

条文说明

应急门的设置数量可依据目前国内轨道交通线路站台门系统的设置情况考虑确定。从安全性和快速疏散角度考虑，应急门的设置数量宜对应每辆车各设置一道，以便乘客在需要通过应急门进出列车车厢的时候可以更加便捷，可以减少在车内行走的距离从而快速离开车厢。

25.3.6 滑动门、应急门、端门应能可靠锁闭，在站台侧可用专用钥匙开启，在轨道侧应能手动开启。

25.3.7 站台门门体外观宜与车站建筑风格相适应。门体应由金属框架、安全玻璃等组成，框架外露面宜采用铝合金或不锈钢等金属材料制成；玻璃应选用通透性好、低自爆率的安全玻璃。

25.3.8 站台门与车站结构的连接部分宜具有三维调节功能，且满足强度、刚度要求。

25.3.9 在正常的列车停车精度范围内，站台门在开、关门状态下不应影响列车司机出入。

25.3.10 驱动电机宜选用直流永磁电机，其功率应保证最不利条件下站台门可正常开关。

25.4 运行与控制

25.4.1 站台门控制系统应主要由中央控制盘、就地控制盘、门控单元、就地控制盒、控制局域网和接口模块组成。

25.4.2 整列站台门的控制优先权从低到高排列，可分为下列等级：
1 系统级控制：信号系统对站台门进行开关控制。
2 站台级控制：就地控制盘对站台门进行开关控制。
3 手动级控制：通过紧急控制盘对站台门进行开关控制。

25.4.3 站台门监控系统应以车站为单位独立设置，并应采用开放的通信协议。

25.4.4 站台门的重要状态及故障信息应上传至本站车站控制室和控制中心。

条文说明

　　站台门的重要状态及故障信息应通过站台门与综合监控（或环境与设备监控）系统的接口上传至本站车站控制室，由本站上传至控制中心的功能则由综合监控（或环境与设备监控）系统实现。

25.4.5 中央控制盘和接口模块宜布置在站台门设备室，就地控制盘宜布置在每侧站台出站端。考虑反向运行的车站两端均应设置就地控制盘，并应实现互锁。

25.4.6 站台门设备室宜设置在站台层，其有效面积不应小于 $20m^2$。

25.4.7 站台门的控制及监视应分别设置，关键命令及响应应通过硬线传输。监视系统应能实现监视站台门系统的状态。

25.4.8 站台门应具有障碍物探测功能，应探测到大于 5mm（厚度）×40mm（宽度）的硬障碍物。

25.4.9 在中央控制盘和门控单元上可进行参数的下载及修改。

25.4.10 应用软件应能调整电机速度曲线、门体夹紧力阈值、重复开关门延迟时间和重复开关门次数等参数，并应具有故障自动诊断、自动报警的功能。

25.5 供电与接地

25.5.1 站台门系统应按一级负荷供电。驱动电源和控制电源供电回路宜相互独立。

条文说明

　　站台门为到站列车提供乘客进出站的通道，其电源应为一级负荷，以提高站台门系统运行的可靠性。站台门驱动电源为门控单元和门机供电，控制电源为中央接口盘（PSC）、综合后备盘（IBP）、接口继电器等供电，分开设置便于减小相互间的干扰和影响，比如驱动电源故障后，控制电源还可保证PSC等设备继续运行，进行监视系统数据查询等。

25.5.2 站台门驱动后备电源储能，应能满足在30min内至少完成开、关滑动门3次循环的需要。

条文说明

　　为保证站台门的状态在失电情况下能够监控，保证控制系统后备电源的独立性，控制系统及驱动系统后备电源应分开设置。实际建设时结合工程和实际运营情况，也可考虑在确保后备电源容量足够且相互无干扰的情况下，将控制系统及驱动系统后备电源合并设置。

25.5.3 站台门系统驱动及控制电源模块宜采用直流驱动，并考虑冗余配置。

25.5.4 驱动电源、控制电源与外电源的隔离阻抗不应小于5MΩ。

25.5.5 站台门配电电缆、控制电缆的线槽应相互独立。

25.5.6 站台门设备室设备应采用综合接地，接地电阻不应大于1Ω。

25.5.7 站台门应通过接地端子连接车站的接地网。

25.6 维修和备品备件

25.6.1 站台门的管理以车站管理为主，同时站台门的运营状态及历史故障等通过车站级综合监控系统传送中央级计算机。当站台门故障有报警信息时，值班人员可在综合监控系统的终端设备进行故障查询，并作出紧急处理。

25.6.2 站台门系统的运营状态由综合监控系统进行监视及报警，出现故障时，由车站站务统一调度，进行故障处理。

25.6.3 宜设专职技术人员和维修人员负责管理全线站台门，组织落实保修计划和保修质量。

25.6.4 综合维修中心内宜设置专用房间用于备品备件的存放。

26 车辆基地

26.1 一般规定

26.1.1 车辆基地应结合既有地形地势，充分利用地下、地上空间，集约利用土地资源，做好停车场近、远期规划和发展用地预留。

26.1.2 车辆基地总体布局应符合地方城市规划以及技术管理规定相关要求，处理好与地形地势条件、城市景观、市政道路以及既有建构筑物和地下管线之间的关系。

26.1.3 车辆基地应设围蔽设施，其设计宜结合当地的环境和要求，选用安全、实用、美观的结构形式和材料。出入段线、咽喉区股道线群外侧及试车线均应设置通透隔离栅栏。

26.1.4 车辆基地内应有运输道路及消防道路，并应有不少于两个与外界道路相连通的出口。

26.1.5 车辆基地各类污、废水及雨水的排放，应符合国家现行有关排水标准和排水体制的规定。

26.1.6 车辆基地内宜设置危险废品暂时存储设施设备，并符合国家现行有关标准的规定。

26.1.7 车辆基地内应设置相应的安全警示、标识标牌。

26.2 车辆段与停车场的功能、规模及总平面布置

26.2.1 车辆段与停车场的功能与设置应符合下列要求：
1 车辆段可根据其作业范围分为大、架修段和定修段，大、架修段承担车辆的大修和架修及其以下修程作业；定修段承担车辆的定修及其以下修程作业以及临时性故障修理。
2 停车场应主要承担列检和停车作业，必要时可承担周月检及临修作业。

26.2.2 车辆段功能应包括以下内容：
1 列车管理和编组工作。
2 列车停放、列检、双周/三月检清扫洗刷、定期消毒等日常维修保养工作。
3 段内配属列车的乘务工作。
4 车辆的定修、架修及大修等定期检修及检修后的列车试验。
5 车辆的临修。
6 段内设备、机具的维护和工程车等的整备及维修。

条文说明

为减小车辆段规模，未成线网的中低速磁浮交通线路的车辆段建议承担车辆的定修及其以下修程作业以及临时性故障修理。架修与大修任务应根据所在地情况充分利用社会资源完成。

26.2.3 停车场功能应包括以下内容：
1 列车管理和编组工作。
2 列车停放、列检、双周/三月检清扫洗刷、定期消毒等日常维修保养工作。
3 段内配属列车的乘务工作。
4 其他相关工作。

26.2.4 车辆段（停车场）配属磁浮列车数可按式（26.2.4）计算确定：

$$N_{配属} = N_{运用} + N_{在修} + N_{备用} \tag{26.2.4}$$

式中：$N_{配属}$——基地配属磁浮列车数；
$N_{运用}$——运用磁浮列车数；
$N_{在修}$——检修磁浮列车数；
$N_{备用}$——备用磁浮列车数，可按 $0.1N_{运用}$ 计列。

条文说明

预防性计划维修是指所有为维护磁浮系统既定功能而做的工作，主要包括定期检查、防护维护保养工作、状态监测、定期更换部件（及零件）等，主要内容为巡检、保养、维修三大类。巡检工作主要有巡视、诊断、功能检查，发现系统缺陷后确认是否需要进行维护。保养工作主要包括测量比较、检验调整、清理润滑以及在发现系统缺陷后确认是否需要进行维护。维修工作主要包括部件更换和具体维修（如大修、小修、部件修理等），还处理计划外非紧急维修，工作计划内维护工作一般都是周期性进行。在运行期间，计划内维护应根据需要进行优化，这样运行中的不良影响可以减到最小。

状态性故障修理主要包括故障紧急维修与故障非紧急维修，其性质判别由在线诊断系统确定，通过在线诊断系统进行运行状态信息的监视，对突发故障信息判断是否需要紧急处理，并生成故障报告。

26.2.5 车辆段（停车场）各级检修列位数应按式（26.2.5）计算确定：

$$H = S \cdot T \cdot \frac{\beta}{D} \tag{26.2.5}$$

式中：H——检修库列位数；

S——年检修工作量；

T——库停（作业）时间（d）；

β——不均衡系数，取值范围1.1～1.2；

D——年工作天数（d）。

条文说明

车辆的修程分为日检、双周检、三月检、定修、架修和大修，检修周期可按表26-1的规定执行。

表26-1 车辆检修周期表

修程	说 明	检修时间（d）
日检	每天进行的一般性检查	—
双周检	走行8000km或双周进行的检查和维护	1
三月检	运行4.8万km或不足4.8万km但距上次月检以上修程超过3月者	2
定修	运行19.2万km或不足19.2万km但距上次定修以上修程超过1年者	10
架修	运行96万km或不足96万km但距上次架修以上修程超过5年者	15
大修	运行192万km或不足192万km但距上次大修以上修程超过10年者	25

针对中低速磁浮交通线路站点间距大、车辆旅行速度高的特点，参考目前国内运营的两条中低速磁浮工程车辆和城市轨道交通车辆的运维情况，确定了中低速磁浮车辆检修周期。相比于传统地铁车辆，中低速磁浮车辆对应修程下的走行里程增加，检修时间缩短，体现了中低速磁浮易维护的优点。中低速磁浮车辆检修周期宜根据工程的定位、线路和车辆实际情况进行合理调整。

检修不平衡系数可按双周检、三月检取1.2，定修、架修、大修取1.1。

检修年工作天数取250d，运用年工作天数取365d。

26.2.6 车辆基地总平面设计应符合以下要求：

1 应根据车辆运用、检修的作业要求和段（场）址的地形条件，维修中心、物资总库、培训中心和其他生产、生活、办公设施的布局，以及道路、管线、消防、环保、绿化等要求，结合当地气象条件，按有利于生产、方便管理和生活的原则进行统筹安排、合理布置。

2 生产房屋布置应以运用库和检修库为核心，各辅助生产房屋应根据生产性质按系统分区布置；与运用和检修作业关系密切的辅助生产房屋，宜分别布置在相关车库的辅跨内或邻近地点，性质相同或相近的房屋宜合并设置。

3 空压机、变配电、给水及锅炉等动力设施，宜设置在相关的负荷中心附近。

4 产生噪声、冲击振动或易燃、易爆的车间宜单独设置。

26.3 车辆运用设施

26.3.1 运用设施包括停车列检库、双周/三月检库、洗车库以及根据生产需要配备的办公、生活房屋等。

26.3.2 停车列检库各线的列位设置应根据车库类型确定。当库型为尽端式布置时，每条库线宜按两列位布置；当库型为贯通式布置时，每条线宜按三列位布置。

26.3.3 停车列检库（棚）的最小长度宜按式（26.3.3）计算：
$$L_{tk} = N_t \cdot (L_c + 2) + (N_t - 1) \cdot 8 + 18 \tag{26.3.3}$$
式中：L_{tk}——停车列检库（棚）的计算长度（m）；
　　　N_t——停车列检库列位数；
　　　L_c——列车长度（m）。

条文说明

2m为停车误差，8m为停车列位间通道宽度，附加长度18m主要考虑前端距端墙6m，后端至车挡安全距离5m，车挡距端墙7m。

26.3.4 双周/三月检库的最小长度宜按式（26.3.4）计算：
$$L_{yl} = N_{yl} \cdot (L_c + 2) + (N_{yl} - 1) \cdot 8 + 18 \tag{26.3.4}$$
式中：L_{yl}——月检库计算长度（m）；
　　　N_{yl}——月检列位数；
　　　L_c——列车长度（m）；
条文说明同26.3.3。

26.3.5 各车库的设计应符合下列规定：
1 车库大门距车辆外侧各部净距不应小于150mm。
2 库房的净高应根据库内轨面高度、车辆高度、作业高度、安全距离等要求综合确定。
3 库内地坪面应光洁、平整，满足高精度停车作业和承载力要求。
4 库内各线路宜采用柱式轨道桥结构形式，轨面高程应结合作业需求确定。
5 轨道梁下均应设有固定照明、动力插座等设施。

26.3.6 车辆基地应根据作业需求设人工清洗平台或机械洗车设施；机械洗车设施应包括洗车机、洗车线及洗车库，并应符合下列规定：

1 洗车机宜满足车辆两侧和端部司机室洗刷要求，并应具有清水清洗及化学洗涤剂功能。
2 洗车线宜贯通式布置，当地形受限制时，可按尽端式布置。
3 洗车线在洗车库前后一辆车长度范围内应为直线。
4 洗车线的有效长度应满足正常洗车作业，并应不影响相邻线路正常作业。
5 应根据洗车机的要求配备辅助生产房屋。
6 洗车库内不设接触轨。

26.3.7 车辆段（停车场）应根据列车日常维修作业的需要，配备车辆车载通信信号设备的维修、车辆内部清扫、工具存放、备品存放和工作人员更衣休息等生产、办公、生活房屋。生产、办公、生活房屋宜设于运用库的辅跨内或临近地点。

26.3.8 车辆段（停车场）内列车运用调度、检修调度和电力调度等宜合并设置为车辆段调度中心。调度中心应设置有站场信号和正线行车调度作业的显示装置。

26.3.9 车辆段（停车场）内应设置乘务员公寓，其规模应根据早晚运行列车乘务员人数确定。

26.4 车辆检修设施

26.4.1 检修设施应包括大架修库、定修库、临修库、吹扫库、静调库及辅助生产房屋等，并应根据其功能和检修工艺要求设置，同时应符合下列要求：
1 定修段应设置定修库、临修库，并应根据需要设置相应其他线路和辅助生产房屋。
2 大架修段除应设置定修段各种生产房屋之外，应根据车辆检修要求设大架修库、静调库、吹扫库、试车线、悬浮架等部件检修库，并应根据需要设置油漆库。

条文说明
磁浮车辆检修包括车辆的定修、架修和大修等定期检修，以及临时性故障的临修。如果库内采用滑触线方式供电，可在列检库、定修库等库内进行静调作业，可不设静调库。

26.4.2 大架修库的设计应符合下列规定：
1 大架修宜采用定位修作业模式，并设置车体检修作业空间。
2 大架修库应设置满足车体吊装的起重设备。
3 大架修库应设置悬浮架拆装设备。
4 大架修库的最小长度应按式（26.4.2）计算：

$$L_{ck} = L_c + (N_j - 1) + 18 \tag{26.4.2}$$

式中：L_{ck}——大架修库计算长度（m）；

L_c——每列车长度（m）；

N_j——检修列车编组数；

条文说明

附加长度18m主要考虑前端距端墙6m，后端至车挡安全距离5m，车挡距端墙7m。

26.4.3 定修库的设计应符合下列规定：

1 定修宜采用定位修作业模式，定修列位的长度应满足车钩检修作业空间需求。

2 定修线应设置车底大部件检修设备。

3 定修库的最小长度应按式（26.4.3）计算：

$$L_{dk} = L_c + (N_j - 1) + 18 \tag{26.4.3}$$

式中：L_{dk}——定修库计算长度（m）；

L_c、N_j——符号意义同式（26.4.2）注解。

条文说明

大部件检修设备主要用于车辆逆变器、变压器等设备的下车检修，其设置位置及数量需保证每节车辆的大部件均能够被覆盖。

定修库设计附加长度18m主要考虑前端距端墙6m，后端至车挡安全距离5m，车挡距端墙7m。

26.4.4 临修库的设计应符合下列规定：

1 临修库应设置满足车体吊装的起重设备。

2 临修库应设置悬浮架拆装设备，并应满足任意一组悬浮架拆装需求。

26.4.5 静调库可根据检修工作量的大小确定是否设置，其设计应符合下列规定：

1 静调库长度、宽度的设计可按双周、三月检库设计。

2 库内应设调试用的外接电源设备。

3 静调库应设单侧车顶作业平台及安全防护措施。

4 宜在静调线上设车辆限界检测装置，线路应设置标准零轨。

26.4.6 大架修段的悬浮架检修间的设计应符合下列规定：

1 悬浮架检修间应毗邻大架修库设置，并应设置悬浮架、直线电机、电磁铁等零部件的检修、清洗、试验和探伤设备。

2 悬浮架检修间的规模和检修台位应根据悬浮架检修任务量、作业方式和检修时间计算确定。

  3 悬浮架检修间应设置起重设备。
  4 悬浮架检修间内或附近应设置悬浮架存放间。

26.4.7 当车辆基地规模较小时，宜将大架修库、定修库、临修库、静调库合设。

26.4.8 车辆维护的测试应包括悬浮控制、直线电机、测量单元及制动系统等内容，测试间宜设于辅跨内，并应根据作业要求配置必要的测试设备。

26.5 综合维修中心

26.5.1 综合维修中心宜采用综合维修体制，在综合维修天窗时间内统一进行基础设施的检测、维修及养护作业。

26.5.2 综合维修中心功能应能满足全线线路轨道、道岔、桥梁、涵洞、隧道、建筑、道路、牵引供电、运行控制、基础通信和机电等设备的维修、保养工作所需设备的运行管理、维修和检修需要。

26.5.3 综合维修中心可配置综合检测车、轨道维护车、特种车等工程车辆。

26.5.4 维修车辆停放线的数量及长度应根据配置工程车辆数量、参数确定；维修车辆停放线可与车辆停放线合设。

26.5.5 与运营密切相关的系统维修宜采用自主维修方式，其余系统维修可采取社会化方式。

条文说明

  综合检测车是检测磁浮线路 F 型导轨及接触轨病害的动态检查车辆，通过对感应板和接触轨的磨耗、高低、轨向、水平、扭曲等几何参数的检测，确认磁浮线路和接触轨的健康状况，从而指导线路和接触轨保养与维修，消除事故隐患，保障列车运输安全。

26.6 物资总库

26.6.1 物资总库应承担全线各系统运营、检修所需的各类材料、设备、备品备件、劳保用品、轨排、道岔配件以及非生产性固定资产的采购、储备、保管和发放工作。

26.6.2 物资总库宜设置在包含维修中心的车辆基地内，可在包含维修工区的段场或车站内设物资分库或材料间。

26.6.3 物资总库应设有各种仓库、材料棚和必要的办公、生活房屋，并应设有材料堆放场地。

26.6.4 各种仓库的规模应根据所需存放材料、配件和设备的种类和数量决定。材料堆放场地应采用硬化地面。

26.6.5 不同性质的材料、设备宜分库存放，存放易燃品的仓库宜单独设置，并应符合现行国家标准《建筑设计防火规范》（GB 50016）的有关规定。

26.6.6 物资总库应配备材料、配件和设备的装卸起重设备和汽车、蓄电池车等运输车辆。

26.7 培训中心

26.7.1 培训中心应负责组织和管理职工的技术教育和培训工作。

条文说明

为了便于集中管理，避免重复建设，一般一座城市的轨道交通系统宜建立一处培训中心。考虑到线网发展，可根据实际需要对培训中心进行补强或增设第二培训中心。

26.7.2 培训中心宜设于车辆基地内，对职工的实际操作训练宜利用车辆基地既有设施，生活设施应利用车辆基地的设施。

条文说明

培训中心宜设于车辆基地内，主要基于以下两个方面考虑：一是培训中心通常规模不大，在车辆基地内，便于利用车辆段的生活设施，减少管理机构，节约投资；二是靠近现场可以利用现场的设备、设施，实现现场直观教育。

26.7.3 培训中心应设司机模拟驾驶装置、应急演练模拟设施及其他系统模拟设施，设教室、阅览室、实验室和教职员工办公、生活用房，以及必要的教学设备和配套设施。

26.8 救援及其他

26.8.1 救援办公室应设置值班室。值班室应设电钟、自动电话和无线通信设备，以及直通控制中心的防灾调度电话。

26.8.2 救援用的轨道车辆宜利用车辆段和综合维修中心的车辆,并应根据救援需要设置专用地面工程车和指挥车。

26.8.3 车辆基地内应根据不同的救援模式配备相应的救援设备,并充分利用车辆段和综合维修中心的设施。

26.8.4 车辆基地内应设置救援牵引用的工程车。

26.8.5 车辆基地生产设备应实行统一管理、集中检修,设备的大修宜委外或与外部协作解决。

26.8.6 车辆基地应根据工艺的要求和当地的具体情况设置采暖、通风和空调设施,采暖地区宜采用集中供热方式。

26.8.7 车辆基地室外管线应根据其性质和走向,并结合总平面进行综合布置,应符合安全、经济、便于管理和维修的原则。

26.8.8 蓄电池间宜独立设置,其规模应满足磁浮车辆、特种工程车及其他运输车辆的蓄电池充电和维护需要。

26.9 站场设计

26.9.1 站场线路路基宽度、路拱形状、路堤、路堑及边坡等设计应符合线路数目、路肩宽度、线间距、轨道梁形式、道岔平台形式、路基结构、排水、四电接口等要求。

条文说明

车辆段(停车场)内场坪较宽、线路较多且不平行,因此,场内路基设计需要兼顾各类影响因素,在节省工程投资的前提下,满足车辆段(停车场)的生产生活需要。

26.9.2 站场线路路肩高程应根据基地附近内涝水位和周边道路高程设计,沿海或江河附近地区车辆基地的车辆线路路肩设计高程不应小于1/100洪水频率标准的潮水位、波浪爬高值和安全高之和。

条文说明

参照现行行业标准《铁路路基设计规范》(TB 10001)制定,安全高通常采用0.5m。

26.9.3 路基排水系统应符合下列要求：

1 车场内相邻线路间沿线路方向均应设置纵向排水设施；站场路基面应设倾向排水系统的横向坡度，横坡坡率宜采用2%～4%。

2 路基地段道岔平台范围宜设置独立的排水系统，平台范围以外的雨水不宜排入道岔排水系统，困难条件下，在计算道岔范围内的排水能力满足要求时，道岔平台外部雨水可以排入道岔范围内的排水系统，但应做好相关接口设计；道岔平台面应设置倾向排水沟的排水横坡。

3 站场路基排水系统宜采用重力自流排水方式，排入城市排水系统或自然水体。段内排水设备应采用排水沟、排水管相结合的形式，建筑密集区宜采用暗管排水，股道间宜采用盖板排水沟，穿越股道排水宜采用暗管。

4 检查坑和室外电缆沟的排水宜利用地形自然排水，困难时应自成体系，采用集中机械提升排水方式排入路基排水系统、城市排水管网或附近河沟。

5 站场雨水排水系统的设计，应使纵向和横向排水设备紧密配合，并使水流径路短而顺直；路堤和路堑地段，应结合周边地形的汇水情况分别设置路堤坡脚排水沟和路堑堑顶天沟（截水沟）。

6 排水设备的数量应根据地区年降雨量、站场汇水面积、路基纵横断面、出水口和维修难度等因素确定。

7 纵向排水坡度不宜小于2‰，特殊困难情况下，可采用1‰，穿越股道时，横向排水管的坡度不应小于5‰。

条文说明

由于道岔高度较高，使得车辆段及停车场内路基地段道岔平台范围高程较四周场坪高程低，形成场坪坑，不利于道岔范围排水。为确保道岔区排水安全，要求道岔范围宜设置独立的排水系统，并在平台范围设置相应排水横坡。

鉴于中低速磁浮线路轨道结构形式特殊，穿越股道排水宜采用暗管。

路堤和路堑地段，当路基外侧的地形形成向路基方向的汇水时，应在路堤坡脚和路堑堑顶设置截水沟，避免路堤坡脚积水影响路堤坡脚稳定，避免山地大量汇水冲刷路堑边坡影响边坡稳定。

27 安全技术防范

27.1 一般规定

27.1.1 中低速磁浮安全技术防范系统设计应满足防护对象的防范要求。

27.1.2 安全技术防范系统应纳入中低速磁浮整体系统，与运营安全系统进行统一设计。

条文说明

安全技术防范系统作为保障中低速磁浮整体安全的重要组成部分之一，与中低速磁浮消防、运营及突发情况下的应急响应、联动处置等都有着密不可分的关系，需要综合考虑，协调一致。

27.1.3 系统设计、应急响应、站外交通组织管理应协调一致，相互衔接。

27.1.4 系统设计应合理使用安全资源，设计防护设施，并应形成整体的安全技术防范系统。

条文说明

在中低速磁浮安全技术防范系统设计中，既要积极发展和应用新技术，以满足中低速磁浮安全技术防范系统现代化、信息化的要求，同时还要综合考虑技术的成熟度、可靠性、适用性和安全性，做到经济合理、安全可靠，并努力降低工程造价。

27.1.5 系统应具有使用灵活性，并应能按管理要求灵活制定操作流程，符合用户管理安全要求。

27.1.6 系统应以标准化、集成化、结构化、模块化和网络化的方式实现，应具有可扩展性，应适应系统维护、升级、扩容及技术发展的需要，系统升级扩展时应确保历史记录可用。

27.1.7 安全技术防范系统中用于数据记录的数据库系统和软件系统应具有存储备份

功能，以便实现系统的冗余和备份，保证系统数据的完整性和可靠性。

27.1.8 中低速磁浮安全技术防范系统设计应设置视频监控系统、入侵报警系统、安全检查及探测系统、电子巡查系统、安防集成平台等。

27.1.9 中低速磁浮安全技术防范系统的各子系统应集合成为一个整体，并应由独立的安防集成平台统一进行管理。

27.1.10 系统所用设备的电磁兼容性设计，应符合电磁兼容试验和测量技术系列标准的规定。线缆的电磁兼容设计应符合有关标准、规范的要求。

条文说明

安全防范系统的电磁兼容性设计，应符合国家标准《安全防范工程技术标准》（GB 50348—2018）第6.7节的相关规定。

27.1.11 系统信息安全设计应满足国家现行标准《信息安全技术 网络安全等级保护基本要求》（GB/T 22239）、《信息技术 安全技术 信息安全管理体系 要求》（GB/T 22080）和《城市监控报警联网系统技术标准 第8部分：传输网络技术要求》（GA/T 669.8）的相关规定。

27.2 视频监控系统

27.2.1 视频监控系统应由摄像机、视频处理设备、存储设备、监视及操作终端、管理软件、传输网络和附属设备组成。视频监控系统与安防集成平台间存在大量的信息交互，可与安防集成平台共享传输网络。

27.2.2 视频监控系统应符合现行国家标准《视频安防监控系统工程设计规范》（GB 50395）的规定。

条文说明

国家标准《视频安防监控系统工程设计规范》（GB 50395—2007）第5章对视频监控系统的功能和性能设计做了详细规定。

27.2.3 视频监控系统应能对中低速磁浮区域进行实时、有效地视频监控。系统功能应符合下列规定：
1 应能实时显示和记录受监视区域内的人员和物体的特征。

2 应能按需要检索、回放、下载所录制的历史图像。
3 监视画面的显示应能进行编程,并应能自动和手动切换;画面上应叠加摄像机的编号、位置、时间和日期信息。
4 应与中低速磁浮时钟系统同步。
5 应能根据设置的报警触发条件发出警示信息。
6 应具有操作日志,断电或关机后信息不应丢失。
7 重点目标的视频图像信息保存时间不应小于90d,且在保存时间内不可删除。
8 应采用数字化、网络化组网模式。

条文说明

《中华人民共和国反恐怖主义法》第三十一条规定,公安机关应当会同有关部门,将遭受恐怖袭击的可能性较大以及遭受恐怖袭击可能造成重大的人身伤亡、财产损失或者社会影响的单位、场所、活动、设施等确定为防范恐怖袭击的重点目标,报本级反恐怖主义工作领导机构备案。第三十二条规定,重点目标的管理单位应当建立公共安全视频图像信息系统值班监看、信息保存使用、运行维护等管理制度,保障相关系统正常运行。采集的视频图像信息保存期限不得少于90d。

"数字化网络组网模式"是指视频监控系统建设采用数字化及网络化方式,所有摄像机图像进入系统进行监视或存储前转换为IP数据包形式,以利于信息的传递、开发和使用。为此,系统前端图像采集可采用数字或模拟摄像机加固定对应编码器方式,或直接采用数字网络摄像机方式。

27.2.4 视频监控系统设计应符合下列规定:
1 摄像机配置应以固定摄像机为主,可根据需要辅助设置云台摄像机。
2 记录的图像信息应具有原始完整性。
3 摄像机应与环境照度相适应。
4 应能独立运行和操作、能与安防集成平台双向传输信息,并可与技术防范系统中的其他子系统实现联动。中低速磁浮视频监控系统与公共安全视频监控联网系统信息传输、交换、控制,应符合现行国家标准《公共安全视频监控联网系统信息传输、交换、控制技术要求》(GB/T 28181)的规定。
5 监视范围内应无遮挡。
6 应复核中低速磁浮运营对监视持续时间的要求,重点防护区域、重点部位和无人值守场所的监视设备应满足24h不间断运行的要求。
7 在摄像机的标准照度下,摄像机所拍摄的画面不应出现变形和扭曲,系统的实时显示和录像回放图像质量均不应低于现行国家标准《民用闭路监视电视系统工程技术规范》(GB 50198)规定的主观评价评分分级4分的要求。车站本地存储、回放的视频图像分辨率应不小于1280dpi×720dpi,图像帧率应不小于25fps。
8 系统电磁兼容性应符合现行国家标准《视频安防监控系统工程设计规范》

（GB 50395）的规定。

9 系统应有备用电源，在断电时应能继续正常工作不少于 2h。

10 安装于车辆基地、停车场等各区域车行出入口处的摄像机，应结合停车场管理信息系统的摄像机进行设置。

11 安装于车站各出入口的摄像机中，应至少有 1 路能清楚拍摄出入口外 15m 范围内的人和物的活动情况。人员从进入车站到离开车站期间应被拍摄到不少于 2 次的正面图像。

12 安装于车站上、下行站台的摄像机应能覆盖列车每一侧客室门的区域，清楚拍摄人员候车和上下车的情况，并能通过各画面拼接显示整个站台人员候车及整列列车的人员上下车情况。站台土建结构为增加车厢编组预留长度的，视频监控系统的建设也应预留摄像机布设条件。

13 车站出入口、通道和检票口等部位的摄像机安装角度和监控图像质量宜满足人脸识别及智能视频分析的需要。

14 电梯轿厢内的监控画面应能看清轿厢内的全部人员情况，并配有楼层显示功能。

15 售票亭、自动售票机、自动票款充值设备、客户服务中心处的监控画面应能清楚反映服务设施的全貌，及其与乘客的交互行为。

16 票款存储场所的监控画面应能清晰反映票款交接、存放的具体情况。

17 车厢内的摄像机在不考虑乘客遮挡的情况下，其监控范围应能覆盖整节车厢。

18 列车司机室外前方的摄像机应能监控列车进站时站台乘客的候车情况。

19 列车进、出地面洞口的监控画面应能反映洞口的出入情况。

条文说明

固定摄像机主要用于对指定监控区域进行不间断监控，云台摄像机主要用于对特定目标进行实时跟踪或区域巡检等。

监控图像效果需满足有效识别目标的要求，当周边环境照度无法满足要求时，需采用照度匹配的摄像机或采用安全照明进行照度调整。国家标准《视频安防监控系统工程设计规范》（GB 50395—2007）第 5.0.2 条和第 6.0.1 条对相关要求做了详细规定。

视频监控系统与报警系统等的联动体现为能将现场联动图像自动切换到指定的监视器上进行显示。

国家标准《民用闭路监视电视系统工程技术规范》（GB 50198—2011）规定的模拟电视图像质量损伤的主观评价评分分级 4 分的要求为：图像上稍有可觉察的损伤或干扰，但并不令人讨厌。数字电视图像质量损伤的主观评价评分分级 4 分的要求为：可觉察，但不讨厌。图像质量主观评价及项目、图像质量的客观测试应满足国家标准《民用闭路监视电视系统工程技术规范》（GB 50198—2011）第 5.4 条、第 5.5 条规定。

系统设备在选型时要充分考虑其抗电磁干扰能力，以保证系统在中低速磁浮区域内的各种电磁环境下均能正常工作。国家标准《视频安防监控系统工程设计标准》（GB 50395—2007）第 9.0.3 条规定，系统电磁兼容性应符合现行国家标准《安全防范工程技术标准》（GB 50348）的相关规定，选用的控制、显示、记录、传输等主要设备的电磁兼容性，应符合电磁兼容试验和测量技术系列标准的规定，其严酷等级应满足现场电磁环境的要求。

车辆基地、停车场等各区域车行出入口处未设置停车场管理信息系统的摄像机时，应单独设置摄像机，并能清楚地拍摄到所有进出机动车辆的车型、颜色和车牌号码。

27.2.5 视频监控系统宜结合人脸识别和智能视频分析技术，并宜符合下列规定：

1 基于视频监控系统的智能视频分析系统宜具备下列功能：
（1）对预先设定的异常行为和可疑物体进行识别并报警的功能。
（2）在预先设定的范围和时间内观察搜查预先设定的异常事件的工作能力。
（3）对预先设定的目标进行连续跟踪、显示和视频搜索的功能。
（4）客流统计功能。

2 基于视频监控系统的人脸识别系统宜具有采集、存储、布控和检索功能，并宜符合下列规定：
（1）视频监控系统位于通道和车站检票口的摄像机布防时，宜对出入该区域的人流拍摄人脸正面图像，图像质量应满足现行国家标准《城市轨道交通安全防范系统技术要求》（GB/T 26718）的要求。
（2）宜对采集到的人脸正面图像进行存储，保存人脸部分正面截取图像及场景照片，形成人脸图像抓拍库。
（3）宜将采集的人脸与布控库进行比对，或在存储的人脸图像抓拍库内检索出与特定检索目标相似的人脸供人工确认。
（4）系统多机大规模应用时，宜支持分布式联网功能。

条文说明

随着中低速磁浮需管理的站点数量增加，其视频监控系统可调看的图像数量也变得较多，单靠人工方式已无法完成对海量图像信息监视和分析，人脸识别及智能视频分析技术的应用是必然趋势。但是由于中低速磁浮环境的特殊性，目前的人脸识别及智能视频分析技术在识别率、准确性及响应时间等方面尚存在不足，无法完全满足中低速磁浮的应用需求，因此本规范中将此系统作为推荐使用。各地可根据实际情况，密切跟踪相关技术的发展动态，逐步引入相关技术手段，以切实提升中低速磁浮安全技术防范系统的智能化水平，提高响应速度和处置效率。理论上，中低速磁浮区域内视频监控系统上传的所有图像均可用人脸识别技术进行分析和监视，但考虑到实用性和投资成本，可以选择部分摄像机与人脸识别装置搭配使用。由于通道和车站检票口是乘客的必经之处，并且这些位置的摄像机一般均被要求做到识别人员脸部特征，因此选用此处的摄像机与人脸识别装置搭配使用，可以更好地提高人脸识别的准确性。一般情况下，人脸识别摄像机最佳拍摄点是乘客处于检票机出口处时。

27.3 入侵报警系统

27.3.1 入侵报警系统应由前端设备、传输设备、控制、显示、处理和记录设备组成。

条文说明

入侵报警系统与安防集成平台间存在大量的信息交互，从系统的完整性及合理性角度考虑，可与安防集成平台共享传输网络。

27.3.2 入侵报警系统应符合现行国家标准《入侵报警系统工程设计规范》（GB 50394）的规定。

条文说明

国家标准《入侵报警系统工程设计规范》（GB 50394—2007）第5.2节对入侵报警系统的功能和性能设计做了详细规定。

27.3.3 入侵报警系统应对中低速磁浮设防区域的非法入侵行为进行有效地探测和报警，系统功能应符合下列规定：
1 应能对未经授权人员的进入进行实时探测，并应发出声光报警信息。
2 应能按时间、区域、部位任意编程设防或撤防，设防或撤防状态应有明显不同的显示。在撤防状态下，系统不应对探测器的报警状态做出响应。
3 应具有防破坏和故障报警功能。
4 应具有布防、撤防、报警、故障、被破坏、操作等信息的显示记录功能，记录信息应包括事件发生时间、地点、类型等，记录信息不得更改。记录信息的存储时间应不少于30d，并能转存至其他存储介质和输出打印。
5 客户服务中心、现金存入场所和车辆基地/停车场门卫室等的入侵报警系统应具有紧急报警功能。

条文说明

系统相关安防值班室、控制室等室内应有报警响应提示，入侵的现场防区宜有声光报警功能，对安防值班室、控制室等室内操作人员的声音报警提示音量需充分考虑人员的接受度，不宜过响，以免对值班人员的工作造成影响。报警发生区域的显示可采用颜色标志、闪烁提示等方式，方便工作人员快速识别。

27.3.4 入侵报警系统设计应符合下列规定：
1 应按不同传感器的原理、功能和性能，根据安全需要进行设计，应构成点、线、面、空间或其组合的综合防护系统。

2 应能独立运行和操作,能向安防集成平台发送报警信息、接收并执行安防监控中心或安防监控分中心的控制信号,并应能与安全技术防范系统中的其他子系统联动。

3 在周界和无人值守的场所,系统应具有24h布防功能。

4 系统触发报警响应时间不应大于2s。

5 系统应能与视频监控系统、安全照明联动。

6 系统应有备用电源,在断电后应能继续正常工作不少于8h。

7 系统报警、误报、设防、撤防情况下应符合下列规定:

(1) 在设防状态下,当探测器探测到有入侵发生或触动紧急报警装置时,报警控制设备应显示出报警发生的区域或地址,报警信号信息不应丢失。

(2) 系统误报警率应控制在可接受的限度内,系统正常运行时不应有漏报警。

(3) 声光报警信息应能保持到手动复位,不应自动复位。

(4) 紧急报警装置应具有不可撤防设置功能和防误触发措施,被触发后应自锁。

8 紧急报警装置所发出的报警具有急迫性与严重性,需要慎重对待,故对其报警触发及消警也尤为谨慎,不得随意布、撤防,在日常使用过程中也应避免误触发,一旦被触发后应具备自锁定功能,待处警完毕后再根据相应的管理办法进行消警。

条文说明

入侵探测器(含高压脉冲电子围栏或其他形式围栏的围栏系统)产生报警信号时与视频监控系统和安全照明等的联动是系统必要的功能之一。

27.4 安全检查及探测系统

27.4.1 安全检查及探测系统宜包括炸药探测系统、液态危险品探测系统、有毒有害气体探测系统、放射性物质探测系统、常规武器和金属探测系统、X射线检查系统。安全检查及探测系统可分为便携式系统和固定式系统。

27.4.2 安全检查及探测系统的功能应符合下列规定:

1 应能探测出国家、地方及相关部门规定的危险物品。

2 当检查、探测到危险物品时,应能实现报警和数据记录。

3 宜进行联网工作,建立网络支持下的安全检查及探测系统。

4 应具有有线或无线传输功能,应将数据、告警信号和方位、设备状态等信息传输至安防集成平台。

条文说明

安全检查及探测系统应能探测指定的炸药、液态危险品、有毒有害气体、放射性物质、武器（含刀、仿真枪、管制器具）等危险物品。对危险物品的报警和数据记录信息可包括危险物品类型、时间、地点、方向、探测仪编号等。当检查、探测到危险物品时宜自动向安防监控中心发出报警信息，并自动进行数据记录。

安全检查及探测系统中的固定式系统宜通过有线网络方式进行信息传输，便携式系统宜通过无线网络方式进行信息传输。无线传输接发机的射频工程参考国家无线电管理委员会2005年发布的《微功率（短距离）无线电设备的技术要求》中的规定执行。便携式系统是指在现行国家标准《城市轨道交通安全防范系统技术要求》（GB/T 26718）中所列明的便携式探测仪。

27.4.3 安全检查及探测系统设计应符合下列规定：
1 探测设备的设置应符合下列规定：
（1）有毒有害气体探测传感器宜设置于中低速磁浮区域通风井内、车站乘客人流集中的通道等部位。
（2）炸药探测仪、液态危险品探测仪、常规武器和金属探测仪、放射性物质探测仪应设置于车站乘客进站通道等部位。
2 系统不应对人体或物品产生伤害，不应引爆爆炸物或引燃易燃气体，不应引发次生灾害。
3 应具备网络化系统设计，所有探测器、检测仪应与安防监控中心或安防监控分中心联网。
4 在系统产生告警信号时，应联动视频监控系统进行视觉复核。
5 报警信息应能保持到手动复位。
6 便携式安全检查及探测系统不应使用带放射性同位素的装置。
7 放射性物质探测仪应随时为X射线检查系统等设备进行射线泄漏检测。
8 应对安检人员进行防护。

条文说明

有毒有害气体随空气传播、扩散较易，且危害面大，容易造成群体性伤害事件。此外，中低速磁浮通风井一般都位于中低速磁浮建筑物外，容易被忽视，成为安全漏洞；乘客通道等区域和重点部位处人流又较为密集，容易受攻击，因此宜设置有毒有害气体探测传感器，以及时探测和发现有毒有害气体，提高对相应灾害的判断和处置能力。有毒有害气体探测系统有固定式系统和便携式系统，宜在通风井等处采用固定式系统；在乘客通道等处宜采用便携式系统，与其他便携式系统配合构成完整的安检系统。

在车站设置的安全检查及探测系统建议主要采用便携式设备，可配合使用X射线检查系统，以发现并阻止乘客携带危险品进入付费区为主要目的。

为了在保证安全的前提下满足中低速磁浮客流快速通行的要求，对于经一定程序验证、安全性相对较高、日常通行频繁的中低速磁浮常规乘客可适当简化安检手段，但宜通过实名制技术手段或方法来杜绝身份冒用，并保证其乘坐中低速磁浮的日常通行信息能被准确记录和查询。

设置安全检查及探测系统的目的是为了增强中低速磁浮区域内的人身和财产安全，一切均应以安全为前提，因此在设备选型及设置方面要充分考虑设备自身的可靠性与安全性，避免因设备的设置而对周边人员及物品产生伤害。

放射性同位素是一个原子核不稳定的原子，每个原子也有很多同位素，每组同位素的原子序虽然相同，但是却有着不同的原子量，如果这原子是有放射性的话，它会被称为物理放射性核种或放射性同位素。放射性同位素会进行放射性衰变，从而放射出伽马射线和次原子粒子。有些放射性同位素是天然存在的，有些则是人工制造的，称为人造放射性同位素。本款所指的放射性同位素包括天然的和人造的。

根据我国《放射性同位素与射线装置安全和防护管理办法》的规定，使用放射性同位素与射线装置的单位应当对相关场所进行辐射监测，因此中低速磁浮安全检查及探测系统中的放射性物质探测仪在进行安全检查的同时，还可作为对X射线检查系统进行日常监测的手段之一。

对安检人员的防护可采用多种措施，如定期体检、配备防护设备等。

27.5 电子巡查系统

27.5.1 电子巡查系统应由信息装置/识别物、采集装置/识读装置、信息转换及传输、管理终端组成。系统的应用模式应支持本地管理模式和联网管理模式。

条文说明

本地管理模式是通过信号转换装置或识读装置将巡查信息输出到本地管理终端上并能打印。联网管理模式是通过网络（有线/无线）将巡查记录传送到远端的控制中心，根据权限实现多点操作。

27.5.2 电子巡查系统应符合现行行业标准《电子巡查系统技术要求》（GA/T 644）的规定。

27.5.3 电子巡查系统应通过信息识读等方式对巡查人员的工作状态进行监督、记录。系统功能应符合下列规定：
1 应能对巡检地点、时间和人员编制不同的巡检计划。
2 系统应能准确记录预定巡查区域、路线巡查的详细结果和每个巡查点的年/月/日/时/分/秒等时间信息、地点、人员信息；在线式电子巡查系统在预定的时间内没有收到预定的巡查信息时，应能及时警示。
3 巡查人员通过巡查地点时，按正常操作方式，采集装置/识读装置应采集到巡查信息。采集装置应具有防复读功能。
4 采集装置应能存储不少于4000条巡查信息，存储信息保存时间不应少于10d。

在断电时，所存储的巡查信息不应丢失。识读装置应具有巡查信息存储功能。

5 管理终端应能对采集装置内的信息进行导出，形成记录，便于查询、统计；记录信息保存时间不应少于30d。在断电时，所存储的巡查信息不应丢失。应能对采集/识读装置进行同步校时。

条文说明

电子巡查系统主要通过比对巡查人员对指定巡检地点的巡查时间及巡查路线等信息，监督和记录巡查人员是否按规定计划进行巡查，时间信息的准确性直接关系到巡检记录的正确性，故需定期对采集装置进行同步校时，以保证巡检记录的可靠与准确。

27.5.4 电子巡查系统应接入安防集成平台，其系统采集装置安装位置应涵盖车辆基地、运营控制中心场所等部位。

条文说明

电子巡查系统虽然是针对巡查人员的一种监督和记录系统，但其所记录的巡查信息也可作为安全技术防范系统的一种重要信息来源，将电子巡查系统接入安防集成平台有助于实现安防集成平台对信息的综合分析和二次开发等应用，同时安防集成平台还可对其进行统一授时，以保证安全技术防范系统内各系统及设备时间的一致性。

27.6 安防集成平台

27.6.1 安防集成平台应根据安全技术防范系统监控管理的要求，由站点级和线路中心级构成，并宜根据中低速磁浮的规模设置区域级和路网级。各级安防集成平台可由服务器、工作站、数据存储设备、打印输出设备、平台软件、通信接口设备、计算机网络和其他附属设备组成。

条文说明

站点级是指设置在车站、车辆基地/停车场、运营控制中心场所等地以监控其管辖区域的安防集成平台中的部分，线路中心级是指设置在线路运营控制中心内以监控全线路的安防集成平台中的部分。当中低速磁浮的规模达到一定程度时，相关管理部门认为有必要时，可设置区域级或路网级安防集成平台。区域级是指设置在特定地点以监控同一线路中的几个站点或不同几条线路中几个站点（含站点所有管辖区域）的安防集成平台中的部分，路网级是指设置在特定地点以监控整个城市区域内全部线路的安防集成平台中的部分。

27.6.2 各级安防集成平台应能独立工作，发生单站点故障或网络通信故障时，不应影响其他部分的正常运行。

条文说明

　　站点级、线路中心级、区域级、路网级是通过网络连接进行信息交互的。当网络传输发生故障时，受影响的站点级安防集成平台应能独立地完成本地监控功能，只丧失与其他站点级、线路中心级、区域级、路网级的信息交互功能，其他未受影响的各级各点应能继续正常工作。同时，某个站点级、线路中心级、区域级、路网级的故障不应引发其他站点级、线路中心级、区域级、路网级的故障。

27.6.3 站点级安防集成平台应设置在车站、车辆基地/停车场、运营控制中心场所。系统功能应符合下列规定：

　　1　应具备图形显示功能，采用中文界面，能显示地理信息底图、周边环境图、建筑总平面图等各类图形，并应采用中文标注图中的各个报警区域、主要部位的名称及物理位置；各类图形宜采用矢量图方式，可局部放大、缩小和平移。

　　2　应具备状态显示功能，以声光和文字图形显示各安全技术防范系统的安防事件报警信息、故障报警信息、设防和撤防区域、与各安全技术防范系统的通信工作状态以及各安全技术防范系统设备的关闭、开启信息。

　　3　应具备系统控制功能，系统应能控制视频图像的切换、处理、存储检索和回放，云台、镜头的预置和遥控，对防护目标的设防与撤防执行，电子巡查路线的设置，联动指令下发，机构及其他设备的控制。

　　4　应具备操作管理功能，系统应能设定操作权限，对操作人员的登录和交接进行管理。

　　5　应具备信息记录功能，系统应能记录管辖范围内的所有事件及其时间，包括安防事件报警与复位、联动指令发布与反馈、设备故障报警与恢复、布防与撤防、操作人员动作；记录时间不应少于1年。

　　6　应具备记录处理功能，系统应能进行历史记录的分类检索、调阅、打印、生成报表、下载。在事件查询的同时，应能回放与该事件相关联的语音和视频记录文件。

　　7　应具备系统修改功能，系统在操作权限允许的条件下应能进行各类图形的增加与删除、各类图形的结构及标注、图形中安全技术防范设施或设备及其位置、类型及标注的增加与删除。

　　8　站点级安防集成平台还应具备向线路中心级安防集成平台上传所有事件的功能、接收线路中心级安防集成平台控制指令的功能，以及与线路中心级安防集成平台进行时间同步的功能。

条文说明

　　本规范对站点级安防集成平台的计算机网络架构不作规定，建议无论采取何种架构，其操作、显示和打印功能部分均应设置在站点的安防监控中心内，其他功能部分则宜设置在站点的安防监控中心内或同一站点内其他具有相同安全防范等级的机房内。

图形显示功能用于实时地显示被监控区域的状态，不论该区域是否有事件发生，操作人员都可以选择任意区域的地图进行显示。当有新的事件发生时，则相应区域的地图自动弹出显示。显示地图上标注的报警区域名称、主要部位名称等信息有助于操作人员对地理位置的识别。

采用不同的声光和文字图形显示各安全技术防范系统的安防事件报警信息、故障报警信息、设防和撤防区域、与各安全技术防范系统的通信工作状态以及各安全技术防范系统设备的关闭、开启等信息，将有助于平台的日常操作和事件种类识别。声音提示可采用计算机声卡外接扬声器或计算机内置扬声器实现，光提示可采用闪烁图标实现。在报警和故障排除之前，始终显示报警状态和故障状态的提示。

系统控制功能分为对单一系统的控制功能和系统间的联动控制功能。对视频监控系统图像的切换、处理、存储检索和回放，云台、镜头等的预置和遥控，对防护目标的设防与撤防执行，电子巡查路线的设置等，属于对单一系统的控制功能；系统之间的输入与输出联动逻辑、站点间输入与输出联动逻辑，以及相应的控制指令下发，对其他设备的控制等，属于系统间联动控制功能。联动控制逻辑存储在安防集成平台中。

设定操作权限，对操作者的登录和交接进行管理等操作管理功能，对于系统的日常管理、运行以及事件发生后处置过程调查是非常有意义的。

安防事件报警与复位、联动指令发布与反馈、设备故障报警与恢复、布防与撤防、操作人员动作等信息记录功能是平台必备的功能，各级各层平台记录其管辖范围内的所有上述事件信息及时间。平台中存储的信息不设条目数量的限制，但应在平台中保存至少1年，各级各层平台分别保存。

平台中的设施设备数据库、地图等应是可修改的，但应是由具有授权的平台维护专业人员进行。修改工作包括增加、删除、调整等。修改依据设计文件进行，修改完成后需进行平台调试，调试范围包括修改所影响的范围。所有的修改记录提交给管理使用单位。

站点级实时向线路中心级上传事件，在接收到线路中心级的控制指令后立即处理；当设有区域级时，站点级的上传事件同时上传给区域级，站点级在接收到区域级的控制指令后立即处理。信息传输时长与时间同步周期可根据各地中低速磁浮的实际情况自行定义，为确保信息传递的有效性，建议信息在站点级和线路中心级、区域级之间传输的时长不超过2s，站点级与线路中心级进行时间同步的周期不大于30min。

27.6.4 线路中心级安防集成平台的监控范围应包括单条中低速磁浮线路中所有车站、区间、车辆基地、运营控制中心场所、变电所。系统功能应符合下列规定：

1 应具备图形显示、状态显示、系统控制、操作管理、信息记录、记录处理和系统修改功能，并应符合本规范第27.6.3条第1款~第7款的规定。

2 应能向站点级安防集成平台下发联动指令、向通信系统发布安防报警事件信息。

3 应具备从线路时钟系统取得标准时间并向站点级安防集成平台下发时间同步信号的功能。

4 应具备决策支持和应急指挥功能，包含事件管理功能、决策支持数据库功能、应急响应预案功能和资源管理功能。

5 应能监视并显示与站点级安防集成平台的通信状态信息、站点级安防集成平台与各安全技术防范系统的通信工作正常和故障状态；应能实时接收站点级安防集成平台上传的报警信息，并能与站点级安防集成平台的信息同步。

条文说明

本规范对线路中心级安防集成平台的计算机网络架构不作规定，建议无论采取何种架构，其操作、显示和打印功能部分均设置在线路控制中心的调度大厅内，其他功能部分则宜设置在线路控制中心调度大厅内或线路控制中心内其他具有相同安全防范等级的机房内。线路中心级所监控的范围是本线路上所有站点级监控范围的集合。

线路中心级安防集成平台只负责站间的联动逻辑以及相应的联动指令下发，站点内部的联动由站点级安防集成平台负责。同时线路中心级安防集成平台负责向通信系统发布本线路的安防报警事件，具体发布方式在具体项目的系统设计阶段确定。

安防集成平台的决策支持和应急指挥功能是以计算机为工具，应用领导科学及有关决策的理论和方法，为决策提供各种信息，辅助决策者进行科学决策和进行应急指挥的系统功能。决策支持和应急指挥功能是帮助决策者进行分析问题与辅助决策的工具。它帮助人们收集与处理与安全防范相关的信息、构思与设计应急处置方案、分析与比较应急指挥方案、最后做出正确的选择以降低或消除安全防范事件所造成的威胁和损失。决策支持可包括安全威胁评估、威胁影响评估、系统脆弱性评价、应急预案评估以及中低速磁浮内空气流动和扩散模型、人员疏散和逃生模拟、安全警力及拯救力量分布模型等功能。应急指挥可包括针对安防事件的行动方案、救援指挥、响应措施、疏散与收集人员、安全避难、控制环控模式、检查和报告现场情况、对外协调和使用安全资源等。决策支持和应急指挥功能中的事件管理功能可包括自动发布报警信息、自安防事件发生至处置完毕过程中所有信息和行动的记录、提示可能影响到的区域等。决策支持和应急指挥功能中的决策支持数据库功能可包括：安全管理数据库，如雇员身份数据、访问数据、安全事件数据、犯罪事件数据、罪犯数据以及其他公共安全数据；空间数据库，如中低速磁浮地理平面图、结构、设施、设备、人员及岗位以及周边状况形象（图）等与安全相关的空间信息。决策支持和应急指挥功能中的应急响应预案功能可包括预案编制、预案调用。应急预案可包括应急预案类型、预案文本、机构和组织、设备、事件发生区域、疏散路径、疏散区、区域相关信息、应急通道、替代通道、转移通道以及指挥信息。决策支持和应急指挥功能中的资源管理功能，可包括在应急处置过程中可以使用的应急人员、应急设施设备、救援车辆等资源的管理。决策支持和应急指挥所包含的具体功能和内容要求，由各地中低速磁浮管理部门和公安部门根据本地实际情况，在项目的系统设计阶段确定。

27.6.5 区域级安防集成平台的监控范围应包括区域范围内的所有车站、区间、车辆基地、运营控制中心场所、变电所。

27.6.6 路网级安防集成平台的监控范围应包括整个城市范围内的所有车站、区间、车辆基地、运营控制中心场所、变电所。

27.6.7 区域级安防集成平台和路网级安防集成平台的功能应符合下列规定：
1 应具备图形显示、状态显示、系统控制、操作管理、信息记录、记录处理和系统修改功能，并应符合本规范第27.6.3条第1款~第7款的规定。
2 应符合本规范第27.6.4条第4款和第5款的规定。

27.6.8 安防集成平台设计应符合下列规定：
1 平台的冗余设计和应用软件应满足现行国家标准《安全防范工程技术标准》（GB 50348）的要求。
2 平台的事件触发报警时间不应大于1s，控制及操作响应时间不应大于5s，平面图浏览响应时间不宜超过2s，现场数据查询响应时间不宜超过2s，历史数据查询响应时间不宜超过5s。
3 图形上设备定位误差不应超过±1m，设施定位误差不应超过±3m。

28 防灾

28.1 一般规定

28.1.1 中低速磁浮交通应具有防火灾、水淹、风灾、冰雪、雷击、地震和非正常停车事故等灾害的设施。

条文说明

中低速磁浮交通可能发生的灾害事故有火灾、水淹、风灾、冰雪、雷击、地震、停电及人为事故等多种灾害，故工程实施应考虑以上各类灾害对应的避灾手段、减灾措施及监测系统。

28.1.2 中低速磁浮交通在设计规划阶段，选线、站址规划应避让工程、运营不利局部地段。

条文说明

结合本规范第6.1.3和第6.2.2条的规定，对于存在滑坡、泥石流、危岩、落石、崩塌等地质灾害地段，对于气象历史数据统计存在烈风、狂风、暴风、台风、暴雨、严重积雪等极端自然灾害年平均日数较多的建设、运营不利局部地段，以及其他存在极端不利因素的地段，规划选线阶段应避让或采取地下敷设方式。

28.1.3 中低速磁浮交通应具有接收当地气象预报部门、地震预报部门、水文预报部门报警的功能。

28.1.4 中低速磁浮交通范围内的车站、控制中心、车辆基地、停车场、变电所等建筑物内，应设置防排烟及事故通风设施、消防给水与灭火设施、火灾自动报警系统，并应分别符合本规范第13章、第14章、第19章的有关规定。

28.1.5 中低速磁浮交通针对自然灾害的防范能力，应按线路所处区域同时遭受可能的潜在影响考虑。

条文说明

中低速磁浮交通中地面及高架线路与架空接触网，可能受风、冰凌等灾害的影响，设计时应设置相应的防范设施、设备或系统。

当中低速磁浮交通设置于寒冷地带，地面及高架线路和暴露于室外的自动扶梯上下平台应采取防冰雪措施。当有条件时，步梯亦宜考虑防冰雪措施。

28.1.6 中低速磁浮交通应具备对列车临时限速的功能，以应对突发灾害。

条文说明

自然灾害等突发灾害对中低速磁浮交通运营的影响程度，当前国内外尚无定量的研究结果，故本条要求中低速磁浮交通应具备结合自然气象条件危害严重程度及车辆运行环境的技术指标或相关专业的要求，具备临时限速能力，达到合理避灾的目的。

28.1.7 车站建筑、运营控制中心、车辆基地、区间变电所等房屋建筑结构，车站及区间高架结构的抗震设计，应按现行国家标准《建筑抗震设计规范》（GB 50011）执行。

28.1.8 车站出入口及敞口低风井等与外界联通口部的防淹措施，应结合当地气象条件和内涝水位情况确定，并符合防洪要求。

28.1.9 中低速磁浮交通车站建筑、运营控制中心、车辆基地、区间变电所、高架区间，应设置防雷接地系统，并符合本规范第15章第7节的有关规定。

28.1.10 中低速磁浮交通针对火灾的防范能力，按同一线路同一时间发生一次火灾考虑。

28.1.11 车站建筑、运营控制中心、车辆基地、区间变电所等房屋建筑的防火设计，应符合现行国家标准《地铁防火设计标准》（GB 51298）的有关规定。

条文说明

由于磁浮轨道交通制式房屋建筑与地铁和轻轨交通制式房屋建筑相类似，其防火设计应参照现行国家标准《地铁防火设计标准》（GB 51298）的有关规定。

28.1.12 车站站台、站厅和出入口通道的乘客疏散区内不得设置商业场所，除地铁运营、服务设备、设施外，也不得设置妨碍乘客疏散的设备、设施及其他物体。

28.1.13 车站及区间应配备符合运营安全保障的防灾、疏散和救护设施，车辆段和综合基地应配备防灾救援设施。

28.1.14 运营控制中心应具备全线防灾调度指挥、疏散及救援指挥协调的功能。

28.2 消防给水与灭火

28.2.1 消防给水水源应采用城市自来水，当无城市自来水时，可采用其他消防给水水源，并应满足现行国家标准《消防给水及消火栓系统技术规范》（GB 50974）的相关要求。

28.2.2 下列建筑或场所应设置室内外消火栓系统：
1 除高架区间外，中低速磁浮交通工程应设置室内外消防给水系统。
2 除地上区间外，车站及其附属建筑、车辆基地应设置室外消火栓系统。
3 车站的站厅层、站台层、地下区间及长度大于30m的人行通道等处，均应设置室内消火栓。

28.2.3 下列场所应设置自动喷水灭火系统：
1 建筑面积大于6000m²的地下、半地下和上盖设置了其他功能建筑的停车库、列检库、停车列检库、运用库、联合检修库。
2 可燃物品的仓库和难燃物品的高架仓库或高层仓库。

28.2.4 除区间外，中低速磁浮交通工程内应配置建筑灭火器。灭火器的配置应符合现行国家标准《建筑灭火器配置设计规范》（GB 50140）的相关规定。

28.2.5 设置在地下的环控电控室、通信设备室（含电源室）、信号设备室（含电源室）、变电所，应设置自动灭火系统。地上运营控制中心综合监控设备室、通信机房、信号机房、自动售检票机房、计算机数据中心应设置自动灭火系统。地面、高架车站、车辆基地的自动灭火系统的设置，应按现行国家标准《地铁设计防火标准》（GB 51298）的相关规定执行。

条文说明

中低速磁浮交通作为公共交通系统，火灾后需快速恢复交通，为防止次生灾害的发生，采用的灭火剂不应该对设备产生损害。电气设备火灾时，不能使用导电性能良好的灭火剂进行灭火。自动灭火系统一般采用绿色环保的气体灭火系统和技术可靠、经济合理且消防部门认可的其他自动灭火系统。

28.2.6 消火栓给水系统设计流量、消防给水系统形式等，要求除应满足本规范14.4节相关规定外，尚应满足现行国家标准《消防给水及消火栓系统技术规范》

(GB 50974)和《地铁设计防火标准》(GB 51298)的相关要求。

28.3 防烟、排烟及事故通风

28.3.1 中低速磁浮交通工程的防烟、排烟及事故通风系统，应符合车站和区间隧道安全疏散时，提供及时有效排除烟气和有效可用安全疏散时间的要求。

28.3.2 中低速磁浮交通工程的防烟、排烟系统与事故通风应具有下列功能：
1 当区间隧道发生火灾时，应背着乘客主要疏散方向排烟，迎着乘客疏散方向送新风。
2 当地下车站的站厅、站台发生火灾时，应具备防烟、排烟、通风功能。
3 当列车阻塞在区间隧道时，应对阻塞区间进行有效通风。
4 当地面或高架车站发生火灾时，应具备排烟功能。
5 当设备与管理用房发生火灾时，应具备防烟、排烟、通风功能。

28.3.3 当防烟、排烟和事故通风系统与正常通风空调系统合用时，通风空调系统应采取防火措施，且应符合防烟、排烟系统的要求，并具备事故工况下的快速转换功能。

28.3.4 中低速磁浮交通工程的防烟、排烟及事故通风系统设计，尚应符合现行国家标准《建筑设计防火规范》(GB 50016)、《地铁设计规范》(GB 50157)和《地铁设计防火标准》(GB 51298)的相关规定。

28.4 防灾通信

28.4.1 电话交换系统应具有火警时能自动转换到市话网"119"的功能，并配备在发生灾害时供救援人员进行联络的无线通信设备。

28.4.2 运营控制中心应设置防灾环控调度台，车站控制室、站长室、保安室及车辆段值班室应设置无线通信设备。

28.4.3 防灾调度电话系统应在运营控制中心设置调度电话总机，在车站、停车场、车辆基地设置分机。

28.4.4 运营控制中心、各车站、停车场、车辆基地均应设置消防专用电话。

28.4.5 运营控制中心应设置防灾广播控制台，各车站、停车场、车辆基地消防控制室亦应设置防灾广播控制台。

28.5 防灾用电与疏散照明

28.5.1 防灾设备用电应按一级负荷供电，并应在末级配电箱处设置自动切换装置，切换时间应符合现行国家标准《消防应急照明和疏散指示系统》（GB 17945）的规定。

条文说明

为避免配电干线故障对消防设备供电的影响，末级配电箱应设置自动切换装置。火灾时，为避免事故扩大，需要切断非消防设备电源；为保证扑救工作的正常进行，消防设备不能停电。

28.5.2 应急照明连续供电时间不应少于60min。

条文说明

根据国家标准《城市轨道交通照明》（GB/T 16275—2008）第6.1.2条，应急、照明连续供电时间为不少于60min。

28.5.3 防灾用电设备的配电设备应有明显标志。

条文说明

为避免因误操作而影响灾情的施救，防灾用电设备的配电设备应有紧急情况下方便操作的明显标志。

28.5.4 照明器标明的高温部位靠近可燃物时，应采取隔热、散热等防灾保护措施。可燃物品库房不应设置高温照明器。

条文说明

根据多个城市调查，由于照明器设计、安装不当引起过多次火灾事故。因此，根据国家标准《地铁设计规范》（GB 50157—2013）第28.6.4条要求照明器高温部位靠近可燃物时，应采取防火保护措施。

28.5.5 中低速磁浮交通的高架区间应设置纵向疏散平台，其设置宜根据行业标准《中低速磁浮交通设计规范》（CJJ/T 262—2017）第26章第7节的规定执行。

28.5.6 防灾下列部位应设置灯光型疏散指示标志：
1 车站站厅、站台、自动扶梯、自动人行道、楼梯口。

2 车站附属用房内走道等疏散通道及安全出口。
3 区间隧道。
4 车辆基地内的单体建筑及控制中心大楼的疏散楼梯间、疏散通道及安全出口。

条文说明

本条根据国家标准《地铁设计规范》（GB 50157—2013）第 28.6.5 条制定。

28.5.7 下列部位应设置应急照明：
1 车站站厅、站台、自动扶梯、自动人行道、楼梯。
2 车站附属用房内走道等疏散通道。
3 区间隧道。
4 车辆基地内的单体建筑及控制中心大楼的疏散楼梯间、疏散通道、消防电梯间（含前室）。

条文说明

本条根据国家标准《地铁设计规范》（GB 50157—2013）第 28.6.6 条制定。

28.5.8 防灾用电系统的供电电缆及控制电缆应符合本规范第 16.4.1 条的规定。

29 环境保护

29.1 一般规定

29.1.1 环境保护设计应遵循统一规划、合理布局、综合治理、防治结合的原则。

29.1.2 工程选线选址应绕避法律法规禁止穿越的自然保护区核心区和缓冲区、水源一级保护区、风景名胜区核心景区等区域以及其他禁止穿越的生态保护红线,根据各类环境敏感目标分布情况和城市规划,合理选择选线选址方案和敷设方式。

29.1.3 环境保护设施应满足远期客流和最大通过能力要求,按近期设置、远期预留实施,对不易改、扩建的主体环保设施应按远期需要实施。

29.1.4 环保工程设计应按照国家及地方环境保护法律法规的相关规定,符合城市环境功能区划及相关环境质量标准,达到国家和地方污染物排放标准的规定,并落实环境影响评价文件及批复意见提出的环保措施和要求。

条文说明

中低速磁浮的建设和运营应贯彻环境保护法、建设项目环境保护管理条例等相关国家法律法规,依照环境影响评价法开展环境影响评价,并按照环评文件确定的环境标准,明确环境保护目标,进行环境保护设计,环境保护设计应落实环境影响报告及其批复意见提出的环保措施和要求。

29.1.5 环境保护设施应采用清洁生产工艺和技术,选用高效节能型产品,不得使用对环境产生严重污染的工艺和材料。

29.1.6 中低速磁浮噪声应符合下列规定:
1 车辆基地及停车场厂界噪声应符合现行国家标准《工业企业厂界环境噪声排放标准》(GB 12348)的有关规定。
2 列车运行噪声应符合现行行业标准《中低速磁浮交通车辆通用技术条件》(CJ/T 375)的有关规定。

3 车站站台内列车进、出站噪声应符合现行国家标准《城市轨道交通车站站台声学要求和测量方法》（GB 14227）的有关规定。

4 各类管理用房的环境噪声应符合现行国家标准《工业企业噪声控制设计规范》（GB/T 50087）的有关规定。

29.1.7 车辆电磁环境以及110kV及以上电压等级变电所运行产生的工频电场、工频磁场，应符合现行国家标准《电磁环境控制限值》（GB 8702）中相关公众曝露控制限值的规定。

29.1.8 车站、车辆基地及停车场污水排放应符合现行国家标准《污水综合排放标准》（GB 8978）和地方水污染物排放标准的有关规定。车辆冲洗用水应符合现行国家标准《城市污水再生利用 城市杂用水水质》（GB/T 18920）有关规定。

29.1.9 锅炉大气主要污染物排放浓度应符合现行国家标准《锅炉大气污染物排放标准》（GB 13271）及地方大气污染物排放标准规定；食堂操作间油烟排放浓度应符合现行国家标准《饮食业油烟排放标准》（GB 18483）规定。

29.2 规划环境保护

29.2.1 中低速磁浮交通工程规划应与城市发展规划、交通规划、城市轨道交通或城际铁路线网及建设规划、环境规划相符，并按环境保护要求，合理规划线路走向、线位布局及敷设方式。

29.2.2 规划设计应对规划环境影响评价结论和审查意见的采纳情况作出说明。

29.2.3 地上线路两侧分布有文教区、集中住宅区等社会关注区域时，线路宜沿城市既有或规划道路布置。风亭、冷却塔、变电所与环境敏感建筑之间的距离，应满足噪声防护要求。

条文说明

磁浮工程主要是高架线路的敷设方式，为了降低噪声、电磁、日照及景观等环境影响，规划线路经过文教区、集中住宅区附近时，线路宜沿城市既有或规划道路布置。风亭、冷却塔、变电所运行噪声，是中低速磁浮主要环境影响因子，其与环境敏感建筑之间的距离，应满足噪声防护要求。

29.3 工程环境保护

29.3.1 工程设计应结合工程项目特点及沿线环境条件，合理确定方案，预留环境防护距离。工程设计方案应符合环境影响报告及其批复意见要求。

29.3.2 建设经过已有或规划的噪声敏感建筑物集中区域的高架或地面线路,有可能造成环境噪声影响的,应当按照环境影响评价文件要求间隔一定距离,距线路外轨中心线不宜小于7.5m。

条文说明

参考长沙磁浮快线噪声源强,按照3辆编组、高峰时段列车运行时间间隔6min估算,中低速磁浮运行噪声(等效连续A声级)满足4a类标准[夜间55dB(A)]的达标距离约7.5m。

29.3.3 地上线路运行噪声贡献量不应超过排放标准限值,敏感点处的环境噪声,按照其所处声环境功能区,不应超过表29.3.3规定的环境噪声限值。

表29.3.3 地上线敏感点的环境噪声限值

声环境功能区类别		环境功能区特点	噪声限值[dB(A)]	
			昼间	夜间
0类		康复疗养区等特别需要安静的区域	50	40
1类		以居民住宅、医疗卫生、文化教育、科研设计、行政办公为主要功能,需要保持安静的区域	55	45
2类		以商业金融、集市贸易为主要功能,或者居住、商业、工业混杂,需要维护住宅安静的区域	60	50
3类		以工业生产、仓储物流为主要功能,需要防止工业噪声对周围环境产生严重影响的区域	65	55
4类	4a类	交通干线两侧一定距离之内,需要防止交通噪声对周围环境产生严重影响的区域	70	55
	4b类		70	60

注:表中声环境功能区类别适用区域由当地人民政府划定或认可。

29.3.4 地上风亭、冷却塔与敏感建筑之间的噪声防护距离,按照敏感建筑所处的声环境功能区,应符合表29.3.4的规定。当防护距离不能满足要求时,应在常规消声、降噪设计的基础上强化噪声防护措施。

表29.3.4 风亭、冷却塔距敏感建筑的噪声防护距离

声环境功能区类别	环境功能区特点	噪声防护距离(m)	噪声限值[dB(A)]	
			昼间	昼间
1类	以居民住宅、医疗卫生、文化教育、科研设计、行政办公为主要功能,需要保持安静的区域	≥30	55	45
2类	以商业金融、集市贸易为主要功能,或者居住、商业、工业混杂,需要维护住宅安静的区域	≥20	60	50

表 29.3.4（续）

声环境功能区类别		环境功能区特点	噪声防护距离 (m)	噪声限值 [dB (A)]	
				昼间	昼间
3 类		以工业生产、仓储物流为主要功能，需要防止工业噪声对周围环境产生严重影响的区域	≥10 *	65	55
4 类	4a 类	交通干线两侧一定距离之内，需要防止交通噪声对周围环境产生严重影响的区域	≥10 *	70	55
	4b 类		≥10 *	70	60

注：* 处于 3 类和 4 类声环境功能区的敏感建筑，最小噪声防护距离为 10m，在有条件的区域，不宜小于 15m。

29.3.5 车辆电磁环境应符合现行国家标准《电磁环境控制限值》（GB 8702）的规定。地面设置的 110kV 及以上电压等级的变电所应远离居民区等敏感建筑，其边界与敏感建筑的水平间距宜大于 30m，且不应小于 15m。

条文说明

中低速磁浮工程的环境保护设计应根据《环境保护法》和《建设项目环境保护管理条例》要求，落实环境影响报告及其批复意见提出的环保措施和要求。条文中按照现行标准给出了环境保护设计的参考防护距离，环境影响报告另有要求时，从其要求。

29.3.6 车辆基地应合理布局，试车线应避开声环境敏感建筑，对周边环境的影响应符合现行国家标准《声环境质量标准》（GB 3096）的规定。

条文说明

试车线声环境影响较为敏感，易引发公众担忧，在车辆基地布局时应予以重点考虑。

29.4 环境保护措施

29.4.1 环境保护措施应包括噪声控制、电磁防护、污水处理、生态保护、大气污染防治措施等。

条文说明

中低速磁浮工程环境保护措施为地上线（高架线、地面线）、地下线区间、车站、变电所、车辆基地、停车场（包括列车、设备及附属设施）所产生的噪声、电磁、水等污染防治措施和生态保护措施，以噪声防治、污水处理措施为主。测量表明磁浮列车运行振动很小，远小于环境标准限值，故不再要求采取减振措施。

29.4.2 环境保护措施应根据建设项目环境影响报告，以及环境保护主管部门批复意见所确认的环境保护目标及其污染防治要求确定。

29.4.3 防治污染的设施应当与主体工程同时设计、同时施工、同时投产使用。

条文说明

根据《环境保护法》，建设项目中防治污染的设施，应当与主体工程同时设计、同时施工、同时投产使用。防治污染的设施应当符合经批准的环境影响评价文件的要求，不得擅自拆除或者闲置。

29.4.4 工程设计应选择低噪声车辆，选用符合现行行业标准《工业通风机 噪声限值》（JB/T 8690）和《环境保护产品技术要求 低噪声型冷却塔》（HJ/T 385）规定的噪声限值的风机和冷却塔。

29.4.5 线路穿越已建、拟建居住、医疗、文教区时，线路宜沿城市既有道路或规划道路布置，且应与环境敏感建筑之间保持一定的防护距离。

条文说明

声环境保护措施分为主动噪声控制措施和被动噪声控制措施，从列车选型、预留防护距离等源头采取的噪声防治措施是主动噪声控制措施，是从根本上降低磁浮工程对沿线环境影响的关键，应作为设计的首选措施。当主动措施不能满足要求的情况下，方考虑从传播途径和受声点防护上降噪的被动噪声控制措施。

29.4.6 风亭、冷却塔及变电所应与环境敏感建筑之间保持一定的防护距离。防护距离不能满足要求时，应采取消声、隔声等综合降噪措施。

29.4.7 电磁防护措施应根据环境影响报告及其批复意见，进行电磁防护措施的设计。

条文说明

测量表明中低速磁浮电磁影响不超过相关标准限值，但从减少公众疑虑角度出发，电磁防护措施还应根据环境影响报告及其批复意见，采取进一步的措施。

29.4.8 110kV 及以上电压等级的变电所宜采用户内或地下建筑形式。

29.4.9 工程区域内有市政污水系统，且污水能纳入城市污水处理厂时，车站、车辆基地与停车场的生产生活污水应排入市政污水管道。

29.4.10 车站、车辆基地与停车场周围无市政污水系统时，应对污水进行处理，并达到国家和地方污水排放标准后排放。

条文说明

工程产生的生产及生活废水均须处理达到国家和地方污水排放标准后排放。

29.4.11 车辆基地与停车场生产废水应进行厂区内处理，并达到国家和地方标准后排放。

29.4.12 车辆基地洗车废水经处理后应循环利用，循环利用的冲洗用水水质应符合城市污水再生利用水质标准。

29.4.13 车辆基地及停车场冬季采暖宜采用城市集中供热系统，不具备集中供热条件时，应采用清洁能源供热设备。

条文说明

根据《中华人民共和国大气污染防治法》，城市建设应当统筹规划，在燃煤供热地区，推进热电联产和集中供热。在集中供热管网覆盖地区，禁止新建、扩建分散燃煤供热锅炉；已建成的不能达标排放的燃煤供热锅炉，应当在城市人民政府规定的期限内拆除。车辆基地及停车场设冬季采暖时，应首先考虑纳入城市集中供热系统。

29.4.14 使用锅炉供热时，污染物排放浓度应符合现行国家标准《锅炉大气污染物排放标准》（GB 13271）及地方标准的规定。

29.4.15 车辆基地及停车场食堂操作间应安装油烟净化设施，油烟排放浓度应符合现行国家标准《饮食业油烟排放标准》（GB 18483）的规定。

29.4.16 地上线区间、车站、车辆基地与停车场，以及风亭、冷却塔、变电所周围，宜采取植树绿化等生态保护措施。

29.4.17 车站、车辆基地及停车场产生的生活固体废物应纳入市政系统统一收集处理；车辆段及停车场产生的废蓄电池等危险废物应交具有相关资质的单位进行集中处置，危险废物暂存间设置应满足现行国家标准《危险废物贮存污染控制标准》（GB 18597）的要求。

附录 A 道岔基本型号及相关参数表

A.0.1 道岔的基本型号及相关参数应符合表 A.0.1 的要求。

表 A.0.1 道岔基本型号及相关参数表

类型	长度含垛梁（m）	道岔F型导轨轨距（m）	道岔允许通过速度	相邻岔位转换时间（s）	图样（尺寸单位：m）
8号单开道岔	32.646	1.86	侧线允许通过速度≤25km/h，直线允许通过速度≤120km/h	≤15	
12号单开道岔	45.012	1.86	侧线允许通过速度≤50km/h，直线允许通过速度≤120km/h	≤15	
三开道岔	32.646	1.86	侧线允许通过速度≤25km/h，直线允许通过速度≤120km/h	临位≤15；隔位≤25	
对开道岔	32.646	1.86	侧线允许通过速度≤25km/h	≤20	
单渡线道岔	62.597	1.86	侧线允许通过速度≤25km/h，直线允许通过速度≤120km/h	≤15	
交叉渡线	70.859	1.86	侧线允许通过速度≤25km/h，直线允许通过速度≤120km/h	≤15	

附录 B 车辆限界和直线地段设备限界计算方法

B.0.1 车辆限界是车辆在平直轨道线路上正常运行状态下，规定的车辆和轨道的公差值、磨耗量、弹性变形量，以及车辆的振动等正常状态下的各种限定因素而产生的车辆各部位横向和垂向动态偏移后的统计轨迹，并以基准坐标系表示的界线。

B.0.2 直线地段设备限界是在车辆限界基础上向外扩大一定安全间隙后形成的一条控制线，并且是以基准坐标系表示的界线。该安全间隙包含考虑车辆在故障发生瞬间引起偏移量超过正常运行时的部分和未计及因素的安全裕量。直线地段设备限界外安装的任何设备，包括安装误差值和柔性变形量在内，均不得向内侵入该界线。

B.0.3 故障失效工况
1 一端空气弹簧失气或过充。
2 一个悬浮架模块同侧两点同时吸死。
3 电磁铁横向偏移达到几何极限位移。
4 区间运行车门突然打开或救援开门。

B.0.4 限界计算参数应按表 B.0.4 定义与取值

表 B.0.4 限界计算参数定义及取值表

序号	符号	说　明	取　值
1	a	车辆第 2、第 5 位滑台中心纵向间距	8400mm
2	a_1	车辆同侧第 1、10 个空气弹簧中心纵向间距	13660mm
3	a_B	横向振动加速度	0.5m/s^2
4	a_q	未平衡离心加速度	0.4m/s^2
5	A_W	车体受风面积	41.1m^2
6	b_1	隧道右侧设备或支架最大宽度值	450mm
7	b_2	隧道左侧设备或支架最大宽度值	350mm
8	b_c	垂向滑橇中心线横向间距	1460mm
9	b_s	空气弹簧横向间距	1936mm
10	B_R	矩形隧道线路中心线至隧道建筑限界右侧面的距离	mm
11	B_L	矩形隧道线路中心线至隧道建筑限界左侧面的距离	mm

表 B.0.4（续）

序号	符号	说明	取值
12	B_S	矩形隧道直线建筑限界宽度	mm
13	B_a	建筑限界曲线外侧宽度	mm
14	B_i	建筑限界曲线内侧宽度	mm
15	c	设备安装误差值和安全间隙	50mm
16	c_s	空气弹簧的垂向刚度值	60/76/85N/mm（AW0/AW2/AW3）
17	e	横向滑撬与 F 型导轨磁极之间的间隙值	±15mm
18	f_1	空气弹簧高度调整阀不感度	±3mm
19	f_{XF}	额定悬浮间隙	8mm
20	g	重力加速度	9.81m/s²
21	h_{ac}	轨道超高值	最大 195mm
22	h'_{ac}	轨道超高设置方法系数	超高由提高外轨和降低内轨各半实现时 $h'_{ac}=0$；当超高由单独提高外轨时 $h'_{ac}=h_{ac}/2$
23	h_{cp}	F 型导轨磁极面距 F 型导轨滑撬支承面高度	80mm
24	h_{cs}	空气弹簧上支撑面距离 F 型导轨滑撬支承面高度	480mm
25	h_{dc}	欠超高值	最大 76mm
26	h_{sc}	车体（含载客）重心距离 F 型导轨滑撬支承面高度（AW3）	1560mm
27	h_{sj}	底架边梁（或滑台横梁）底面距离 F 型导轨滑撬支承面高度	740/480mm
28	h_{sw}	车体受风面积形心距离 F 型导轨滑撬支承面高度	2030mm
29	h'	建筑限界与设备限界之间预留空间的高度	至少 100mm
30	H_u	曲线建筑限界高度（距离 F 型导轨滑撬支承面）	mm
31	H_{cq}	车体侧墙高度	2740mm
32	$k_{\phi s}$	整车空气弹簧抗侧滚刚度	N·mm/rad（与空气弹簧刚度值相关）
33	L	轨距	1860mm
34	L_1	电磁铁内外极板中心线横向间距	192mm
35	L_m	悬浮架模块有效长度	2720mm
36	m	悬浮架模块计算断面距相邻横向滑撬的距离	横向滑撬之间最大值取 758mm，横向滑撬之外最大值取 602mm
37	m_B	含载客车体重量	22000kg（AW3）
38	m_z	载荷不对称的计算载客重量	2200kg
39	n	车体计算断面距相邻第 2 或第 5 位滑台中心的距离	2、5 位滑台之间最大值取 4200mm，2、5 位滑台之外最大值取 3300mm

表 B.0.4（续）

序号	符号	说　明	取　值
40	n_1	车体计算断面距相邻第1或第10个空气弹簧中心的距离	第1、10个空气弹簧之间取0，第1、10个空气弹簧之外最大值取670mm
41	n_s	车辆一侧空气弹簧平列数	10
42	p	悬浮架模块横向滑撬中心的纵向间距	1516mm
43	P_w	风压	400/600Pa
44	p'	悬浮架模块悬浮传感器中间探头的纵向间距	2476mm
45	R	线路水平曲线半径	最小75m
46	R_v	线路竖曲线半径	最小1500m
47	s	重力倾角附加系数	0.1463
48	v	车辆运行速度	最高100km/h
49	X	计算点的横坐标	mm
50	X_1	超高倾斜前曲线地段设备限界最大高度点的横坐标值	mm
51	X_2	超高倾斜前曲线地段设备限界曲线内侧最大宽度计算点的横坐标值	mm
52	X_3	超高倾斜前曲线地段设备限界曲线外侧最大宽度计算点的横坐标值	mm
53	X_{smax}	直线地段设备限界最大宽度点的横坐标值	mm
54	Y	计算点的纵坐标	mm
55	Y_1	超高倾斜前曲线地段设备限界最大高度点的纵坐标值	mm
56	Y_2	超高倾斜前曲线地段设备限界曲线内侧最大宽度计算点的纵坐标值	mm
57	Y_3	超高倾斜前曲线地段设备限界曲线外侧最大宽度计算点的纵坐标值	mm
58	α	轨道超高角	6°
59	μ	额定悬浮间隙误差	±2mm
60	δ_c	线路中心线垂向偏差	±5mm
61	δ_e	F型导轨垂向弹性变形量	−2mm
62	δ_h	横向滑撬横向磨耗	3mm
63	δ_w	垂向滑撬垂向磨耗	3mm
64	Δ_c	线路中心线横向偏差	±5mm
65	Δ_e	F型导轨横向弹性变形量	±1mm
66	Δh_1	左右F型导轨的相对高度误差	±2mm
67	Δh_2	左右F型导轨的相对高度弹性变化量	±1mm
68	Δf_1	悬浮状态内外电磁铁极板处悬浮间隙差值	2mm

表 B.0.4（续）

序号	符号	说明	取值
69	Δf_2	落车状态内外电磁铁极板处悬浮间隙差值	4mm
70	Δf_{pcj}	磁极悬浮间隙动态变化量	±4mm
71	Δf_s	空气弹簧垂向动挠度	±10mm
72	Δf_{sd}	空气弹簧失气下降或过充上升高度	−30/+30mm
73	ΔM_{t1}	车体半宽横向制造误差	−5mm，0
74	ΔM_{t2}	车体表面设备安装误差	±2mm
75	ΔM_{t3}	车体地板面未能补偿的高度误差值	±5mm
76	ΔM_{t4}	车体下部高度尺寸制造安装误差	±5mm
77	ΔM_{t5}	车体上部高度尺寸制造安装误差	±5mm
78	ΔM_{t6}	悬浮架横向制造误差	±2mm
79	ΔM_{t7}	悬浮架下部垂向制造误差	±2mm
80	Δw_1	空气弹簧横向弹性变形量	±26mm
81	Δx_{BP}	车体（或悬浮架）横向偏移量	mm
82	Δx_{Bq}	车体倾斜量	5mm
83	Δx_{cj}	悬浮架模块相对于 F 型导轨磁极的横向动态偏移量	±8mm
84	ΔY_{BPu}	车体（或悬浮架）垂向向上偏移量	mm
85	ΔY_{BPd}	车体（或悬浮架）垂向向下偏移量	mm

注：1. 整车空气弹簧抗侧滚刚度 $k_{\phi s}=0.5n_s c_s b_s^2$。计算时应选用合适的空气弹簧刚度。

2. 重力倾角附加系数 s，当车体受到外部力矩作用而发生倾角 β 时，由于车体重心偏离原来位置，重力 $m_B g$ 产生附加力矩 $m_B g \cdot (h_{sc}-h_{cs}) \cdot \beta$，而增加的倾角 $\dfrac{m_B g \cdot (h_{sc}-h_{cs}) \cdot \beta}{k_{\phi s}}$ 与原来的倾角 β 相加得

$$\left[\frac{m_B g \cdot (h_{sc}-h_{cs}) \cdot \beta}{k_{\phi s}}+\beta\right]=\left[\frac{m_B g \cdot (h_{sc}-h_{cs})}{k_{\phi s}}+1\right] \cdot \beta = (1+s) \cdot \beta, \quad s=\frac{m_B g \cdot (h_{sc}-h_{cs})}{k_{\phi s}}。$$

B.0.5 车辆限界计算公式

1 车体及安装部件

1）正常运行状态车体横向偏移和车体侧滚同向

（1）横向：

$$\Delta x_{BP} = 100 m_z g \cdot (1+s) \cdot \frac{y-h_{cs}}{k_{\phi s}} + \Delta_e + \Delta w_1 \cdot \frac{2n_1+a_1}{a_1} + \frac{\Delta h_2}{L} \cdot |y-h_{cs}| +$$

$$\sqrt{(\Delta M_{t1})^2 + (\Delta M_{t2})^2 + (\Delta_c)^2 + \left[\frac{\Delta x_{Bq}}{H_{cq}}(y-h_{sj})\right]^2 + \left[\frac{\Delta h_1}{L} \cdot (y-h_{cs}) \cdot (1+s)\right]^2 + \left[A_W P_W (1+s) \cdot (y-h_{cs}) \cdot \frac{h_{sw}-h_{cs}}{k_{\phi s}}\right]^2 + \left[m_B a_B (1+s) \cdot (y-h_{cs}) \cdot \frac{h_{sc}-h_{cs}}{k_{\phi s}}\right]^2 + (\Delta x_{cj})^2}$$

(B.0.5-1)

(2) 垂向向上：

$$\Delta y_{BPu} = f_1 + \sqrt{(\Delta M_{t3})^2 + (\Delta M_{t5})^2 + (\delta_c)^2 + \mu^2 + \left(\Delta f_s \frac{2n_1 + a_1}{a_1}\right)^2} - 100 m_z g \cdot (1+s) \cdot \frac{x}{k_{\phi s}} - \frac{\Delta h_2}{L} \cdot x -$$

$$\sqrt{\left(\frac{\Delta x_{Bq}}{H_{cq}} x\right)^2 + \left[\frac{\Delta h_1}{L} \cdot x(1+s)\right]^2 + \left[A_W P_W (1+s) \cdot x \cdot \frac{h_{sw} - h_{cs}}{k_{\phi s}}\right]^2 + \left[m_B a_B (1+s) \cdot x \cdot \frac{h_{sc} - h_{cs}}{k_{\phi s}}\right]^2}$$

（如果小于 0，则取 0） (B.0.5-2)

(3) 垂向向下：

$$\Delta y_{BPd} = \delta_e + f_1 + 100 m_z g \cdot (1+s) \cdot \frac{x}{k_{\phi s}} + \frac{\Delta h_2}{L} \cdot x +$$

$$\sqrt{(\Delta M_{t3})^2 + (\Delta M_{t4})^2 + (\delta_c)^2 + \mu^2 + \left(\frac{\Delta x_{Bq}}{H_{cq}} \cdot x\right)^2 + \left[\frac{\Delta h_1}{L} \cdot x(1+s)\right]^2 + \left[A_W P_W (1+s) \cdot x \cdot \frac{h_{sw} - h_{cs}}{k_{\phi s}}\right]^2 + \left[m_B a_B (1+s) \cdot x \cdot \frac{h_{sc} - h_{cs}}{k_{\phi s}}\right]^2 + \left(\Delta f_s \frac{2n_1 + a_1}{a_1}\right)^2}$$

(B.0.5-3)

注：① 计算 $\frac{2n_1 + a_1}{a_1}$，计算断面在第 2、5 滑台中心线之内时，计算公式中 n_1 取 0。

② 此处假定空气弹簧的垂向刚度线性变化，实际上车体横向位移受横向止挡的限制，车体垂向位移受空气弹簧下面的应急弹簧（垂向止挡）限制。实际上此数值是非线性变化的，当横向和竖向位移超过一定的数值后就会碰上止挡，使得车辆的抗侧滚刚度大大提高，为了简化计算，采用线性变化，这样使得计算出的偏移量比实际的偏移量大，计算结果偏于安全。

2）正常运行状态车体横向偏移和车体侧滚反向

(1) 横向：

$$\Delta x_{BP} = \Delta w_1 \cdot \frac{2n_1 + a_1}{a_1} + \Delta_e + \sqrt{(\Delta M_{t1})^2 + (\Delta M_{t2})^2 + (\Delta_c)^2 + (\Delta x_{cj})^2} -$$

$$100 m_z g \cdot (1+s) \cdot \frac{y - h_{cs}}{k_{\phi s}} - \frac{\Delta h_2}{L} \cdot |y - h_{cs}| -$$

$$\sqrt{\left[\frac{\Delta x_{Bq}}{H_{cq}}(y - h_{sj})\right]^2 + \left[\frac{\Delta h_1}{L} \cdot (y - h_{cs}) \cdot (1+s)\right]^2 + \left[A_W P_W (1+s) \cdot (y - h_{cs}) \cdot \frac{h_{sw} - h_{cs}}{k_{\phi s}}\right]^2 + \left[m_B a_B (1+s) \cdot (y - h_{cs}) \cdot \frac{h_{sc} - h_{cs}}{k_{\phi s}}\right]^2}$$

(B.0.5-4)

(2) 垂向向上：

$$\Delta y_{BPu} = f_1 + 100 m_z g \cdot (1+s) \cdot \frac{x}{k_{\phi s}} + \frac{\Delta h_2}{L} \cdot x +$$

$$\sqrt{\begin{array}{l}(\Delta M_{t3})^2 + (\Delta M_{t5})^2 + (\delta_c)^2 + \mu^2 + \left(\frac{\Delta x_{Bq}}{H_{cq}} x\right)^2 + \left[\frac{\Delta h_1}{L} \cdot x(1+s)\right]^2 + \\ \left[A_W P_W (1+s) \cdot x \cdot \frac{h_{sw} - h_{cs}}{k_{\phi s}}\right]^2 + \left[m_B a_B (1+s) \cdot x \cdot \frac{h_{sc} - h_{cs}}{k_{\phi s}}\right]^2 + \left(\Delta f_s \frac{2n_1 + a_1}{a_1}\right)^2\end{array}}$$

(B.0.5-5)

(3) 垂向向下：

$$\Delta y_{BPd} = f_1 + \delta_e + \sqrt{(\Delta M_{t3})^2 + (\Delta M_{t4})^2 + (\delta_c)^2 + \mu^2 + \left(\Delta f_s \frac{2n_1 + a_1}{a_1}\right)^2} -$$

$$100 m_z g \cdot (1+s) \cdot \frac{x}{k_{\phi s}} - \frac{\Delta h_2}{L} \cdot x -$$

$$\sqrt{\left(\frac{\Delta x_{Bq}}{H_{cq}} x\right)^2 + \left[\frac{\Delta h_1}{L} \cdot x(1+s)\right]^2 + \left[A_W P_W (1+s) \cdot x \cdot \frac{h_{sw} - h_{cs}}{k_{\phi s}}\right]^2 + \left[m_B a_B (1+s) \cdot x \cdot \frac{h_{sc} - h_{cs}}{k_{\phi s}}\right]^2}$$

（如果小于0，则取0） (B.0.5-6)

3）落车状态

(1) 横向：

$$\Delta x_{BP} = 100 m_z g \cdot (1+s) \cdot \frac{y - h_{cs}}{k_{\phi s}} + \Delta_e + \frac{\Delta h_2}{L} \cdot |y - h_{cs}| +$$

$$\sqrt{\begin{array}{l}(\Delta M_{t1})^2 + (\Delta M_{t2})^2 + (\Delta_c)^2 + \left[\frac{\Delta x_{Bq}}{H_{cq}}(y - h_{sj})\right]^2 + \\ \left[A_W P_W (1+s) \cdot (y - h_{cs}) \cdot \frac{h_{sw} - h_{cs}}{k_{\phi s}}\right]^2 + \left[\frac{\Delta h_1}{L} \cdot (y - h_{cs}) \cdot (1+s)\right]^2\end{array}}$$

(B.0.5-7)

(2) 垂向向下：

$$\Delta y_{BPd} = f_1 + \delta_e + f_{XF} + \delta_w + 100 m_z g \cdot (1+s) \cdot \frac{x}{k_{\phi s}} + \frac{\Delta h_2}{L} \cdot x +$$

$$\sqrt{\begin{array}{l}(\Delta M_{t3})^2 + (\Delta M_{t4})^2 + (\delta_c)^2 + \mu^2 + \left(\frac{\Delta x_{Bq}}{H_{cq}} \cdot x\right)^2 + \left[\frac{\Delta h_1}{L} \cdot x(1+s)\right]^2 + \\ \left[A_W P_W (1+s) \cdot x \cdot \frac{h_{sw} - h_{cs}}{k_{\phi s}}\right]^2\end{array}}$$

(B.0.5-8)

注：落车状态只考虑横向偏移与侧滚同向的情况。

2 悬浮架及安装部件

1) 正常运行状态

（1）横向：

$$\Delta x_{BP} = \Delta x_{cj} + \Delta_e + \frac{\Delta h_2}{L} \cdot (y + h_{cp}) + \sqrt{\Delta_c^2 + (\Delta M_{t6})^2 + \left[\frac{\Delta h_1}{L} \cdot (y + h_{cp})\right]^2 + \left[\frac{\Delta f_1}{L_1} \cdot (y + h_{cp})\right]^2} \quad (B.0.5\text{-}9)$$

（2）垂向向上：

$$\Delta y_{BPu} = \frac{\Delta h_2}{L} \cdot x + \sqrt{(\Delta M_{t7})^2 + \delta_c^2 + \mu^2 + \left(\frac{\Delta h_1}{L} \cdot x\right)^2 + (\Delta f_{pcj})^2} \quad (B.0.5\text{-}10)$$

（3）垂向向下：

$$\Delta y_{BPd} = \delta_e + \frac{\Delta h_2}{L} \cdot x + \sqrt{(\Delta M_{t7})^2 + \left[\frac{\Delta f_1}{L_1} \cdot \left(x - \frac{L}{2}\right)\right]^2_{\geq \Delta f_{pcj}} + \delta_c^2 + \left(\frac{\Delta h_1}{L} \cdot x\right)^2 + \mu^2} \quad (B.0.5\text{-}11)$$

注：当 $x < \frac{L}{2}$，$\frac{\Delta f_1}{L_1} \cdot \left(x - \frac{L}{2}\right) = \Delta f_{pcj}$，当 $x > \frac{L}{2}$，$\frac{\Delta f_1}{L_1} \cdot \left(x - \frac{L}{2}\right)$ 取值不小于 Δf_{pcj}。

2) 落车状态

（1）横向：

$$\Delta x_{BP} = \Delta_e + \frac{\Delta h_2}{L} \cdot y + \sqrt{\Delta_c^2 + (\Delta M_{t6})^2 + \left(\frac{\Delta h_1}{L} \cdot y\right)^2 + \left(\frac{\Delta f_2}{L_1} \cdot y\right)^2} \quad (B.0.5\text{-}12)$$

（2）垂向向下：

$$\Delta y_{BPd} = \delta_e + \frac{\Delta h_2}{L} \cdot x + \delta_w + f_{XF} + \sqrt{(\Delta M_{t7})^2 + \left[\frac{\Delta f_2}{L_1} \cdot \left(x - \frac{b_c}{2}\right)\right]^2 + \delta_c^2 + \left(\frac{\Delta h_1}{L} \cdot x\right)^2} \quad (B.0.5\text{-}13)$$

注：当 $x < \frac{b_c}{2}$，$\frac{\Delta f_1}{L_1} \cdot \left(x - \frac{b_c}{2}\right) = 0$。

根据上述计算公式选取各点在横向、垂向向上或向下偏移量的最大值构成车辆限界。

B.0.6 直线地段设备限界计算原则

车辆限界与直线地段设备限界的安全间隙取值原则应符合以下要求：

（1）车体顶部向上60mm（含竖曲线偏移量）。

（2）车顶与车体肩部的过渡线相距60~100mm。

（3）车体肩部横向间距应为100mm。

（4）侧墙安全间隙从车体肩部100~30mm递减。

（5）车体底架边梁横向间距应为30mm。

（6）车体底架边梁向下间距应为50mm。

（7）底架悬挂设备向下应为50mm构成设备限界。

（8）悬浮架部分横向及垂向间距应为15~30mm。

（9）当故障工况引起的附加偏移量超出车辆限界与直线地段设备限界之间的安全间隙值，应在直线地段设备限界考虑超出安全间隙部分的偏移量。

1　故障工况1　附加偏移量计算

车体及安装部件偏移量计算如下。

垂向向上或向下：

$$\Delta y_{BPu} \text{或} \Delta y_{BPd} = \Delta f_{sd} - \Delta f_s \frac{2n_1 + a_1}{a_1} \quad (B.0.6\text{-}1)$$

2　故障工况2　附加偏移量计算

悬浮架及安装部件偏移量计算如下。

垂向向上：

$$\Delta y_{BPu} = f_{XF} - \Delta f_{pcj} - \mu \quad (B.0.6\text{-}2)$$

3　故障工况3　附加偏移量计算

（1）车体及安装部件偏移量（横向）：

$$\Delta x_{BP} = (e + \delta_h - \Delta x_{cj}) \cdot \frac{2n_1 + a_1}{a_1} \quad (B.0.6\text{-}3)$$

（2）悬浮架及安装部件偏移量（横向）：

$$\Delta x_{BP} = (e + \delta_h - \Delta x_{cj}) \cdot \frac{2m + p}{p} \quad (B.0.6\text{-}4)$$

4　故障工况4　附加偏移量计算

按照B.0.5节第1条的计算公式进行开门状态下车门控制点车辆限界的计算，超出直线地段设备限界与车辆限界之间安全间隙的部分在直线地段设备限界中考虑。

附录C 曲线地段设备限界计算方法

C.0.1 曲线几何偏移引起设备限界的偏移量计算式

1 车体部分横向加宽量

曲线外侧：

$$T_a = \frac{n(a+n)}{2R} + \frac{L_m^2 - p^2}{8R} \tag{C.0.1-1}$$

曲线内侧：

$$T_i = \frac{n(a-n)}{2R} + \frac{p^2}{8R} \tag{C.0.1-2}$$

2 车体部分竖向加高或降低量

（1）凸曲线：

加高量：

$$T_a' = \frac{n(a+n)}{2R_V} + \frac{L_m^2 - (p')^2}{8R_V} \tag{C.0.1-3}$$

降低量：

$$T_i' = \frac{n(a-n)}{2R_V} + \frac{(p')^2}{8R_V} \tag{C.0.1-4}$$

（2）凹曲线：

加高量：

$$T_a' = \frac{n(a-n)}{2R_V} + \frac{(p')^2}{8R_V} \tag{C.0.1-5}$$

降低量：

$$T_i' = \frac{n(a+n)}{2R_V} + \frac{L_m^2 - (p')^2}{8R_V} \tag{C.0.1-6}$$

注：① 2、5位滑台由于空气弹簧高度调节阀的作用，通过竖曲线时此两点高度不变。

② 悬浮传感器中间探头位置的悬浮间隙为额定值。

③ 由于竖曲线几何参数引起竖向的加高或降低量很小，如果在直线地段设备限界中已考虑，车体部分竖向加高或降低量可不计算。

3 悬浮架部分横向加宽

曲线外侧：

$$T_a = \frac{m(p+m)}{2R} \tag{C.0.1-7}$$

曲线内侧：

$$T_i = \frac{m(p-m)}{2R} \tag{C.0.1-8}$$

4 悬浮架部分竖向加高或降低量

由于竖曲线半径很大，由竖曲线几何参数引起悬浮架部分竖向的加高或降低量很小，而且在直线地段设备限界中已考虑，可不考虑。

C.0.2 超高与欠超高引起设备限界的偏移量计算式

1 车体横向加宽量

（1）曲线内侧：

$$\Delta X_{Qi} = \frac{h_{ac}}{L} \cdot m_B \cdot g \cdot \frac{h_{sc} - h_{cs}}{k_{\phi s}} \cdot (1+s) \cdot (y - h_{cs}) \tag{C.0.2-1}$$

（2）曲线外侧：

$$\Delta X_{Qa} = \frac{h_{dc}}{L} \cdot m_B \cdot g \cdot \frac{h_{sc} - h_{cs}}{k_{\phi s}} \cdot (1+s) \cdot (y - h_{cs}) \tag{C.0.2-2}$$

$$h_{dc} = L \cdot \frac{a_q}{g} \tag{C.0.2-3}$$

$$a_q = \frac{(v/3.6)^2}{R} - g \cdot \frac{h_{ac}}{L} \tag{C.0.2-4}$$

注：h_{ac} 为超高值，h_{dc} 为欠超高值，a_q 为未平衡离心加速度。

2 车体竖向加高或降低量

（1）由超高引起车体的加高或降低量：

$$\Delta Y_{Qi} = -\frac{h_{ac}}{L} \cdot m_B \cdot g \cdot \frac{h_{sc} - h_{cs}}{k_{\phi s}} \cdot (1+s) \cdot X + h'_{ac} \tag{C.0.2-5}$$

注：①曲线内侧车体降低，此时 X 取正值，曲线外侧车体加高，此时 X 取负值。
②h'_{ac} 为超高设置系数，当超高由提高外轨和降低内轨各半实现时 $h'_{ac} = 0$，当超高单独由提高外轨实现时 $h'_{ac} = h_{ac}/2$。

（2）由欠超高引起车体的加高或降低量：

$$\Delta Y_{Qa} = \frac{h_{dc}}{L} \cdot m_B \cdot g \cdot \frac{h_{sc} - h_{cs}}{k_{\phi s}} \cdot (1+s) \cdot X \tag{C.0.2-6}$$

注：曲线内侧车体加高，此时 X 取正值，曲线外侧车体降低，此时 X 取负值。

C.0.3 曲线地段设备限界总的加宽、加高及降低量计算式

1 车体横向加宽量

（1）曲线外侧：

$$\Delta X_a = T_a + \Delta X_{Qa} \tag{C.0.3-1}$$

（2）曲线内侧：

$$\Delta X_i = T_i + \Delta X_{Qi} \tag{C.0.3-2}$$

2 车体竖向加高或降低量
(1) 由超高引起：

$$\Delta Y_i = \Delta Y_{Qi} + T'_a (\text{或 } T'_i) \quad \text{(C.0.3-3)}$$

(2) 由欠超高引起：

$$\Delta Y_a = \Delta Y_{Qa} + T'_a (\text{或 } T'_i) \quad \text{(C.0.3-4)}$$

注：当竖曲线偏移量已经在直线地段设备限界中考虑时，取 T'_a（或 T'_i）=0。

3 悬浮架横向加宽量
(1) 曲线外侧：

$$\Delta X_a = T_a \quad \text{(C.0.3-5)}$$

(2) 曲线内侧：

$$\Delta X_i = T_i \quad \text{(C.0.3-6)}$$

4 当设备限界左右对称时
(1) 曲线超高（有横坡角）区段：

$$\Delta X_a = \Delta X_i = T_a + \Delta X_{Qa} \text{ 或 } T_i + \Delta X_{Qi} \text{ 中取较大值} \quad \text{(C.0.3-7)}$$

$$\Delta Y_a = \Delta Y_i = \Delta Y_{Qa} + T'_a(\text{或 } T'_i) \text{ 或 } \Delta Y_{Qi} + T'_a(\text{或 } T'_i) \text{ 中较大值} \quad \text{(C.0.3-8)}$$

(2) 曲线无超高（无横坡角）区段：

$$\Delta X_a = \Delta X_i = T_a + \Delta X_{Qa} \quad \text{(C.0.3-9)}$$

$$\Delta Y_a = \Delta Y_i = \Delta Y_{Qa} + T'_a(\text{或 } T'_i) \quad \text{(C.0.3-10)}$$

附录 D 中低速磁浮列车直线地段限界图及限界坐标

D.0.1 中低速磁浮列车直线地段限界图

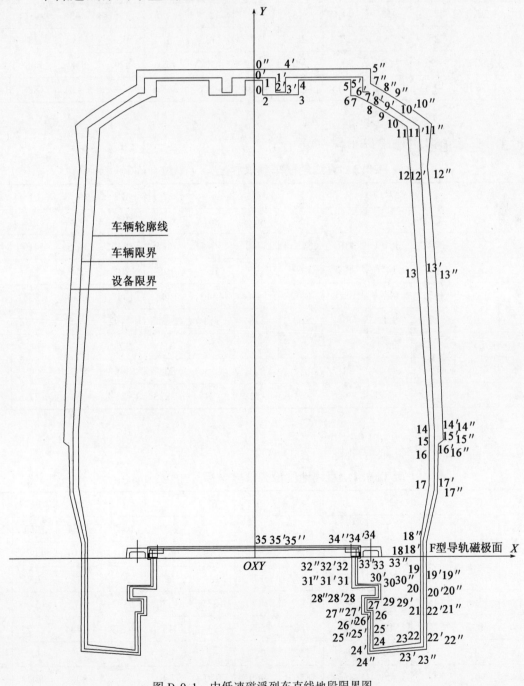

图 D.0.1 中低速磁浮列车直线地段限界图

D.0.2 车辆轮廓线坐标（表 D.0.2）

表 D.0.2 车辆轮廓线坐标（单位：mm）

控制点	0	1	2	3	4	5	6	7	8	9	10	11
X 坐标	0	68	68	352	352	768	768	802	914	1028	1123	1221
Y 坐标	3713	3713	3598	3598	3713	3713	3588	3588	3536	3475	3415	3345
控制点	12	13	14	15	16	17	18	19	20	21	22	23
X 坐标	1246	1304	1398	1400	1400	1400	1330	1330	1330	1330	1330	1140
Y 坐标	3012	2236	968	941	848	568	124	−27	−181	−436	−674	−695
控制点	24	25	26	27	28	29	30	31	32	33	34	35
X 坐标	950	950	950	900	900	1012	1012	820	820	848	848	0
Y 坐标	−716	−562	−415	−415	−330	−330	−206	−206	−8	−8	88	88

D.0.3 直线地段车辆限界坐标（表 D.0.3）

表 D.0.3 直线地段车辆限界坐标（单位：mm）

控制点	0′	1′	2′	3′	4′	5′	6′	7′	8′	9′	10′	11′
X 坐标	0	170	167	253	253	867	867	901	1012	1124	1218	1314
Y 坐标	3733	3731	3616	3618	3733	3740	3615	3615	3546	3475	3415	3345
控制点	12′	13′	14′	15′	16′	17′	18′	19′	20′	21′	22′	23′
X 坐标	1332	1373	1442	1444	1442	1440	1346	1345	1347	1350	1353	1116
Y 坐标	3012	2236	928	901	808	528	113	−38	−192	−464	−702	−719
控制点	24′	25′	26′	27′	28′	29′	30′	31′	32′	33′	34′	35′
X 坐标	926	929	931	881	881	993	995	803	805	833	832	0
Y 坐标	−736	−551	−426	−426	−319	−319	−217	−223	3	3	77	73

D.0.4 直线地段设备限界坐标（表 D.0.4）

表 D.0.4 直线地段设备限界坐标（单位：mm）

控制点	0″	1″	2″	3″	4″	5″	6″	7″	8″	9″	10″	11″
X 坐标	0					927		927	1047	1164	1264	1414
Y 坐标	3793					3801		3676	3601	3539	3481	3365
控制点	12″	13″	14″	15″	16″	17″	18″	19″	20″	21″	22″	23″
X 坐标	1386	1455	1511	1474	1472	1470	1371	1370	1372	1375	1378	1091
Y 坐标	3032	2256	907	881	788	508	93	−58	−212	−484	−722	−739
控制点	24″	25″	26″	27″	28″	29″	30″	31″	32″	33″	34″	35″
X 坐标	901	904	906	856	856	968	970	778	780	808	807	0
Y 坐标	−756	−531	−446	−446	−299	−299	−237	−243	6	8	62	58

本规范用词说明

1 为便于在执行本规范条文时区别对待,对于要求严格程度不同的用词说明如下:
(1) 表示很严格,非这样做不可的用词:
正面词采用"必须",反面词采用"严禁"。
(2) 表示严格,在正常情况下均应这样做的用词:
正面词采用"应",反面词采用"不应"或"不得"。
(3) 表示允许稍有选择,在条件许可时首先应这样做的用词:
正面词采用"宜",反面词采用"不宜"。
(4) 表示有选择,在一定条件下可以这样做的,采用"可"。
2 条文中应按其他标准、规范执行的写法为:"按……执行"或"应符合……的规定"。

引用标准规范名录

1 《建筑结构荷载规范》（GB 50009）
2 《混凝土结构设计规范》（GB 50010）
3 《建筑抗震设计规范》（GB 50011）
4 《室外给水设计规范》（GB 50013）
5 《室外排水设计规范》（GB 50014）
6 《建筑给水排水设计规范》（GB 50015）
7 《建筑设计防火规范》（GB 50016）
8 《工业建筑供暖通风与空气调节设计规范》（GB 50019）
9 《建筑照明设计标准》（GB 50034）
10 《工业循环冷却水处理设计规范》（GB 50050）
11 《供配电系统设计规范》（GB 50052）
12 《20kV 及以下变电所设计规范》（GB 50053）
13 《低压配电设计规范》（GB 50054）
14 《通用用电设备配电设计规范》（GB 50055）
15 《建筑物防雷设计规范》（GB 50057）
16 《3~110kV 高压配电装置设计规范》（GB 50060）
17 《自动喷水灭火系统设计规范》（GB 50084）
18 《地下工程防水技术规范》（GB 50108）
19 《铁路工程抗震设计规范》（GB 50111）
20 《火灾自动报警系统设计规范》（GB 50116）
21 《内河通航标准》（GB 50139）
22 《建筑灭火器配置设计规范》（GB 50140）
23 《地铁设计规范》（GB 50157）
24 《数据中心设计规范》（GB 50174）
25 《公共建筑节能设计标准》（GB 50189）
26 《电力工程电缆设计标准》（GB 50217）
27 《建筑内部装修设计防火规范》（GB 50222）
28 《城市轨道交通岩土工程勘察规范》（GB 50307）
29 《建筑物电子信息系统防雷技术规范》（GB 50343）

30	《气体灭火系统设计规范》	（GB 50370）
31	《城市轨道交通技术规范》	（GB 50490）
32	《民用建筑供暖通风与空气调节设计规范》	（GB 50736）
33	《无障碍设计规范》	（GB 50763）
34	《消防给水及消火栓系统技术规范》	（GB 50974）
35	《建筑机电工程抗震设计规范》	（GB 50981）
36	《建筑防烟排烟系统设计标准》	（GB 51251）
37	《城市区域环境振动标准》	（GB 10070）
38	《电能质量供电电压允许偏差》	（GB 12325）
39	《工业企业厂界环境噪声排放标准》	（GB 12348）
40	《锅炉大气污染物排放标准》	（GB 13271）
41	《地下铁道车站站台噪声限值》	（GB 14227）
42	《恶臭污染物排放标准》	（GB 14554）
43	《城市轨道交通列车噪声限值和测量方法》	（GB 14892）
44	《自动扶梯和自动人行道的制造与安装安全规范》	（GB 16899）
45	《饮食业油烟排放标准》	（GB 18483）
46	《中小型三相异步电动机能效限定值及能效等级》	（GB 18613）
47	《声环境质量标准》	（GB 3096）
48	《生活饮用水卫生标准》	（GB 5749）
49	《电梯制造与安装安全规范》	（GB 7588）
50	《污水综合排放标准》	（GB 8978）
51	《电力装置的继电保护和自动装置设计规范》	（GB/T 50062）
52	《交流电气装置的过电压保护和绝缘配合设计规范》	（GB/T 50064）
53	《交流电气装置的接地设计规范》	（GB/T 50065）
54	《普通混凝土长期性能和耐久性试验方法》	（GB/T 50082）
55	《智能建筑设计标准》	（GB/T 50314）
56	《混凝土结构耐久性设计规范》	（GB/T 50476）
57	《城市轨道交通工程安全控制技术规范》	（GB/T 50839）
58	《城市区域环境噪声适用区划分技术规范》	（GB/T 15190）
59	《城市轨道交通照明》	（GB/T 16275）
60	《一般工业用铝及铝合金板、带材》	（GB/T 3880）
61	《城市轨道交通屏蔽门系统》	（CJJ 183）
62	《中低速磁浮交通供电技术规范》	（CJJ/T 256）
63	《民用建筑电气设计规范》	（JGJ 16）
64	《城市道路和建筑物无障碍设计规范》	（JGJ 50）
65	《铁路路基工程地基处理技术规程》	（TB 10106）
66	《铁路特殊路基设计规范》	（TB 10035）

67	《铁路混凝土结构耐久性设计规范》(TB 10005)	
68	《铁路路基设计规范》(TB 10001)	
69	《铁路桥涵设计基本规范》(TB 10002.1)	
70	《铁路桥梁钢结构设计规范》(TB 10002.2)	
71	《铁路桥涵钢筋混凝土和预应力混凝土结构设计规范》(TB 10002.3)	
72	《铁路桥涵混凝土与砌体结构设计规范》(TB 10002.4)	
73	《铁路桥涵地基和基础设计规范》(TB 10002.5)	
74	《铁路隧道设计规范》(TB 10003)	
75	《铁路通信设计规范》(TB 10006)	
76	《铁路给水排水设计规范》(TB 10010)	
77	《铁路路基支挡结构设计规范》(TB 10025)	
78	《城市轨道交通站台屏蔽门》(CJ/T 236)	
79	《中低速磁浮交通车辆通用技术条件》(CJ/T 375)	
80	《中低速磁浮交通道岔系统设备技术条件》(CJ/T 412)	
81	《中低速磁浮交通轨排通用技术条件》(CJ/T 413)	
82	《液压电梯》(JG 5071)	
83	《500kV送变电工程电磁辐射环境影响评价技术规范》(HJ/T 24)	

涉及专利和专有技术名录

国家专利

[1] 中铁第四勘察设计院集团有限公司. 中低速磁浮系统F型钢连接结构：201410775500.2[P]. 2014-12-15.

[2] 中铁第四勘察设计院集团有限公司. 中低速磁浮弹性不分开式扣件：201420795622.3[P]. 2014-12-15.

[3] 中铁第四勘察设计院集团有限公司. 中低速磁浮系统F型钢双缝连接接头：201420795592.6[P]. 2014-12-15.

[4] 中铁第四勘察设计院集团有限公司. 中低速磁浮轨道轨排设计制造及施工的一体化处理方法：201511021666.6[P]. 2015-12-30.

[5] 中铁第四勘察设计院集团有限公司. 用于F型钢的连接接头：201521130450.9[P]. 2015-12-30.

[6] 中铁磁浮交通投资建设有限公司. 一种中低速磁浮轨排连接扣件：201821604623.X[P]. 2018-09-29.

[7] 中铁磁浮交通投资建设有限公司. 一种梁-轨一体化中低速磁浮轨道梁：201811198848.4[P]. 2019-03-12.

[8] 中铁磁浮交通投资建设有限公司. 一种梁-轨一体化中低速磁浮轨道梁：201811197803.5[P]. 2019-01-18.

[9] 中铁磁浮交通投资建设有限公司. 一种梁-轨一体化结构及具有该结构的中低速磁浮轨道梁：201811198865.8[P]. 2019-01-18.

[10] 中铁磁浮交通投资建设有限公司. 中低速磁浮桥梁大位移伸缩装置的铰接横向移动装置：201811141791.4[P]. 2018-12-18.

[11] 中铁磁浮交通投资建设有限公司. 中低速磁浮桥梁大位移伸缩装置的纵梁滑动装置：201811141806.7[P]. 2018-12-18.

[12] 中铁磁浮交通投资建设有限公司. 中低速磁浮轨道梁大位移伸缩装置：201811141810.3[P]. 2018-12-18.

[13] 中铁磁浮交通投资建设有限公司. 中低速磁浮桥梁大位移伸缩装置的模块化轨排：201811141812.2[P]. 2018-12-18.

[14] 中铁磁浮交通投资建设有限公司. 中低速磁浮桥梁大位移模块化伸缩装置的多自由度支座：201811141826.4[P]. 2018-12-18.

[15] 中铁磁浮交通投资建设有限公司. 中低速磁浮桥梁大位移伸缩装置的X形连杆装置：201811143141.3［P］. 2018-12-18.

[16] 中铁磁浮交通投资建设有限公司. 中低速磁浮桥梁大位移模块化伸缩装置的简支纵梁结构：201811143157.4［P］. 2018-12-18.

[17] 中铁第四勘察设计院集团有限公司. 一种用于中低速磁浮交通工程填方地段的低置线路结构：201510092813.2［P］. 2016-06.

[18] 中铁第四勘察设计院集团有限公司. 一种中低速磁浮交通工程低置线路实心式承轨梁结构：201620799589.0［P］. 2017-01.

[19] 中铁第四勘察设计院集团有限公司. 中低速磁浮低置线路连续框架式承轨梁结构及其施工方法：201410764588.8［P］. 2016-05.

[20] 中铁磁浮交通投资建设有限公司. 一种磁浮轨道交通弹性支撑承轨梁：201821856239.9［P］. 2018-11.

[21] 中铁第四勘察设计院集团有限公司. 中低速磁浮交通工程低置线路单线地段承轨梁节间限位结构：201610284857.X［P］. 2018-07.

[22] 中铁第四勘察设计院集团有限公司. 中低速磁浮交通工程低置线路双线地段承轨梁节间限位结构：201620388161.7［P］. 2016-09.

[23] 中铁磁浮交通投资建设有限公司. 一种磁浮交通低置结构地段轨道梁节间限位传力构造：201821363655.5［P］. 2018-08.

[24] 中铁磁浮交通投资建设有限公司. 一种磁浮交通低置结构地段轨道梁节间限位传力构造：201821364174.6［P］. 2018-08.

[25] 中铁第四勘察设计院集团有限公司. 中低速磁浮低置线路承轨梁与路基沉降脱空值监测装置：201610039956.1［P］. 2018-01.

[26] 中铁第四勘察设计院集团有限公司. 一种中低速磁浮交通工程承轨梁低置线路与高架桥过渡段结构：201610039790.3［P］. 2017-04.

[27] 中铁磁浮交通投资建设有限公司. 一种磁浮轨道交通低置结构地段线间排水构造：201821363618.4［P］. 2018-08.

[28] 中铁第四勘察设计院集团有限公司. 一种适用于磁浮工程的接地轨系统：201520696801.6［P］. 2016-01-06.

[29] 中铁第四勘察设计院集团有限公司. 一种用于磁浮轨道交通的直流接地保护装置：201521136448.2［P］. 2016-01-01.

本文件的发布机构提请注意，声明符合本文件时，可能涉及相关专利的使用。

本文件的发布机构对于该专利的真实性、有效性和范围无任何立场。

该专利持有人已向本文件的发布机构保证，他愿意同任何申请人在合理且无歧视的条款和条件下，就专利授权许可进行谈判。该专利持有人的声明已在本文件的发布机构备案。相关信息可通过以下联系方式获得：

专利持有人姓名：中铁第四勘察设计院集团有限公司

地址：湖北省武汉市武昌区和平大道 745 号
专利持有人姓名：中铁磁浮交通投资建设有限公司
地址：湖北省武汉市武昌区张之洞路 169 号
请注意除上述专利外本文件的某些内容仍可能涉及专利。本文件的发布机构不承担识别这些专利的责任。